海堤风险和防御标准研究及应用

Sea-dike Risk & Its Defense Criteria Research and Practice

季永兴 著

华建集团
ARCPLUS

科创成果系列丛书

海堤风险和防御标准研究及应用

Sea-dike Risk & Its Defense Criteria Research and Practice

季永兴 著

中国水利水电出版社
www.waterpub.com.cn
·北京·

内 容 提 要

本书基于上海市海堤规划编制所开展的相关课题研究成果，较为完整地阐述了海堤风险和防御标准研究的理论、方法和应用。主要内容包括风险管理理论在海堤管理中的应用，海堤风险管理影响因素识别与分析，海堤安全及防御标准影响因素识别与分析，海堤前沿风、潮、浪等统计分析，可能最不利风暴潮及海堤防御能力评估，基于超越概率的海堤防御标准研究，海堤应对风暴潮工程措施与非工程措施，海堤总体布局与建设时序确定等。

本书可供水利水电工程、水文学及水资源、港口航道及近海工程、海岸工程、海洋工程等专业的本科生、研究生和从事水利工程和水运工程规划、设计、建设和管理的工程技术人员阅读参考。

图书在版编目（CIP）数据

海堤风险和防御标准研究及应用 / 季永兴著. -- 北京 : 中国水利水电出版社, 2022.10
（华建集团科创成果系列丛书）
ISBN 978-7-5226-0356-8

Ⅰ. ①海… Ⅱ. ①季… Ⅲ. ①海塘－防浪工程－建设－研究－上海 Ⅳ. ①U656.31

中国版本图书馆CIP数据核字(2021)第267074号

审图号：GS 京（2022）0333 号

书　　名	华建集团科创成果系列丛书 **海堤风险和防御标准研究及应用** HAIDI FENGXIAN HE FANGYU BIAOZHUN YANJIU JI YINGYONG
作　　者	季永兴　著
出版发行	中国水利水电出版社 （北京市海淀区玉渊潭南路 1 号 D 座　100038） 网址：www.waterpub.com.cn E-mail：sales@mwr.gov.cn 电话：(010) 68545888（营销中心）
经　　售	北京科水图书销售有限公司 电话：(010) 68545874、63202643 全国各地新华书店和相关出版物销售网点
排　　版	中国水利水电出版社微机排版中心
印　　刷	北京天工印刷有限公司
规　　格	210mm×270mm　16 开本　14.75　印张　289 千字
版　　次	2022 年10月第 1 版　2022 年10月第 1 次印刷
印　　数	0001—1500册
定　　价	**138.00**元

作者简介

季永兴，博士，长期从事城市水安全保障与防汛减灾、城市水环境治理与生态修复、河口海岸治理与防护的研究与设计。现任华东建筑集团股份有限公司总工程师（水利）、上海市水利工程设计研究院有限公司总工程师，上海市防汛减灾工程技术研究中心主任，教授级高级工程师，国家注册咨询工程师、国家注册土木工程师、国家注册监理工程师；兼任中国水利学会理事、中国水利学会城市水利专业委员会委员、中国水力发电学会抗震防灾专业委员会委员、中国国际工程咨询公司特邀专家，同时兼任上海市土木工程学会理事、上海市地理学会理事、上海市水利学会理事，浙江大学、河海大学、上海海洋大学研究生导师等。

业务领域涉及河口海岸、城市防洪、河道整治、灌溉除涝、水库枢纽、安全评价、水闸泵站等，足迹横跨沪、浙、闽、琼、滇、黑、豫、津、冀、蒙等江河大地。主持或参加了长江口北支、长江口长兴岛、南汇东滩、横沙东滩、杭州湾北岸、瓯江河口、飞云江河口、福清湾等大型河口海岸滩涂治理、保护与开发利用；主持或参加了上海苏州河水系、临港新城滴水湖水系、长三角示范区跨界河湖、云南滇池、哈尔滨阿什河等重要河湖水环境治理与生态修复；主持或参加了苏州河河口水闸、太浦河泵站、上海淀东水利枢纽、上海张泾河泵闸枢纽、上海大治河西枢纽、云南滇池外海水位调控枢纽、哈尔滨松花江北岸滨江大道等数十项大型工程设计与研究；主持特大跨度底轴驱动翻板水闸关键技术及应用、黄浦江河口建闸前期技术储备研究等 10 余项重大课题研究。

主编 / 参编技术标准 8 部、专著 12 部，发表技术论文 90 余篇，获得授权专利 30 余项，全国性科技成果奖 10 余项，省部级科技成果奖 40 余次。

总序

当今世界处于百年未有之大变局时期，唯有科技创新才能持续引领行业发展。随着新一轮科技革命和产业变革的深化，以及碳达峰、碳中和纳入生态文明建设的整体布局，数字中国和智慧城市建设，将带动5G、人工智能、工业互联网、物联网、绿色低碳等“新型基础设施”建设和发展。当前，在构建双循环新发展格局的背景下，实行高水平对外开放、深化“一带一路”国际合作，特别是雄安新区、粤港澳大湾区、长江经济带发展、长三角一体化发展、黄河流域生态保护和高质量发展等国家战略的持续推进，将为行业带来新的、重要的战略机遇，勘察设计行业应加快创新转型发展，瞄准科技前沿，在关键核心技术和引领性原创成果方面不断突破，切实将科技创新成果转化为促进行业发展的原动力。

华东建筑集团股份有限公司（以下简称华建集团）作为一家引领着行业的发展，以先瞻科技为依托的高新技术上市企业，始终定位以工程设计咨询为核心，为城乡建设提供高品质、综合解决方案的集成服务商。旗下拥有华东建筑设计研究院、上海建筑设计研究院、上海市水利工程设计研究院、上海地下空间与工程设计研究院、建筑装饰环境设计研究院、数创公司等20余家下属公司和专业机构。华建集团业务领域覆盖工程建设项目全过程，作品遍及全国各省市及全球7大洲70个国家及地区，累计完成3万余项工程设计及咨询工作，建成大量地标性项目，工程专业技术始终引领和推动着行业发展并不断攀升新高度。

华建集团拥有1个国家级企业技术中心、9家高新技术企业和6个上海市工程技术研究中心，近5年有1500多项工程设计、科研项目和标准设计荣获国家、省（市）级优秀设计和科技进步奖，获得知识产权610余项。多年来，华建集团主持和参与编制了各类国家、行业及上海市规范、标准共270余种，体现了华建集团卓越的行业技术创新能力。累累硕果来自数十年如一日的坚持和积累，来自企业在科技创新和人才培养方面的不懈努力。华建集团以“4+e”科技创新体系为依托，以市场化、产业化为导向，创新科技研发机制，构建多层级、多元化的技术研发平台，逐渐形成了以创新、创意为核心的企业文化，是全国唯一一家拥有国家级企业技术中心的民用建筑设计咨询企业。在专项业务领域，开展了超高层、交通、医疗、养老、体育、演艺、工业化住宅、教育、物流等专项建筑设计产品研发，形成一系列专项核心技术和知识库，解决了工程设计中共性和关键性的技术难点，提升了设计品质；在专业技术方面，拥有包括超高层结构分析与设计技术、软土地区建筑地基基础和地下空间设计关键技术、大跨空间结构分析与设计技术、建筑声学技术、建筑装配式集成技术、建筑信息模型数字化技术、绿色建筑技术、建筑机电技术等为代表的核心技术；在提升和保持集团在行业中的领先地位方面，起到了强有力的技术支撑作用。同时，华建集团聚焦中高端领军人才培养，实施“213”人才队伍建设工程，不断提升和强化华建集团在行业内的人才优势和核心竞争力，一批批优秀设计师成为企业和行业内的领军人才。

为了更好地实现专业知识与经验的集成和共享，推动行业发展，承担国有企业的社会责任，我们将华建集团各专业、各领域领军人才多年的研究成果编撰成系列丛书，以记录、总结他们及团队在长期实践与研究过程中积累的大量宝贵经验和所取得的成就。

丛书聚焦建筑工程设计中的重点和难点问题，所涉及项目难度高、规模大、技术精，具有普通小型工程无法比拟的复杂性，希望能为广大设计工作者提供参考，为推动行业科技创新和提升我国建筑工程设计水平尽一点微薄之力。

华东建筑集团股份有限公司党委书记、董事长

序

我国沿海地区人口众多、经济发达，但是每年要遭受太平洋西海岸及南海生成的数十次台风袭击，台风与海流共同形成的巨大风暴潮，对沿海造成了巨大的经济损失和人员伤亡。海堤（上海、浙江等地称“海塘”）是保护人民生命财产安全、抵御风暴潮灾害的第一道重要屏障，所以海堤安全成为多方关注的重点，海堤风险和防御标准更是相关学者研究的焦点。

华建集团上海市水利工程设计研究院有限公司自20世纪90年代开始，先后完成了上海市范围内约500km的海堤新建和达标加固工程设计，并在浙江、福建、江苏等地开展了部分海堤的工程设计，培养了河口海岸及滩涂治理工程的专项设计与研究团队，在上海海洋局和上海市科学技术委员会支持下先后成立了上海市海洋局河口海岸及近海工程技术研究院中心、上海滩涂海岸工程技术研究中心，并与上海交通大学、华东师范大学、河海大学、南京水利科学研究院等建立了长期合作关系。基于近30年的海堤规划、设计和研究，在河口海岸的河势演变分析、水动力—泥沙—波浪耦合数值模拟、风暴潮数值模拟、滩涂促淤圈围、软淤土中低滩筑堤、深厚软土地基处理、波浪防护及海堤防御标准确定等方面取得了丰富的创新型研究成果。

确定海堤防御标准，是人们制定应对风暴潮风险策略的过程。本书运用风险管理理论和方法，分析了影响海堤安全的主要风险、适宜的海堤设防标准确定方法和应对风暴潮风险的策略。以上海周边区域海堤为例，介绍了风险管理理论在海堤管理中的应用、海堤风险管理影响因素识别与分析、海堤安全及防御标准影响因素识别与分析，海堤前沿风、潮、浪等统计分析、可能最不利风暴潮预测及海堤防御能力评估、海堤经济最优设防标准、海堤应对风暴潮风险策略、海堤应对风暴潮工程措施与非工程措施、海堤总体布局与建设时序等相关研究和应用成果，可为国内外海堤规划设计和建设提供借鉴。

本书由季永兴倾注多年心血撰写而成，凝聚了其多年来在河口海岸工程设计与研究领域的工程实践和理论创新成果，也是华建集团上海市水利工程设计研究院有限公司长期坚持产学研一体化发展的成果展示，其中不乏许多创新实践。相信本书能够为从事风暴潮研究及河口海岸防护工作者提供极有裨益的专业参考。同时，也期望本书的出版能为我国河口海岸防护的设计实践与技术创新做出积极贡献。

华东建筑集团股份有限公司 总裁

前言

沿海地区人口众多、经济发达，又是遭受风暴潮袭击的主要地区。海堤（上海、浙江等地称“海塘”）是保护人民生命财产安全、抵御风暴潮灾害的第一道重要屏障，所以海堤工程建设和管理成为多方关注的重点，海堤防御标准更是成为相关学者研究的焦点。为编制新一轮海堤规划，由上海市水务局组织，上海市水利工程设计研究院有限公司牵头，多家高校、科研和设计单位共同参与，相继开展了“上海市海塘规划潮位分析专题研究”“上海市沿海岸不同重现期最大风速计算分析”“长江口杭州湾开敞水域岸段设计波浪要素推算研究”“上海市海塘规划防御标准专题研究”“上海市海塘防御能力评估研究”“现有海堤评估技术与消浪防护新结构开发”“海塘规划风险评估和防御标准研究及应用”等研究。

海堤防御标准确定、建设和运行管理，实际上是海堤风险管理及制定应对风暴潮风险策略的过程。根据保护对象和自然条件统计分析，借助风险管理相关理论与方法，研究适宜的海堤设防标准和风暴潮应对策略，可以为提高海堤防御风暴潮风险能力，并为海堤规划编制和国内外相关海堤工程建设提供借鉴和依据。为此，在上述课题支撑下，本书以上海海堤为例，运用风险管理理论，介绍了风险管理理论在海堤管理中的应用，海堤风险管理影响因素识别与分析，海堤安全及防御标准影响因素识别与分析，海堤前沿风、潮、浪等统计分析，可能最不利风暴潮及海堤防御能力评估，海堤经济最优设防标准，海堤应对风暴潮风险策略，海堤应对风暴潮工程措施与非工程措施，海堤总体布局与建设时序等相关研究和应用成果。

本书基于风险管理理论和风、潮、浪等基础资料分析，通过对上海可能遭遇的代表性风暴潮特性、现有海堤防御能力、海堤设防标准及超标准台风的应对策略等研究，着重解决了上海不同区域风级取值、频率风与定级风关系、风潮组合频率等技术难题，为确定海堤规划防御标准提供科学依据；在复核评估现状海堤防御能力的基础上，按照构建城乡一体海堤综合防御体系和加强海堤长效常态管理的总体要求，根据长江口、杭州湾的区域特点，明确了相应区域的海堤设防标准和规划布局；根据现状海堤的安全薄弱环节和结构特点，明确了加高加固、促淤保滩、内青坎整治等加强海堤安全保障的具体工程措施和非工程措施；根据海堤随滩涂圈围逐步外移的变化特点，明确了主海堤、一线海堤和备塘三类控制及海堤堤顶线、两侧用地控制线三线保护的海堤管理要求。本书的主要研究成果已应用于《上海市海堤规划（2011—2020 年）》和上海市工程建设规范《滩涂促淤圈围造地工程设计规范》（DG/T J08-2111—2012、J12144—2012）。

在课题研究及本书编撰过程中得到了包括上海市水务局周建国副局长、胡欣总工程师、朱宪伟处长、徐双全工程师、顾洪祥工程师，上海市水务局原总工程师陈美发，上海市水利工程设计研究院有限公司卢永金教高、俞相成教高、潘丽红高工、王月华高工、濮昕高工、杜小弢高工、张敬国高工，上海市水务（海洋）规划设计研究院徐贵全教高、贾卫红教高，上海市水文总站顾圣华教高、何金林高工，上海市滩涂造地有限公司周怡生高工，国家海洋局东海信息中心龚茂珣教高，上海市气候中心穆海振高工、徐维忠高工，河海大学张燎军教授、冯卫兵教授、华家鹏教授、杨菲博士、张汉云博士，上海交通大学刘桦教授，中国电建集团华东勘测设计研究院有限公司郑永明教高，浙江省水利河口研究院黄世昌教高等帮助和支持。

在本书出版过程中得到了上海市黄浦区自主创新领军人才计划及华东建筑集团股份有限公司领军人才出版专著基金的资助，以及中国水利水电出版社的大力支持。在此，对他们的辛勤工作表示感谢！同时，对参考文献的作者致以诚挚谢意！

限于作者水平，在海堤风险和防御标准研究及应用方面还有待进一步深入，加之时间仓促，本书难免有错漏之处。敬请读者批评指正。

季永兴

2021 年 8 月

于上海

目 录

第 3 章 | 海堤风险管理影响因素分析

第 4 章 | 海堤安全及防御标准影响因素分析

第1章

绪　论

1.1 研究背景和意义

1.1.1 研究背景

我国位于太平洋西海岸，其中沿海地区的面积占全国的 17%、人口占全国的 42%，而 GDP 却占全国的 73%，约有 70% 以上的大城市、50% 以上的人口和近 60% 的国民经济集中在这些地区。然而，沿海地区每年要遭受太平洋西海岸及南海生成的数十次台风的袭击。台风与海流共同形成了巨大的风暴潮，对我国沿海造成了巨大的经济损失和人员伤亡。

为抵御风暴潮灾害，人们修筑了海堤。根据统计，在我国大陆 18000km 海岸线上已经建设了总长约 13500km 的各类不同设防标准的海堤工程，保障了沿海地区人民的生命和财产安全。以上海为例，上海市三面临海（图 1.1），是遭受风暴潮灾害较为严重的地区之一，平均每年遭遇 6 级风力以上热带气旋影响 3.2 次，致使东海风暴潮倒流长江口，逼进黄浦江，威胁城市安全。海堤是保障上海抵御风暴潮灾害的唯一屏障，其安全可靠性和实际防御能力直接关系到沿海城市的安全。

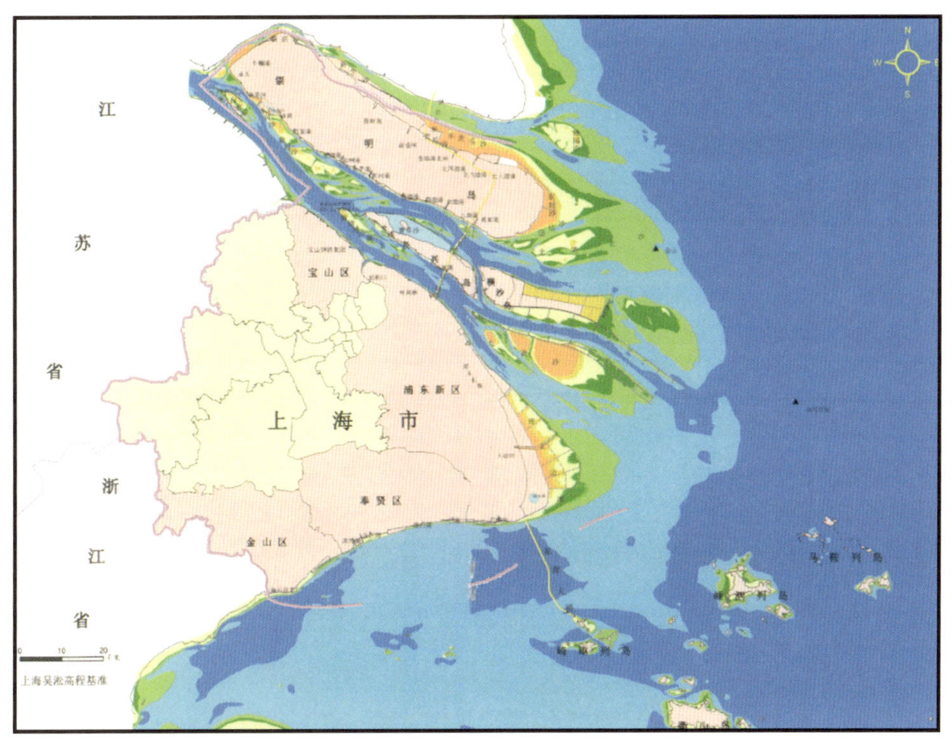

图 1.1　长江口杭州湾滩涂地形分色图

为抵御风暴潮灾害而建设海堤，实际上是海堤管理部门制定应对风暴潮灾害风险策略的过程。按照风险管理理论，应首先制定风险管理规划，即制定海堤建设规划。1992 年遭受“9216 号”台风袭击以后，上海市开始着手编制《浦东新区海塘规划》，并于 1996 年编制完成了《上海市海塘规划（1996—2010 年）》。1997 年遭受“9711 号”特大风暴潮后，上海按照规划要求开始全面实施海堤达标和保滩工程建设，城市地区按 200 年一遇高潮加 12 级风（下限），农村地区按 100 年一遇高潮加 11 级风（下限）进行加高加固，使海堤防御能力得到了极大提升。

鉴于 1996 年编制的规划期到 2010 年，同时沿江沿海经济快速发展及郊区城市化进程加快，原海堤规划已不能适应新形势发展要求。另外，随着长江中上游整治、三峡工程蓄水、南水北调建设、全球变暖、海平面上升和气候变化等，海堤建设的水情、工情和保护对象发生了较大变化。因此，上海市有关部门提出依据已出台的《上海市城市总体规划（1999—2020 年）》《长江流域防洪规划》《长江口综合整治开发规划》等文件编制新一轮海堤规划，对既有海堤的防御能力进行评估，确定新的海堤设防标准，规划新的海堤应对风暴潮的工程与非工程措施，制定防灾减灾应急预案。

为此，由上海市水务局组织，上海市水利工程设计研究院有限公司牵头，上海市水务规划设计研究院、上海市水文总站、河海大学、上海台风研究所、上海市滩涂造地有限公司等多家高校、科研和设计单位共同参与，分别从海堤风险管理、海堤前沿潮风与浪分析、上海遭遇可能最不利风暴潮及影响、风潮组合分析、海堤防御标准、海堤现状防御能力评估、海堤建设总体布局及建设时序、海堤规划相关影响、海堤应对超标准风暴潮非工程措施及预案等多角度开展相关科研课题研究，以便为评估海堤防御能力、确定海堤防御标准、规划海堤总体布局、制定海堤风险应对策略等提供决策支撑。

本书作者作为上海市海堤规划项目负责人，主持开展了新一轮上海市海堤规划相关研究，包括《上海市海塘规划潮位分析专题研究》《上海市沿海岸不同重现期最大风速计算分析》《长江口杭州湾开敞水域岸段设计波浪要素推算研究》《上海市海塘规划防御标准专题研究》《上海市海塘防御能力评估研究》《现有海堤评估技术与消浪防护新结构开发》《海塘规划风险评估和防御标准研究及应用》等研究。期间邀请了南京水利科学研究院、河海大学、水利部太湖流域管理局，以及上海市、浙江省和福建省等水利、海洋、航道方面的专家，对相关专题研究进行咨询和评审。

以这些课题为支撑，同时，以上海海堤为例，采用自然灾害风险管理和工程项目风险管理理论，研究海堤风险管理理论与方法，识别海堤风险管理影响因素、海堤安全及设防标准影响因素，探讨海堤遭遇台风和高潮位双灾害因素的组合超越概率、淹没损失，进而研究海堤最优经济防御标准和风险应对策略，从而为评估海堤防御能力、确定海堤防御标准、制定海堤风险应对策略提供决策参考。海堤防御能力评估专家咨询会如图 1.2 所示。海堤设防标准专家咨询会如图 1.3 所示。

图 1.2　海堤防御能力评估专家咨询会

图 1.3　海堤设防标准专家咨询会

1.1.2　研究目的与意义

1. 海堤风险管理研究意义

我国大陆海岸线北起吉林鸭绿江口，南至广西北仑河口，岸线总长约 18000km，南北跨越北纬 17°~40°，东西跨越 108°~123° 的范围，分别濒临黄渤海、东海、南海三个海区。由于我国海岸线位于太平洋西岸，东海全部海岸线、南海部分海岸线正面向西太平洋，而西太平洋地区恰是全球台风发生次数多、台风势力最强的海区，因此我国大陆海岸线所处地理位置极易遭受台风袭击。根据统计，自汉代至 1946 年，我国发生特大潮灾 576 次。1946—1998 年，发生造成显著灾害损失的风暴潮共计 112 次。在上海，有关统计资料显示，平均每年遭遇 6 级风力以上的热带气旋影响 3.2 次。

台风登陆常引发风暴潮，形成风暴潮灾害，对沿海地区造成了巨大经济损失。仅 1992 年的“9216 号”特大风暴潮和 1997 年的“9711 号”特大风暴潮就曾造成经济损失约 400 亿元，其中在“9711 号”台风影响过程中，上海市受风暴潮影响，直接经济损失达 6.3 亿元以上。2000 年我国发生 4 次严重的风暴潮灾害，江苏省、浙江省、上海市、福建省和海南省沿海增水均超过警戒水位，造成直接经济损失超过 120 亿元。

海堤在我国与长城、京杭运河被称为“中国古代三大工程”，是抵御风暴潮灾害最主要的工程措施。以上海市为例，三面临海，地势低洼，市域平均高程约 4.00m（上海吴淞基面，下同），若无海堤防护，平均高潮位情况下就会被淹没，所以海堤是上海抵御风暴潮灾害的唯一屏障，其安全可靠性和实际防御能力直接关系上海城市的安全。1997 年受“9711 号”台风影响后，上海市开始新建和加高加固老海堤，一线海堤总长已达 523km，有效防御了“派比安（0012 号）”“桑美（0014 号）”“麦莎（0509 号）”“卡努（0515 号）”等多次台风、高潮位的袭击，保障了城乡经济社会的平稳运行。

海堤的建设与运行管理实际上是海堤风险管理及制定应对风暴潮风险策略的过程。海堤风险管理同一般项目风险管理有相同之处，可以借用一般项目风险管理的理论与方法，但由于海堤不仅受海堤前沿潮位、风浪及滩势影响，还与海堤保护区域的社会经济发展状况相关，因此海堤风险管理又具有不同于一般风险管理的特点。例如，随着长江中上游整治、三峡工程蓄水、南水北调建设、全球变暖、海平面上升和气候变化，上海海堤建设的水情、工情发生了较大变化，另外随着社会经济发展，原沿江沿海为农村区域的地方已拓展成一大包围经济产业带，包括金山石化、化学工业区、奉贤旅游度假区、临港重装备产业区、临港新城、浦东国际机场、外高桥港区、吴淞宝钢及罗泾港区等，经济发展呈现快速发展态势，海堤的保护对象也发生了变化。所以，海堤风险管理需要结合自然灾害风险管理理论和大型高风险项目管理实践经验，分析研究海堤工程自身的风险管理内容与方法，以及风险因素识别、分析与评价方法，进而提出海堤风险应对策略，并为国内外相关海堤建设和管理提供借鉴和依据。

2. 海堤防御标准研究意义

受台风、海潮等多种因素影响，海堤工程设防标准是综合反映海堤结构防御各灾害风险因素总体能力的指标，一方面与海堤前沿潮位、风浪及滩势有关；另一方面与海堤保护区域的社会经济发展状况及国民经济可承受的能力密切相关。因此，综合考虑经济、政治、社会、环境等因素，研究分析确定海堤防御标准，经济合理建设海堤，保证城市防潮安全非常必要。

由于受台风、海潮等多种灾害因素影响，海堤工程设防标准与内陆防洪标准的内容及确定方法既有相同点又有区别。相同之处主要在于：①两者均是防御自然灾害所需确定的可被大家接受的风险水平或概率水平；②两者均需考虑一定标准（概率或频率）的水位（不管是洪水或潮位）。不同之处最重要的方面是海堤工程设防标准不仅要考虑水位因素，还要考虑波浪（或以风速表示的风因素）等其他因素。

内陆以洪水为主的地区，洪水防御标准主要采用最高设计洪水位或最大设计流量。关于防洪标准确定方法，国际上目前采用和研究较多、理论体系相对健全的防御标准确定方法主要有等级划分法、经济分析方法、风险分析方法和综合评价模型法。对洪水表达方法大致有典型年法、频率分析法、物理成因法和风险分析法等 4 种。欧洲大多数国家和我国采用频率分析法，美国和加拿大在内陆采用物理成因法。典型年法也被一些国家采用，在我国长江中下游常采用 1954 年最大洪水为设防标准。风险分析法目前还在发展之中，被世界大坝委员会（International Commission on

Large Dams，ICOLD）推荐为第三代设计标准。

与内陆防洪标准确定相比，海堤防御标准需考虑潮与浪（或风）两方面因素（更主要的是天文高潮与台风遭遇）对海堤的作用，较内陆单一水位或流量标准复杂得多，且两个因素的同步实测资料稀少，确定设防标准的难度较大。所以，国内外关于海堤（或海工结构）的设防标准确定方法、采用的标准和表达形式多种多样，而且一直是困扰学术界和工程界的难题。

国际上关于海堤设防标准并不总是按规范，一般以国家法规为基准，以设计手册或导则设计，美国采用陆军工程兵师团“海岸工程手册”，荷兰采用“三角洲委员会海堤和护堤导则”，德国采用海岸结构委员会“滨水建筑、港口和水道工程设计建议”，西班牙采用“海上建筑物指南”。国外对海堤设防标准确定有多种方法，其表述形式也各不相同。我国一般技术规范，包括《海堤工程设计规范》（SL 435—2008）、《堤防工程设计规范》（GB 50286—2013）和《海港水文规范》（JTJ 213—1998）等，规定波浪或风速采用与潮位同频率。实际使用中，沿海各省市却大有不同，一般上海市以南的地区采用风潮同频率防御标准，而上海市以北的地区采用一定重现期的高潮位加一定级别的风速作为防御标准。

实际上，海堤受外来灾害因素和内在自身能力因素综合影响，其设防标准的确定就是海堤防御各种风险而采取何种应对措施的决策过程，是海堤工程风险管理和应对的过程。对灾害风险更为通俗的理解是指事件发生状态超过（或小于）某一临界状态而形成灾害事件的可能性，通常用超越概率表示，并用灾害发生的概率 p 与灾害导致后果（即损失 q，可以转换为经济指标表示）的乘积表示，$R=f(p, q)$。因此，就需要估计灾害发生的概率和估计灾害导致的损失，并研究乘积的最优值。在海堤设防标准的确定方面，目前主要考虑潮位与风浪两方面的灾害因素，所以需要研究这两方面的组合发生概率，并研究组合发生概率与灾害发生后损失的最优值。

现行《海堤工程设计规范》（SL 435—2008）沿用我国内陆防洪标准确定方法，采用频率法确定设防标准，以重现期表示。考虑到沿海不同地区的经济发展状况，根据海堤保护对象的重要性、人口数量和土地面积大小，规范规定了防潮标准，并规定设计波浪和设计风速的重现期宜采用与设计高潮（水）位相同的重现期，对确定不同防护区的海堤设防标准具有指导作用。但是，在相关文献中未阐述论证方法，也未说明采用潮位与风浪相同重现期的理由。

因此，采用灾害风险管理理论，从理论和物理层面分析海堤遭遇双灾害因素的组合超越概率，并分析海堤遭遇双灾害因素的风险及保护区的损失，利用经济均衡理论或费用损失最小理论研究海堤经济最优设防标准，从而对确定海堤防御能力、可靠性及设计标准具有重要的理论意义和指导作用。

1.2 国内外相关研究进展

1.2.1 海堤风险管理相关理论架构

海堤规划、建设和运行管理，实际上是海堤应对风暴潮风险的分析评估与应对策略制定的过程。因此，海堤风险管理与防御标准的确定首先依据的应是风险分析及风险管理理论。

根据风险管理理论，浪、潮等风险因素引发越浪或溃堤等风险事件，造成海堤破坏和堤后淹没损失，进而导致海堤保护对象的实际损失与实际设防标准下预期的损失有差异，即海堤设防标准的确定存在一定风险。

要采用风险理论评估海堤遭遇各灾害因素的可能性及海堤防御灾害的可靠性或能力，需要应用超越概率理论（或可靠度理论，或破坏概率理论）。由于海堤遭遇的灾害因素非单一因素，各因素主次关系如何、又如何组合及组合后的超越概率如何，需要应用到层次分析方法或模糊综合评价方法，以及组合概率理论。

在确定可接受的组合超越概率时，必须考虑一定设防标准（概率水平）下的海堤建设投资。海堤建设投资需综合考虑保护对象遭受灾害后的损失（即海堤建设的经济效益）、国民经济实力，因此需采用经济供需均衡（投资效益比）理论或费用损失最小理论。在研究海堤破坏后保护对象淹没损失，需计算淹没范围，因此需应用到海堤溃堤及潮水演进的数值模拟理论与方法。

本研究需要调查研究国内外在海堤建设及应对风暴潮管理方面的研究进展、国外在组合概率和超越概率理论的研究及其在水利、海洋方面的应用进展，同时还要调查研究国内外在海堤溃堤及溃堤潮水演进方面的研究进展。海堤设防标准确定相关理论架构如图 1.4 所示。

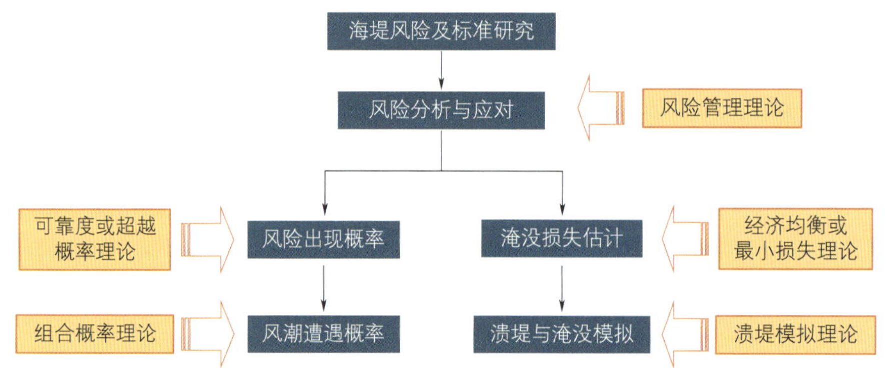

图 1.4 海堤设防标准确定相关理论架构示意图

1.2.2 海堤建设及其标准研究进展

1. 我国古代海堤建设情况及经验

根据陈吉余教授研究，我国的海堤建设较欧洲早好几个世纪，还在罗马时代荷兰人以土围子风斗于北海风浪之中的时候，我国波涛汹涌的钱塘江两岸已是文明璀璨的吴越文化发展时代。荷兰海堤系统化形成于 12 世纪，而我国的盐官海盐一带的捍海大堤则于 6 世纪建成，苏北李堤形成于 7 世纪。因此，研究国内外的海堤建设必须研究我国历史上的海堤建设情况和经验。

海堤的修筑源于海潮的肆虐，特大潮期间遭遇台风过境或大风吹袭，风助潮势，形成暴潮巨浪，“势如倒海，声同雷震”，淹没农田，冲毁村舍，对沿海一带造成深重的灾难。为遏制海潮侵袭，保护滨海一带居民的生命财产和生产生活，我们祖先经过长期摸索，创造出全世界闻名的“钱江海塘”等海堤工程。

我国最早见于记载的关于建筑海堤的记事，为南朝刘道真的《钱唐记》，但该书已失传，仅在北魏郦道元《水经注》和唐朝杜佑《通典》里有片段描述。由于滨海开发利用有早有迟使得海堤的修筑也有先后，另外由于历史条件和地理环境差异，各地的海堤工程也各有自己的特点。江浙沿海地区开发较早，海堤工程技术发展比较迅速，而福建、广东海岸带开发较晚，所以海堤修筑也较江浙晚。

长江以南海堤，南起浙江平湖，北至江苏常熟，环抱太湖平原，绵亘 500 余里，历史通称为“江南海塘”。除了潮流顶冲得华亭（今松江）、金山和宝山一带有局部的轻型条块石塘外，江南海塘一般以斜坡土堤为主。江苏长江以北的防潮堤一般称海堰、海堤，以古淮河口为界分淮北、淮南两部分，最早建于南北朝时期，隋唐时期随着地区经济发展，海堤修筑逐渐增多，并形成系统的海堤。

浙江的海堤一般通称海塘，以历史悠久、规模宏大、建筑精良著称于世。以钱塘江为界，杭州湾北岸自杭州至平湖，长约 300km，历史上称为“浙西海塘”，为我国规模最为壮观的海堤工程。根据推算，浙西海塘始建于汉代，至唐代已基本形成比较系统、完善的防潮工程。唐代以后，由于浙西富庶的经济和杭州湾强劲的潮势，逐渐将单薄的土塘改为坚固的石塘。明清时期，为抗御狂波巨澜冲击，筑塘人员经反复实践、探索和研究，创造了纵横叠砌石塘河鱼鳞大石塘，以及各种挑流、防冲工程措施。钱塘江以东以甬江为界又分两段：萧山至宁波古海塘长超过 200km；甬江口南至苍南古海塘长超过 850km，但不零散分布。

福建的海堤沿曲折海湾修筑，保护海湾平原，始筑于唐代。由于福建海堤一般位于海湾之内平原上，波浪强度较弱，加之许多海滩生长茂密的红树林，具有消浪作用，所以福建海堤多为土堤，局部受风浪影响大的险工地段也有石堤。

广东的滨海地带农业发展较迟，所以服务农业的海堤出现比较晚，最早正式史籍记载的海堤工程到宋代才出现，明代以前广东海堤大多为土堤，只有险工之处为石基。清代以后，随着围垦业发展，为保护辛勤围垦出的土地，逐步采用石堤，著名的南海桑园大围仔在乾隆年间全线改为石堤。另外，广东沿海还创造出一种独特的名为“灰堤”的海堤工程，采用牡蛎壳烧成灰，和沙土相拌，层层夯筑，或在土地中筑成灰桩，或在堤基中筑成灰墙，据说有“鼠不得穿穴，水不得钻底”的功效。

我国历史上对海堤修建在什么位置积累了大量的经验，大部分海岸围垦多在平均高潮位以上，并与前海滨之间留下一定的空地，使得大于这样水位的高潮不致骤拍到堤身。但是，这样做可利用的土地相对减少，所以宋朝以后逐渐将堤身前移至前海滨。在沙质海岸，滩地植物生长较好的，人们将植物生长位置作为选择海堤位置的指标。

我国海堤工程最初兴建只以防止高潮泛滥为目的，根据文献记载，所建海堤多在平均高潮位以上的后海滨地区，所以堤身低且单薄，高仅 1~2 丈或稍高。宋朝以后开始围垦前海滨的滩地，并根据动力条件修建不同规格海堤，堤身逐渐加高，堤顶宽度也在增加。钱塘江河口的潮流最强，所以那里出现了我国最重型的海塘，鱼鳞大石塘的塘身每一丈所用条石达数十吨，且采用铁锔扣榫，浆灰靠砌，形成整体。长江河口动力相对较弱，除最险的地方用了点石塘外，其余基本采用单坝式的土堤护岸。

根据动力形式不同，堤身结构和型式也有区别。以潮流为主导动力的地区，根据潮流直冲或顺冲，采用坚固堤身、护滩、固脚等不同工程措施，如海盐受潮流直冲采用坚固堤身，而海宁大部分为潮流顺冲则采用坚强护滩和密实堤基方式。以波浪为主导动力的地区，历史上海岸防护一般以土堤为主，局部险工段采用了护滩工程，苏北海堤、江南海塘都是如此。

2. 我国海堤建设及标准研究情况

历史上，人类在与防御风暴潮的斗争中创造了不同规格、不同结构、不同类型的海堤型式，以及丰富多样的护堤、护滩等消能防冲措施，积累了根据潮滩高程选择海堤位置、研究动力条件、确定海堤结构、利用有利地貌条件预见演变趋势、根据地质确定基础和堤身材料等丰富经验。在建设和运行管理中，也逐渐认识到全面规划和维修对海堤工程的重要性。这些，均可以为现代海堤建设提供借鉴。

纵观历史上关于海堤工程的记载，在中华人民共和国成立以前，限于经济实力，一般海堤或海塘建设标准不高，因而对海堤工程建设的定量标准几乎没有提及。不过，根据张文彩的《中国海塘工程简史》描述，《海盐县图经》中有明朝五纵五横鱼鳞塘图（图 1.5），可粗估该段海塘有一定标准。该图绘制了塘体结构和“潮满至此”的位置。“潮满至此”即高潮位所在位置，在该位置以上有三层条石。该塘底有五纵五横宽，十七层高，其中两层嵌入沙涂。根据条石尺寸：方 2 尺和长 6 尺，可以估算出：石塘底宽 4 丈，顶宽 1 丈 4 尺，塘高 3 丈（自第三层计算），高潮位以上超高约 6 尺（三层）。

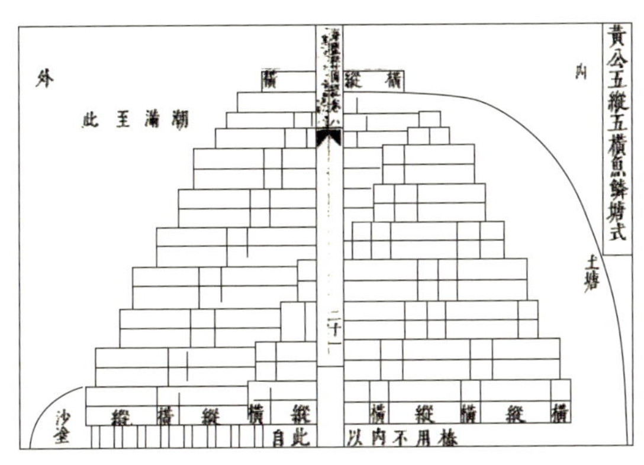

图 1.5　明代黄光昇五纵五横鱼鳞塘

关于海堤抗击潮流或波浪的建设标准，我国历史上好像也没有记载。但是，我国智慧的人民却实践了一系列措施，除采用石塘以外，主要还实践了大量护塘工程，包括石塘护土、植物护塘、滉柱、塘脚坦水、护塘坝、护滩坝、挑水坝等。石塘护土主要用于附石土塘，由于采石运石费用高，石塘塘身薄，仅 3~4 尺，置于土塘内，相当于现在的心墙坝，而护土底宽 3~5 丈。植物护塘最早见于张文彩的《宋史·河渠志》，已认识到潮滩种植根系发达的耐碱植物，除消能护塘，还可促淤涨滩。滉柱有称“破浪桩”“荡浪桩”，最早见于《海塘新志》引的《钱塘外记》，即在海塘的滩地上“以木立于水中”，相当于现在的离岸桩式堤。塘脚坦水又名塘脚石，主要用于保护海堤堤脚，最早用块石堆垒或铺砌，鱼鳞大石塘则采用条石铺砌。护塘坝是在塘外堆置块石，形成“石坝”，保护内侧土塘。由于块石易被巨浪卷塌，于是人们创造了“桩石坝”，即先打排桩，再在排桩内侧堆置块石。护滩坝则是根据沿海劳动人民长期与海潮斗争总结的“守堤必先保滩”思想，在塘外滩地设置护滩工程，防止滩涂冲刷，包括工程措施（如石坝）和植物措施等。关于护滩坝的高度和宽度，根据历史实践经验，提出了主宽不主高，即“潮至没于水，潮退仍见，石不流水，第停其淤”（李庆云，清，《江苏海塘新志》）。挑水坝也是原各志书中的名称，现基本称为丁坝，其功能是挑流作用，是丁坝功能的一种。

1949 年以后，关于海堤建设标准的专门研究是在 20 世纪 90 年代以后。由我国技术标准发展分析，至 20 世纪 90 年代，我国水行政主管部门仍将海堤作为一般堤防工程，对海堤受风浪影响的重要性认识还不是很够，将防高潮位标准作为海堤设防标准的单一指标。但是，长期从事风暴潮防御的沿海相关地区已经考虑到风浪的影响，然而各地的处理方法各不相同。正因为海堤设计需要考虑潮与浪（或风）两方面因素对海堤的作用，所以关于海堤设防标准的确定方法、采用的标准和表达形式多种多样，相关研究也一直在争论和进行。

21 世纪初，为开展“全国沿海地区海堤工程建设规划”，以国家主管部门主持开展了海堤防风暴潮标准的研究，后来为编制海堤工程设计规范，国家又组织相关专家和学者开展了相关研究，对全国主要沿海地区的海堤现状、建设情况进了调研，对海堤的界定、防潮标准、堤顶高程确定、风速及风浪取用等开展了讨论和研究，并于 2008 年召开全国性的风暴潮灾害及海堤工程学术研讨会。关于海堤遭遇的多因素组合设计标准，刘德辅从多维极值分布方面进行了研究。

关于海堤工程设防标准，在我国 1994 年颁布的《防洪标准》（GB 50201—1994）中要求按堤防工程的防洪标准确定。在该标准的"条文说明"中强调，防潮和防洪相似，且又常有联系，所以将防洪、防潮统称为防洪，以潮位的重现期表示。该标准未对波浪或风的设防标准作相关规定。

由于海堤工程的特殊性，不仅受到高潮位影响，还受到波浪影响，因此为有效抵御潮（洪）水，沿海各省（直辖市、自治区），总结多年海堤工程建设的经验，结合当地潮位和波浪、风速情况，相继颁布出台了海堤工程设计的技术标准或相关技术规定，如《浙江省海塘工程技术规定》《福建省围垦工程设计技术规程》（试行 1992 年）、《广东省海堤工程设计导则（试行）》（DB 44/T182—2004）等。然而，沿海各省市对波浪设计标准和风速设计标准却大有不同，一般上海市以南地区采用设计波浪和风速的重现期与设计高潮（水）位相同的重现期标准，而上海市以北地区采用一定重现期的高潮位加一定级别的风速作为防御标准。

2008 年，我国首部关于海堤的行业设计规范《海堤工程设计规范》（SL 435—2008）出台，其中规定"海堤工程防护对象的防潮（洪）标准应以国家标准《防洪标准》为依据"，但同时规定"设计波浪和风速的重现期均采用与设计高潮（水）位相同的重现期"。该规范指出了海堤工程的设防标准不但包括潮位设计标准，还包括波浪和风速的设计标准，并规定潮位设计重现期与波浪、风速的设计重现期一致，即常说的"风潮同频"。由于沿海经济发展速度快，海堤的保护对象越来越重要，海堤涉及的行业越来越广，需要从国家层面规范海堤工程建设，所以相关部门正组织修编《海堤工程设计规范》，由行业标准升级为国家标准。

3. 国外海堤建设及标准研究情况

虽然国外海堤较我国海堤系统形成要晚，荷兰海堤系统化形成于 12 世纪，而我国的盐官海盐一带的捍海大堤则于 6 世纪建成，苏北李堤形成于 7 世纪，但在近百年的研究却比中国发展更快，尤其是经济比较发达的欧美国家，典型的有荷兰、美国、日本，近年韩国也建起了规模较大的新万金海堤。

英国的海岸线长 4500km，丹麦的海岸线长 7300km，比利时的海岸线长 65km，德国的海岸线长 11240km，荷兰的海岸线长 350km。以荷兰为例，荷兰濒临北海，约一半国土是莱茵河、马斯河和斯海尔德河的古、今河口三角洲地区，有 1/4 的国土低于海平面。北海的春季风暴潮常袭击这个地区，轻则破坏水土资源，重则造成生命财物损失。为抵御沿海地区风暴潮及围海造田，公元 4 世纪荷兰始建海堤，于 10 世纪时渐多，11 世纪开始围垦。到 20 世纪 20 年代有海堤长约 300km，圩区围堤长约 1300km。现今荷兰有海堤和闸坝总长约 1800km。

荷兰的海堤建设（图 1.6）在国际上比较有名，主要由海堤、围堤、拦河坝和挡潮闸等组成防洪系统。1920—1932 年基本建成须德海工程，包括长 32.5km、堤身宽 90m 的阿夫斯特勒拦海大坝，并配以泄水闸、船闸等，将须德海内外隔开。其内称艾瑟尔湖，蓄淡水可供灌溉，湖区四周开辟出 5 个垦区；其外称瓦登海。1956—1986 年建成三角洲工程，即将莱茵河、马斯河、斯海尔德河诸河口除最北最南两口留作通海水道外，均以拦海坝、闸封堵。荷兰的海堤主要用黏土、沙或砾石筑成，坝顶平均高出海平面 8 ~ 9m，顶部或坝后建有高级路面，坝内外皆用石块或混凝土块砌护，临水坡 1∶5，背水坡 1∶3。除围海造田和缩短防潮堤线外，海堤还可增加淡水资源，改善农田灌排条件及水陆交通状况。

荷兰沿海防洪潮系统由海堤、围堤、拦河坝和挡潮闸等组成。荷兰在北海、须德海及三大河流河口湾沿岸筑有海堤和河堤，总长约2500km，其中海堤长约1000km。1920—1932年基本建成须德海工程。1956—1986年建成三角洲工程。

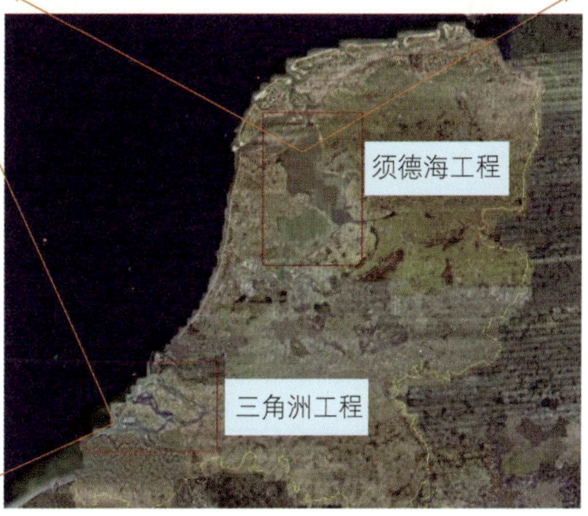

图 1.6　荷兰海堤建设情况

韩国于 2010 年建成了号称世界上最长的海堤，即新万金海堤，海堤长 33.9km，较荷兰须德海的阿夫斯特勒海堤（长约 32.5km）还长了 1.4km（图 1.7）。新万金海堤建设始于 1991 年 11 月，采用岩石筑堤海沙遮水（闭气）法施工，堵口采用了石网法施工，即将大石头放在网里，以克服非常恶劣的建设环境。施工现场周围的水流速度在涨落潮时最高达到 7m/s，海堤周围水深平均达 34m，最深处深度达 54m。海堤顶宽平均 40m，双向 4 车道；底部平均宽度 290m，最宽达 535m。两座排水闸（新侍岛泄洪闸和北可力岛泄洪闸）采用油压式扇形闸门，每个闸门都是宽 30m、高 15m、重 484t。

韩国于1991年11月开始，采用岩石筑堤、海沙闭气、石网堵口，至2010年建成了号称世界上最长的海堤，即新万金海堤。海堤长33.9km，较荷兰须德海海堤长了1.4km，填海面积约为首尔面积的2/3。

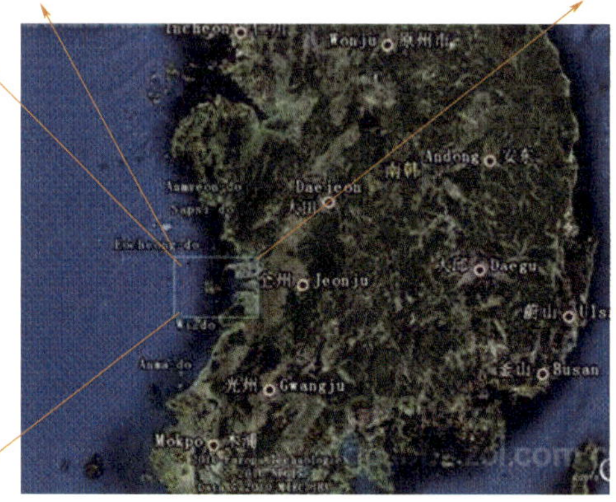

图 1.7　韩国新万金海堤建设情况

关于海堤建设的技术标准，在国外一些国家与其他工程设计不同，并不总是遵循设计规范设计和施工的，而是以国家法规为基准，以设计手册或导则具体设计。欧洲大多数国家使用的是设计导则而不是设计规范。导则给设计者一些指导，论述所涉及的情况，给出供选择的方法并阐述其优缺点。通常这些导则由政府颁布，但在使用时根据实际情况灵活掌握。当有充分理由或存在经多次论证的成熟技术时，设计者可以不拘泥于这些导则。

在制定和使用设计导则方面。美国和荷兰处于领先地位。美国陆军工程兵师团于 2003 年 7 月修订了 1984 年发布的海岸工程手册。荷兰在 1960 年发布三角洲委员会报告后，又于 1999 年发布了海堤和护堤导则，在原来工程安全要求基础上，结合最新技术进展，确定防护结构尺寸，并进行波浪爬高和越浪计算，原来的 2% 波浪爬高被临界越浪量替代。

德国海岸结构委员会于 1996 年和 2000 年颁布了“滨水建筑、港口和水道工程设计建议”。该指南不是强制性法规，可以每年修订一次。丹麦也有非强制性法律，如 1976 年的堤防加固法和 1977 年的 Fremskudt Dige。西班牙的海岸工程设计是依据 1999 年颁布的海上建筑物指南。该指南制定旨在提出一套技术标准，以供海岸工程设计、运行和维护中使用。该指南的另外一个重要内容是建议了不同水平的可靠性分析方法。

海堤标准选定在很大程度上是如何处理好安全和经济关系的权衡。标准高，需投资多，但安全度高，风险小；标准低，需投资少，而安全度相应低，需承担的风险大。欧洲各国的经济较发达，所以他们的海堤防御标准相对我国的更高。以防潮标准来说，荷兰的海堤法定标准以极限洪水（潮水）的重现期为标准，一般为 2000~10000 年一遇；比利时的海堤标准参考荷兰的标准，规定最小为 1000 年一遇。英国没有目标风险和防洪标准，一般以降低人员伤亡、环境污染为目标，一般为 200~1000 年一遇；丹麦的海堤标准由经济优化分析得到，一般为 50~1000 年一遇。

关于海堤设计中的波浪问题，主要是波浪爬高和越浪量的计算方法，荷兰 Delft Hydraulcs、美国陆军工程兵师团、英国 HR Wallingford 等单位进行了大量独立和联合研究，取得了一系列研究成果，分别纳入在各国的导则或手册中。1960 年，荷兰三角洲委员会为沿海地区提供了统一的安全标准，并建议将海堤加高到对应的设计高程。他们研究认为，海洋水位是影响海堤安全的主要因素，可对实测水位进行统计分析。采用水文频率分析方法得到超过某一特定频率的水位（设计水位），再加上一定的安全超高，得出海堤的设计高程，称之为超频率法。他们认为这一特定的频率近似表明了被保护区域的受淹可能性。

洪灾频率计算是荷兰洪水风险分析研究中至关重要的一部分。目前，荷兰已经在全国展开了计算 53 个堤防圈保护区洪灾发生概率的工作，并不断改进模型，使计算概率尽可能接近保护区实际受淹的概率。与此同时，三角洲委员会以 14 号圩垸为典型，采用费用一效益分析法计算了其安全标准。该圩垸位于荷兰西部，内有海牙、阿姆斯特丹、鹿特丹等城市，330 万人，面积 2230km^2，工业、农业和商业等产值高，最大洪灾损失可到 2900 亿欧元，在荷兰经济、社会和政治等方面具有举足轻重的地位。计算结果表明，该圩垸应采用 125000 年一遇的水位作为安全标准，但是考虑到洪灾损失的估算偏大，且即使遭遇 10000 年一遇风暴潮，海堤也不至于直接溃决，因此三角洲委员会建议 14 号圩垸也采用 10000 年一遇作为安全标准。

1.2.3 海堤应对风暴潮风险研究进展

沿海城市地位的重要性和面临风暴潮灾害的高风险性，促使沿海城市风暴潮灾害风险研究备受关注。由于受全球气候变暖和海平面上升的影响，沿海城市风暴潮灾害风险水平显著增加。风暴潮灾害风险评估研究方法在欧美国家已相当成熟，被运用到不同城市进行实证研究，为制定科学合理的防灾预案提供科学依据，并取得了较好效果。联合国国际减灾十年计划提出应更加重视自然灾害所造成的风险及其相应的防灾预案。经过十几年的发展，风暴潮灾害风险评估逐渐形成了独特的研究领域。

目前，国内外风暴潮灾害风险评估研究主要集中在对风暴潮数值预报、潮高估算和重现期研究，危险性评估，承灾体暴露性和脆弱性评估，灾害风险区划、灾情损失评估等，对沿海城市的风暴潮灾害综合风险及其次生灾害链风险的研究则较少。从自然、社会、经济、政策、文化和工程等多角度建立沿海城市风暴潮灾害风险评估指标体系，运用 3S 技术对沿海城市的风暴潮进行综合灾害风险研究，以及如何应对风暴潮灾害是当前风暴潮灾害研究的重要方向。

国外在海堤应对风险方面，Can 等研究了英国和土耳其的海岸湖泊风险评价，并讨论了随机便利对安全性的影响和极限状态方程形式等。1992 年开始，荷兰政府资助 Delft 技术联营体发起了一个旨在采用风险理论全面评估堤防圈的计划，最终实现了超频率洪水法向洪灾概率法过渡（超频率洪水法通常假定堤坝结构自身是足够坚固的；洪灾概率法可以考虑由于其他原因的破坏，如护岸破坏、边坡滑动、堤身渗透破坏或堤基管涌、穿堤建筑物破坏等）。荷兰研究经验还表明，堤坝工程安全评价不是一个静态事件，而是一个连续的动态过程，法律要求每 5 年进行一次详细的堤防检查和安全性评价。荷兰学者还建议了可接受风险的洪水风险水平和风险评价方法。Buijs 等根据荷兰堤防圈风险评价方法，对英国的海岸堤防工程进行了评估。美国应急管理机构还颁布了一本大西洋和墨西哥湾海岸管理导则。

在我国风暴潮灾害风险评估还是一个崭新的研究领域。许启望、乐肯堂、冯利华、叶雯、王延亮、梁海燕、尹宝树等对我国风暴潮灾害经济损失评估方法进行了初步研究。乐肯堂、卢永金等对我国风暴潮灾害及防灾减灾对策等进行了初步研究。王卫标对钱塘江海塘进行了风险分析和安全评估。

国内关于海堤应对风险方面还处在初级阶段，但对于堤防工程风险研究比较多，为海堤风险管理、风险分析和评估提供了很好的借鉴方法。许多研究者进行了堤防工程系统的安全性评价和工程应用，开发了图形化界面的堤坝安全评价系统与地方工程失事后果相结合的风险分析和实现策略，为该领域的深入研究提供了一定基础。另外，国内研究者针对长江、黄河和钱塘江等大江大河的堤防工程及系统进了风险评估，探讨评价体系、破坏机理等，也形成了初步的堤防风险评价理论体系。

1.2.4 超越概率和组合概率研究进展

1. 超越概率及其应用研究进展

一般自然灾害破坏概率分析需要得到的是使用期限内自然灾害发生的概率，即超越概率。根据风险概率理论，如果灾害事件设计重现期为 T 年，则灾害事件在任何一年中出现的概率为 $1/T$，不出现的概率为 $1-1/T$。若合理使用年限为 L 年，由于同一种灾害事件在各年内属于彼此无关的独立事件（即贝努里试验），因而重现期为 T 年的灾害事件在 L 年中不出现的概率为 $P=(1-1/T)^L$，又称为可靠性；出现的概率或危险性，即超越概率则为 $P=1-(1-1/T)^L$。

单灾害因素的超越概率理论在国内外的灾害评估中应用较多，如火灾、气象、地震等。尤其是在地震设防标准确定方面已得到较成熟的运用。在双灾害因素作用下的组合超越概率及其应用研究方面，相关文献尚未查阅到。

2. 组合概率及其应用研究进展

由于海堤破坏因素有潮、浪（或风）等多个方面（更主要的是天文高潮与台风遭遇），所以要确定海堤防御标准需要研究两个以上因素组合遭遇的概率。组合概率是分析随机现象遭遇的一种方法，其原理是基于多元分布，目前对两个变量的情形研究得比较多。组合概率研究多运用在经济、海洋和水利等多个领域，如干支洪水遭遇、洪水与高潮位、洪水与暴雨、洪水与台风、波浪与潮流等。

在河口海岸领域，许多学者研究了上游洪水与高潮位遭遇情况，或者是风暴潮与洪水的遭遇情况。王超研究了随机组合概率分析方法及设计水位的推算。徐玲玲阐述了二元独立事件的组合概率图解法，并假设了长江下游潮位与里下河地区旱情为相互独立的随机事件进行组合概率分析，在拟定的设计保证率（本书作者注：可接受概率或称可接受准则）下提出了引水枢纽的设计标准。2009 年，Parameshor 研究了日本名古屋城市在上游洪水与热带气旋共同作用下的海水上升导致的淹没影响。2010 年，Eugen 研究了多瑙河口的波流共同作用情形，胡四一研究了太湖流域台风与暴雨遭遇概率。

在台风（或波浪）风暴潮与天文潮遭遇方面，1990 年，董吉田等研究了大风浪与高水位联合概率的统计分析问题，以我国 4 个海区有代表性的台站多年史册潮位和大风资料的统计分析，得出结论：大风浪过程与天文潮无明显的依赖关系，并且大风浪过程（极值）发生在高潮位时的概率并不多于发生在低潮位时；高潮位时的增水与天文潮的关系散乱，而且呈一种微弱负相关。1999 年，张桂宏在推求洪水与热带气旋暴潮组合频率时假设了洪水与热带气旋是相互独立的，然后对热带气旋增水频率曲线和实测洪水频率曲线分别用离散求和法进行频率计算，得到洪水热带气旋暴潮组合频率曲线。2005 年，董胜对青岛地区的台风风暴潮进行统计分析，发现极值水位与波高同时出现较高值，则致灾强度更大；若潮位高，而相伴出现的波高小，则成灾强度亦较轻。验证了青岛地区的台风暴潮灾害是高潮位与向岸大浪联合作用造成的。2010 年，Gabriel 研究了风暴潮频率分析的有效组合概率方法，并指出卡特里娜飓风以后，组合概率方法（Joint-Probability Method，简称 JPM）已经为美国联邦政府相关部门采纳，用以确定飓风的频率，提出在标准的组合概率方法执行中，必须关注巨大的风暴参数组合，每一种组合（或组合风暴）需要模拟风、浪和增水。2011 年，Pruttipong 研究了台风与风暴潮共同作用的大范围灾害，介绍了一种估算大范围风雨风暴潮共同作用下的灾害分析方法。

在波流共同作用对海堤破坏方面，1990 年 Knut 以一海堤为例，建立了一种特大波越流的概率分析模型，用于估算高潮位与风暴共同作用下特大波越流概率，并分析了多种治理环境和地理特性情况下海堤的可靠性，进行了敏感性分析。1994 年，Constantine 研究了基于组合概率下的海浪波高和周期，基于已知的概率关系和简单的理论推导，假设任何带宽的高斯波，推导了一套波高和波周期的概率密度函数不同等式。基于此方法，不规则波的波高能简单地提供出来，同时讨论了一些简单的近似估计值。将数值模拟结果与宽带宽范围的数据和可得到的数据比较，显得非常有效和吻合良好，特别是在宽带宽范围的参数方面也得到了证明。2003 年，Cheung 等建立了一个热带气旋产生的风暴潮和波浪共同作用的海岸带灾害模拟模型，嵌套了海洋、海岸和近海等 3 种不同地形区域，也研究了最近几次风暴潮的潮位，同时也模拟了淹没区。2012 年，Rao 等采用纯拉格朗日和概化的二维光滑粒子水动力方法，研究有圆弧形翻浪墙的海堤波与浪共同作用下的越浪问题，揭示了一个有圆弧形返浪墙的海堤梯形断面在波与流共同作用下的越流特性。

波浪与潮位组合的另外一种研究手段就是波浪与潮位组合的数值模拟，即建立一定范围的潮流模型，并加以一定的风场，组合成风暴潮模型，模拟研究潮位和波浪在风暴潮情况下的变化。1978 年 Klemp 就建立了三维的数值模型。随着计算机发展，有关风暴潮数值模拟这方面的研究成果国外比较多，国内在这方面也紧跟国际技术发展，建立了渤海、长江口、杭州湾等区域的风暴潮与天文潮、波浪两者或三者联合作用的二维和三维数值模型。

1.2.5 海堤溃决及洪水演进研究进展

海堤溃堤过程主要包括溃口发展过程及潮水演进过程。溃口发展主要取决于堤身结构与材料，潮水演进过程主要取决于进水量与地形地貌。目前，针对海堤溃堤研究文献相对较少，基本按一般堤防或土坝溃堤研究方法。海堤溃堤与一般堤防或土石坝溃堤相同之处主要在于：①都关注溃口进水量及潮水演进过程；②溃堤类型都主要有渗流破坏、管涌发展到一定程度导致堤身塌陷后堤顶越流而破坏、洪（潮）水位超高或越流导致堤顶漫溢破坏等。不同之处主要在于：①海堤溃堤的影响因素中波浪作用起了较大的作用；②海堤溃堤进水量和洪水演进过程受潮汐影响较大，演进时间可能较短。关于一般堤防溃堤研究目前主要集中在无黏性土堤防，而黏性土溃堤过程由于高度复杂还处在摸索阶段。

1. **溃口发展研究进展**

溃堤的核心是水流对堤身的冲刷和输移。影响堤防溃口变化的因素很多，其中主要有两个方面，一是溃口处水流动力因子，水流动力因子包括溃口处的河堤内外水位差、流速、入流角、负波加速度等；二是溃口处的堤防边界条件，堤防边界条件主要指堤防土质结构、含水率等。溃口的变化过程就取决于上述水流动力因子及堤防边界条件的相互作用。当河堤内外水位差较大，此时河道水流流速大，水流动力因素作用较强（稀遇洪水时这种水流动力作用更强），超过堤防土壤抗御水流动力因子的作用力，导致溃口发生。

溃口的发展研究包括溃口横向发展研究和垂向发展研究。溃口横向发展即研究单个溃口发展的宽度；溃口垂向发展主要研究冲刷坑深度；溃口发展往往横向和垂向同时开展。溃口伊始，溃口迅速扩展，流速不断增大，随着溃口发展到一定程度，水流动力因素的作用发生变化，如河堤内外水位差减少、流量流速相应也减少，堤防溃口断面亦发展相当充分，溃口处土层粗化，溃口宽，流速均达到极大值。

Visser、Sarma、Shi 和 Roger 等研究涉及了现场溃堤状况。Yasuda、张修忠和 Roger 等采用实验方法研究了溃堤口水流特性，Ma、Visser、ShiLiang 和 Roger 还进行了溃口数值模拟。关于无黏土溃口宽度研究较完善的是 Visser，以实验室及现场模型试验中观察到的溃堤机理为基础，开发了一个无黏性土（沙）堤的溃堤模型，用现场试验的数据校准，又用实验室试验的数据进行验证，模型还对一个溃堤实例进行了模拟，计算结果与目测报告基本一致。

2. **洪水演进研究进展**

在山区性河流中，水库溃坝研究可以采用水量平衡及一维水流数学模型进行研究，而海堤主要位于平原地区，溃堤淹没区地势一般平坦，采用一维方式不合理。所以，研究海堤溃堤洪水主要采用二维水动力模型模拟。目前，国内外关于溃坝及溃堤洪水研究，采用 GIS 技术与二维水动力数学模型相结合，研究进展迅速。随着计算机功能逐渐强大，有些学者和研究机构已经开展三维水流与实测地形结合洪水演进模拟，所以海堤溃堤洪水研究也应逐渐向其发展。

国内外对于土石坝溃坝研究，李云总结了国内外溃坝模型试验研究成果，朱勇辉等总结了国外土坝溃坝模拟成果，刘德平总结了溃堤洪水及冲刷坑分析计算方法，史宏达总结了溃坝水流数值模拟研究，陈生水等总结了土石坝溃决模拟及水流计算研究成果，You 对溃坝安全管理研究进行了总结。针对堤坝决口和洪水演进的数值模拟方面，主要采用二维非恒定流有限单元法和有限体积法计算，许多学者和研究机构还开发了诸多模型，例如美国国家气象局的溃坝洪水预测模型(DAMBREAK)和简化溃坝洪水预测模型(SMPDBK)，美国土保局的简化溃坝演进模型(TR66)，以及荷兰 DELTF 大学的洪水系统(DELFTFLS)等，这些模型都已在工程实践中得到了广泛的应用。

1.3 研究内容与技术路线

1.3.1 主要研究内容

海堤规划设计及海堤设防标准确定，实际上是海堤风暴潮风险管理及制定应对策略的过程。因此，研究内容主要包括：海堤风险管理理论与方法，海堤风险管理影响因素分析，海堤安全及防御标准影响因素分析，海堤前沿风、潮、浪等统计分析，可能最不利风暴潮及海堤防御能力评估，海堤经济最优设防标准，海堤应对风暴潮风险策略，海堤应对风暴潮工程措施与非工程措施，海堤总体布局与建设时序等。具体内容和目标如下：

（1）风险管理理论在海堤管理中的应用研究。依据自然灾害风险管理理论和工程项目风险管理理论，研究海堤工程风险管理中的风险因素识别及风险分析、评价及应对方法，并研究海堤工程风险管理的特点。

（2）海堤风险管理影响因素识别与分析。以上海周边海堤为例，研究海堤风险管理社会经济因素和自然因素，包括海堤保护区社会经济状况及相关规划，海堤前沿工情、水情及遭遇风暴潮情况，并对最高潮位、最大风速、波浪和滩势进行统计分析，发现变化趋势、潜在风险因素和相关规律。

（3）海堤安全及防御标准影响因素识别与分析。在分析海堤前沿自然条件与海堤现状基础上，运用风险识别相关方法识别海堤安全影响因素和海堤防御标准影响因素，并对主要影响因素进行分析与评价。

（4）海堤前沿风、潮、浪等统计分析。统计上海市沿江沿海潮位站、测风站和波浪站资料，在“三性”分析基础上提出设计潮位、设计风速和设计波浪要素分析成果，必要时建立数值模型进行研究论证，并对现行上海防御标准采用的风浪、潮位的组合频率水平进行研究。

（5）最不利风暴潮及其对海堤防御能力影响评估。建立风暴潮数学模型，采用历史风暴潮数据进行反演和验证，拟定可能台风路径和强度，分析可能不利风暴潮对潮位影响，并对既有海堤防御风暴潮能力进行评估。

（6）海堤经济最优设防标准研究。对双灾害因素组合超越概率进行理论推导，分析双灾害因素组合重现期关系，并论证其在海堤防御标准中的应用可能性，进而利用组合超越概率和经济均衡理论及费用损失最小理论，研究海堤经济最优设防标准。

（7）海堤应对风暴潮风险策略研究。参考国内外海堤设防标准确定方法和海堤经济最优设防标准研究结论，并在研究保护对象重要性基础上，拟定研究区域海堤适宜的设防标准，探讨研究海堤应对风暴潮风险的工程措施和非工程措施，并以长江口海堤圈围形成的一个水库工程为例研究海堤运行管理应急预案。

（8）海堤总体布局与建设时序研究。根据流域总体规划、上海城市总体规划和相关专业规划，并依据既有海堤现状提出上海市海堤总体布局、建设任务，并根据海堤保护对象重要性和既有海堤抗风险能力，提出海堤建设时序。

1.3.2 关键技术路线

根据研究内容，主要关键技术路线如下：第一，通过分解分析法、核对表法和事故树法，对影响海堤工程安全的影响因素进行分析，包括外部风、潮、浪影响因素和内部堤身结构因素、滩地和地质因素等；第二，通过破坏路径法和分解分析法，识别和分析影响海堤设防标准的主要因素，并通过物理分析法来论证台风与天文潮的相互关系；第三，对研究区域海堤周边的风、潮、浪历史资料进行统计分析，进而建立风暴潮数学模型，分析可能的风暴潮及其影响，并对既有海堤防御能力进行评估；第四，根据组合超越概率理论研究风与潮组合的重现期关系，利用供需均衡理论和淹没损失、加高加固费用等，研究最优经济防御标准；第五，根据保护区对象重要性、经济实力和上述研究成果，并调研国内外海堤防御标准，研究提出海堤适宜的设防标准、工程措施与非工程措施，进而提出海堤风险应对策略。海堤风险管理研究技术路线如图 1.8 所示。

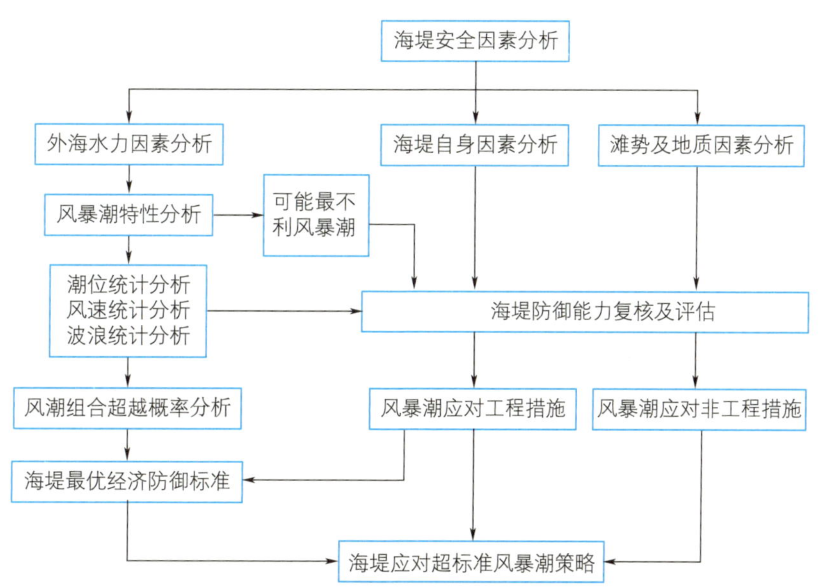

图 1.8 海堤风险管理研究技术路线

第2章

海堤风险管理理论与方法

海堤是为防御风暴潮对保护区危害在沿海采用土石等材料修筑的堤防工程。海堤规划建设包括了确立正确的建设理念和一系列决策、设计、构建和运行、管理等活动的过程，其结果是通过土石等材料构筑了新的存在物——海堤（海塘），所以从形成过程角度看海堤是一个工程。为抵御风暴潮灾害而规划建设海堤，实际上是海堤管理部门应对风暴潮灾害的风险分析评估与应对策略制定过程。

海堤既然是一项工程，海堤风险管理同一般项目风险管理就有相同之处，可以借用一般项目风险管理的理论与方法。但是，由于海堤不仅受海堤前沿潮位、潮流、风浪及滩势等自然灾害因素影响，还与海堤保护区域的社会经济发展状况相关，所以海堤风险管理具有不同于一般风险管理的特点，需要结合自然灾害风险管理理论和大型高风险项目管理实践经验，分析研究海堤工程自身的风险内容，以及风险因素识别、分析与评价方法，进而提出海堤风险应对策略。

2.1 海堤风险管理内容与方法

2.1.1 管理内容与目标

根据风险管理理论，风险是指由于可能发生的事件造成实际结果与主观预料之间的差异，并且这种结果可能伴随某种损失的产生。海堤工程风险涉及影响海堤工程安全的风险因素、风险事件及损失三者之间的关系。按照亨利希（H.W.Heinrich）的骨牌理论和哈同（W.Haddon）的能量释放理论，风险因素引发风险事件，风险事件又导致损失，因此三者之间是一条因果关系链（图 2.1）。认识海堤风险作用的关系链对海堤工程风险管理具有十分重要的意义。浪、潮等风险因素引发越浪或溃堤等风险事件，造成海堤破坏和堤后淹没损失，进而导致海堤保护对象的实际损失与实际设防标准下预期的损失有差异，即说明海堤风险管理策略及设防标准确定存在一定风险。

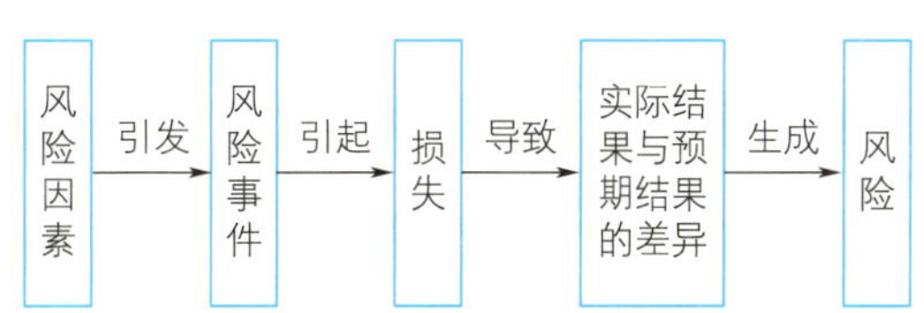

图 2.1 风险作用的因果关系链

海堤工程风险管理与一般项目的风险管理类似，是指对海堤工程的风险从识别到分析乃至采取应对措施等过程，具体是指海堤工程风险管理的主体（一般指海堤工程管理机构或接受委托的咨询机构等）通过风险识别、风险分析和风险评估，并以此为基础，采取主动行动，合理地使用回避、减少、分散或转移等方法和技术，对活动或事件所涉及的风险实行有效的控制，妥善地处理风险事件造成的不利后果，以合理的成本保证安全、可靠地实现预定的目标，包括使积极因素的可能性及结果最大化和使不利事件的可能性及对项目目标的影响最小化两方面。

与一般项目风险管理一样，海堤工程风险管理是一种目标管理，是一种有明确目的的管理活动。通过对海堤工程风险的识别，并将其定量化，进而进行分析与评价，选择适宜的风险管理措施，包括设防标准、工程措施和非工程措施，并制定转移、撤离和保险等应急预案，以确定合理的海堤建设投资，回避、减少、分散和转移海堤溃堤风险，或在风险发生时使损失量减小到最低限度。

2.1.2 管理模型与方法

项目风险管理发展的一个主要标志是建立了风险管理的系统过程，从系统的角度来认识和理解项目风险，从系统过程的角度来管理风险。一般项目风险管理过程由若干主要阶段组成，这些阶段不仅相互作用，而且与项目管理其他管理区域也互相影响，每个风险管理阶段的完成都需要项目风险管理人员的努力。海堤工程风险管理也不例外，其管理过程是一个系统和完整的过程，开展的是一种管理功能，并不是孤立地、简单地分配给组织中某一个部门的管理活动，而是海堤项目管理过程中的每个方面。但是，在实施过程中又需要有人负责风险管理的协调和组织，否则海堤建设过程风险管理的具体措施可能难以落实。

不同的组织或个人对风险管理过程的认识不同。美国系统工程研究所（SEI）曾经把风险管理过程分成了若干个环节，包括风险识别、风险分析、风险计划、风险跟踪、风险控制和风险管理沟通等（图 2.2）。美国项目管理协会（PMI）在制定 PMBOK（2000 年版）时将风险管理过程描述为：风险规划、风险识别、定性和量化分析、风险应对设计、风险监视和控制 6 个部分。美国国防部曾经根据管理实践，建立了相对较为科学的风险管理过程和体系（图 2.3）。我国毕星、翟丽在其主编的《项目管理》[1] 一书中，把项目风险管理阶段划分为风险识别、风险分析与评估、风险处理、风险监视等四个阶段，并对风险管理的方法进行了总结。

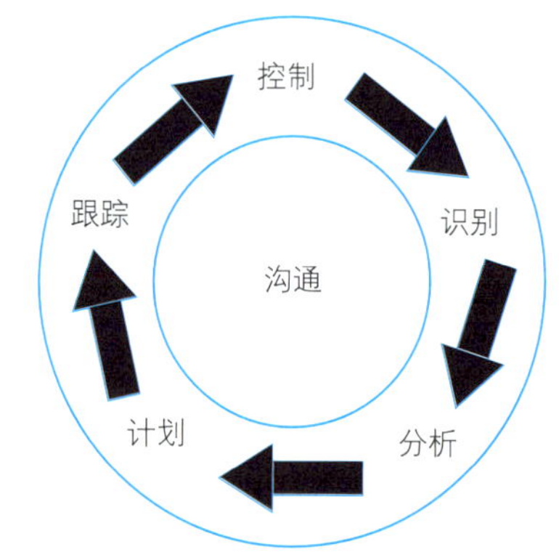

图 2.2 SEI 的风险管理过程组成图

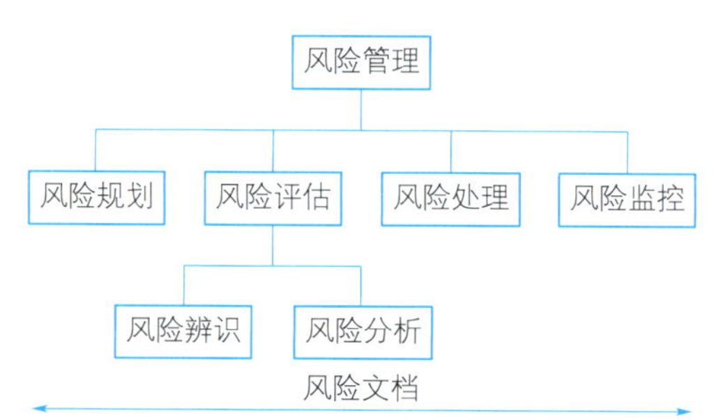

图 2.3 美国国防部风险管理基本过程与体系结构

[1] 毕星，翟丽．项目管理 [M]. 上海：复旦大学出版社，2000.

根据工程风险管理的情况，特别是结合自然灾害风险管理和海堤自身特点，本书建议将海堤风险管理过程分为风险规划、风险识别、风险分析、风险评价、风险应对、风险监控6个阶段和环节，如图2.4所示。

海堤风险管理的基础是调查研究，包括调查和收集自然条件资料、过程风险资料和工程自身资料，必要时还需要进行实验或试验，并利用多种管理技术工具和手段来协助进行海堤风险的识别、分析和评估等。

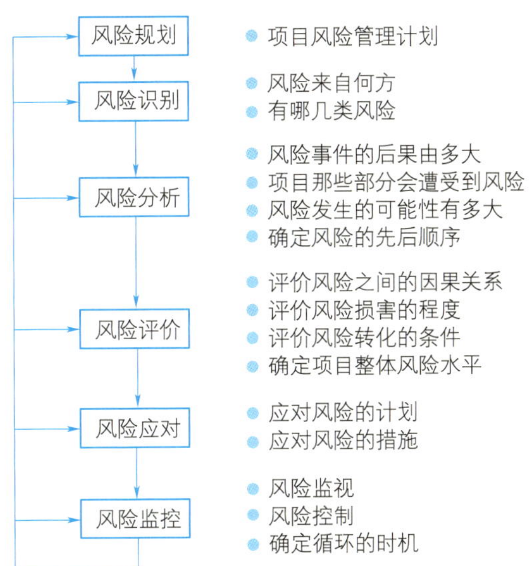

图2.4 海堤6阶段风险管理过程模型

海堤风险规划就是制订海堤风险管理的一整套计划，主要包括定义项目组及成员，选定风险管理行动方案，选择适宜的风险管理方法，确定风险判断依据等，进而用于对风险管理活动计划和实践形式进行决策。风险规划的结果是整个海堤项目寿命期内全局性的指导纲领。通过制定风险规划，有组织、有目的地进行工程风险管理，以预防、减轻、遏制或消除海堤遭遇风险等不良事件的发生及产生的影响，尽可能消除风险、隔离风险，并使之尽量降低，同时制定若干备选行动方案，以应付不可避免的风险。

海堤风险识别是进行海堤风险管理的第一步，主要是确认哪些风险因素有可能会影响海堤安全，并记录每个风险因素的具体特点。海堤风险识别目的就是通过对影响海堤工程规划、设计和实施过程的各种因素进行分析，进而寻找出可能的风险因素，即确定海堤究竟存在什么样的安全风险。海堤所面临的风险是多方面的，任何一个风险因素若处理不好，就可能遭受损失。因此，海堤风险识别是一项复杂的系统工程。同时，海堤风险识别又是一个连续的过程，因为海堤工程面临的自然情况在不断地变化，如海堤前沿滩地突然变化，导致堤前水深加深，波浪要素加大，因此海堤风险因素也就不会一成不变。

海堤风险分析就是在掌握比较齐全的统计资料条件下，采用定性与定量相结合的分析方法，综合考虑损失频率、损失程度及其他因素，找出相关变量间的规律，作为分析预测的依据，并以此为基础形成风险清单，为风险的控制提供各种行动路线和方案的过程。一般项目风险分析的主要对象是单个的风险因素，包括对识别出来的风险估算发生概率、估计风险后果大小、确定影响时间和范围等。但是，对于海堤的风险分析，由于多个因素同时作用，需要同时考虑有可能增加或减少的潜在风险，特别是台风与高潮位往往同时作用。所以，需要根据选定的计量尺度和方法，考虑两种因素同时作用的风险后果大小。

海堤风险评估就是对海堤各风险事件发生后的后果进行评价，并确定不同风险的影响程度，并进行排序，可以为海堤建设和管理部门提供总体风险影响程度是否能够被接受的重要决策信息。海堤风险评估综合考虑各种风险因素对项目总体目标的影响，确定对不同的风险因素应该采取哪一种应对措施，同时也要评价不同处理措施可能需要花费的成本，即需要综合考虑风险成本与效益。海堤风险评估可以采用定性和定量两种方法。因为海堤工程规划和实施过程中的情况并非一目了然，而且影响海堤的各种客观因素经常变化而错综复杂，原有的数据过时较快，因此在某些情况下主观的风险估计尤其重要。

海堤风险应对主要根据风险分析与评估结果，从改变风险后果的性质、风险发生的概率、风险后果的大小 3 个方面提出多种应对措施，来避免风险的发生或减少风险造成的损失。一般风险应对措施主要有减轻、预防、转移、回避、接受和后备等 6 种措施。海堤风险应对：一是制定适宜的设防标准，实施海堤建设和保护海堤的工程措施（如保滩工程、植物消浪等），减轻海堤破坏的风险；二是采取气象、水情、工情等监测、预报措施，减轻风险发生；三是制订海堤管理应急预案，人员转移撤退路径与目的地，减少损失；四是综合考虑不同风险承担者的风险承受能力，将有些风险后果转移至由其他人承担，如保险公司等。

海堤风险监控主要是因为影响海堤工程风险管理及海堤安全的风险因素在不断发生变化，随着海堤工程建设、运行和相关维护、加固等措施的实施，影响海堤工程安全的各种因素会发生不断变化，因此需要通过对风险规划、识别、估计、评价、应对全过程的监视和控制，从而保证海堤风险管理能达到预期的目标。监控目的是核对风险管理策略和措施的实际效果是否与预见的相同，寻找机会改善和细化风险规避计划，获取反馈信息，以便将来的决策更符合实际。风险监控的依据是风险管理计划、实际发生了的风险事件和随后进行的风险识别结果。

以风暴潮灾害控制为例，说明海堤风险管理的方法，见表 2.1，主要实施过程的方法和内容等将在各章节中详细阐述。

表 2.1　　海堤风险管理的方法

风险控制的关键步骤
(1) 识别海堤风险管理的目标。 (2) 识别海堤风险影响因素。 (3) 评估海堤各种风险（可能性和后果）。

风险控制的关键步骤
(4) 提出减轻海堤风险的行为。 (5) 评估残留的风险（包括间接风险）。 (6) 估算减轻海堤风险的成本收益。 (7) 寻找海堤风险的归属者。 (8) 决定要做的事情：选择并执行能获得收益的风险减轻行动。 (9) 必要时通过更新风险清单来监测和重复上述过程

原理解释	实　　例
风险是一种造成损害的不确定性	发生风暴潮灾害有可能带来损失
风险的可能性和后果取决于危险周围环境	风暴潮灾害的位置、破坏情况、抢险队所在位置、风暴潮灾害可能出现的时间
采取减轻行动改变环境，减轻风险的成本是主要行动成本	设置风暴潮灾害报警系统等是减轻风险的行动
残留风险是采取减险行动后所留下的风险	风暴潮灾害发生的可能性不变，但是后果减小了。因为如果安装了风暴潮灾害报警系统，风暴潮灾害扩展的可能性就会减少
残留风险应包括间接风险，其成本应包括于成本收益中	如果风暴潮灾害报警系统意外发生事故，其造成损失为间接风险
判断风险责任主体	有可能是决策者、设计者或保险公司等

2.2　海堤风险识别过程、依据及方法

2.2.1　识别过程

风险识别过程是描述发现风险、确认风险的主要活动和方法，其基本任务是将项目的不确定性转变为可理解的风险描述。海堤工程风险识别过程是一个系统，可分别从外部和内部两个视角来描述：外部视角应详细说明风险识别过程的控制、输入、输出和机制；内部视角应详细说明将输入转变为输出的过程。识别海堤工程风险的过程可包括 5 个步骤，如图 2.5 所示。

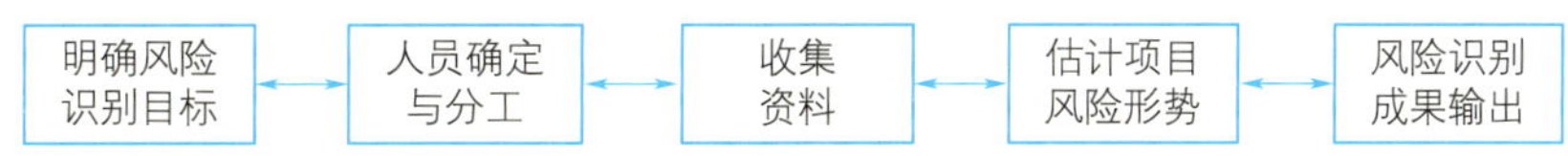

图 2.5　识别海堤工程风险的 5 个步骤

依据海堤工程的特性，明确海堤工程风险识别的目标，是海堤风险管理的基础工作。依据海堤工程规划和建设的过程，不同层面的人员要分别确定各自的风险管理范围和重点，并据此确定参与风险识别的人员。海堤风险识别应该收集的资料包括海堤前沿潮位、气象、风速、波浪等自然因素，海堤前沿地形、滩势，海堤保护区内社会经济状况，政府和建设单位的投资能力等，以及与本项目类似的案例等。海堤工程的风险形势的估计就是要明确海堤建设项目的目的、实施标准和实施方法，以及实现目标的手段和资源，以确定海堤项目及其环境的变数。通过风险形势估计，进行风险识别的成果输出。风险成果的输出包括：判断和确定海堤实施的目标是否明确，是否具有可测性，是否具有现实性，有多大不确定性；分析保证海堤建设目标实现的战略方针、步骤和方法；根据资源状况，分析实现目标的方案存在多大不确定性，彻底弄清有多少可动用的资源对于实现海堤建设的意图和目标。

2.2.2　识别依据

要正确识别海堤工程风险管理和海堤安全影响因素，首要条件是掌握较全面和真实的相关外部和堤身、地基等基础资料，并认真细致分析研究。一般海堤工程风险识别依据主要包括以下方面。

（1）海堤风险管理规划。海堤风险管理规划是规划和设计如何进行海堤工程风险管理的活动过程，包括确定项目组织及成员、风险管理行动方案，同时决定适宜的风险管理方法。海堤风险管理规划一般通过召开规划编制会议制定，通过头脑风暴法等形成初步框架，并逐步细化。在计划中，应该对整个海堤规划建设和寿命期内的风险识别、分析与评估及应对等方面进行详细描述。最后，海堤风险管理规划得到相关行政部门审批同意。

（2）海堤工程建设计划。海堤工程建设计划，包括建设目标、任务与范围，以及建设进度与质量、工程投资与料源等，凡是涉及海堤建设过程中的计划和方案都是进行海堤风险识别的依据。尤其是编制海堤建设计划过程中的各种前提条件和限制条件，以及不同参与者的相关利益及其对建设目标的期望值等。

（3）海堤风险分类。对海堤规划、建设和运行过程中的各种风险进行合理的分类，可以避免风险识别过程中的误判和遗漏，也有利于突出重要风险因素，找出那些对风险管理目标有严重影响的风险源。

（4）社会经济及自然条件。海堤保护区内保护范围和保护对象重要性对海堤风险影响和决策较大，包括社会经济状况、相关城市总体规划和流域规划等。海堤前沿风、潮、浪和滩势等是海堤重要的风险源。

（5）历史资料。以往相关项目或相近项目的历史资料（如项目的风险应对计划、风险因素或评估资料等）、其他的统计及出版资料（如商业数据库、学术研究成果、行业标准以及书籍、报刊等）都是风险识别的重要信息和依据；同时，海堤项目风险管理人员的知识和经验也是进行风险识别重要依据。

2.2.3　识别技术和工具

识别风险是一项复杂的工作，一般要借助于一些技术和工具，不但识别风险的效率高而且操作规范，不容易产生遗漏。有代表性和常用的方法包括头脑风暴法（又称集思广益法）、情景分析法、德非尔法（又称专家调查法）、面谈法和核对表法等五种。

2.3　海堤风险因素分析与评价方法

2.3.1　因素分析与评价目的

海堤风险识别过程仅是从定性的角度去了解和认识了风险因素，但要把握海堤风险，必须在识别风险因素的基础上对其进一步分析和评价。一方面，海堤风险分析和评价是要对风险因素发生可能带来的后果有一个比较清楚的认识；另一方面，分析和评价的量化过程也可以帮助更清楚地辨识主要的风险因素，其量化分析的结果有利于管理者采取更有针对性的对策和措施，从而减小风险对实施目标的不利影响。

通过定量方法进行风险分析与评价主要有以下作用：

（1）更准确地认识风险。通过定量方法进行海堤工程风险分析与评价，可以确定海堤工程各种风险因素和风险事件发生的概率或概率分布，及其发生后对海堤工程影响的严重程度或损失的严重程度。

（2）保证目标规划的合理性和计划的可行性。由于建设工程具有个别性，只有对特定的风险进行定量的分析与评价，才能正确地反映各种风险对工程项目目标的不同影响，才能使目标规划得结果更合理、更可靠，使在此基础上制定的计划具有现实的可行性。

（3）合理选择风险应对策略，从而形成最佳风险对策组合。定量风险分析与评价的结果就是各种风险发生的概率及其损失的严重程度，风险对策的效果主要表现在降低风险发生的概率和（或）降低损失的程度，因此将不同风险对策的适用性与不同风险的结果结合考虑，对不同风险选择最适宜的对策，从而可形成最佳风险对策组合。

2.3.2 因素分析与评价方法

基于风险管理理论，分析和评估风险因素，主要是定量分析和定性分析相结合的方法。定量分析是更完整的统计资料的损失频率和损失程度及其他因素综合考虑的基础上，确定相关变量的规律，并进行分析和预测的重要依据；定量分析，基于过去的某些因素，一旦有已经过去的重大变化或发现在没有其他重要情况的信息，应根据新发现的因素的定量分析结果的校正，这时需要使用定性方法。因此，采用定性和定量分析相互补充的检验和修正，才可以得到一个更好的结果分析。

定性方法是决策者自己的主观判断和参考对主要风险因素的识别，确定这些可能产生的后果的主要风险是否可以接受，从而做出整个项目的风险判断。如主要危险因素，可能会产生严重的后果是不可接受的，那么该项目的整体风险是非常大的。

通过风险分析和评估的定量方法，可以确定工程各种风险因素和风险事件发生的概率或概率分布，及其发生后对工程目标影响的严重程度或损失严重程度。风险量一般表示为

$$R=f(p,q) \tag{2.1}$$

式中 R——风险量；

p——风险发生的概率；

q——潜在损失。

实际应用中，多数情况以离散的形式来表示风险发生的概率及其损失，因而风险量 R 表示为

$$R=\sum p_i q_i \tag{2.2}$$

项目整体风险的分析与评估，目前有一系列的定量方法可供采用，常用方法包括调查打分法（checklist）、层次分析法（analyti hierarchy process，AHP）、蒙特卡罗模拟（Monte Carlo simulation）、敏感性分析（sensitive analysis）、模糊数学（fuzzy set）及影响图（influence diagrams）等。但是，并不是所有这些方法都适用于任何一个项目，也并不是适用于项目的每一个阶段。因此，在实际应用中需要考虑项目的规模、类型、目标性质。海堤工程项目的风险评价可以参考一般项目风险评价方法，选择其中一种或几种。

1992 年年底，Steve J. Simister 对工程风险分析技术的应用情况做了一次广泛的调查（表 2.2）。调查结果表明：尽管目前有许多有关风险分析与管理的新技术和方法，但传统的分析技术仍占主导地位，如目前较常用的分析技术主要是调查打分法、蒙特卡洛模拟、计划评审技术和敏感性分析，而且主要应用在项目可行性决策和投标阶段，其他技术，如 CIM、模糊数学、多目标决策树模型及效用模型等，尽管也有应用，但并不广泛。

表 2.2 工程项目风险管理技术应用情况调查结果

技术种类	A	B	C	D	E
调查打分法	76		8	4	0：8 1：56 2：44
CIM 模型	8		48	32	0：28 1：8 2：4 3：16
决策树	44		48		0：16 1：16 2：16 3：16
模糊数学			64	24	0：36
影响图	28		48	12	0：24 1：12 2：20 3：8 4：12
蒙特卡罗模拟	72	4	16		1：40 2：56 3：52 4：12
多目标决策模型	24		36	28	1：16 2：20
计划评审技术	64	4	24		1：36 2：56 3：52 4：4
敏感性分析	60	4	20	8	1：36 2：40 3：24
效用理论	4		48	36	1：4 2：4

注： A 为经常使用；B 为过去使用，但已不再使用；C 为知道该技术，但不用；D 为还未听说过的；E 为每一项技术在项目各阶段的应用情况（0 为未使用；1 为立项/投标；2 为设计/计划；3 为实施；4 为后评估）。

根据相关研究，无论采用什么风险识别和评估技术，要想全面识别所有风险几乎是不可能的。因此，在对海堤风险进行识别与评估时，一方面对风险评估不能要求过分精确，否则劳而无功并且不能把握主要因素；另一方面，必须坚持实事求是，反映出必要的事实情况，把握影响海堤安全的关键因素，更好地指导海堤风险管理。

2.4 海堤风险管理特点及应对措施

2.4.1 管理特点

海堤工程风险贯穿于整个海堤工程的规划、实施与使用的全周期内。同其他一般项目风险管理相比，海堤工程具有五方面的特殊属性。

1. 海堤风险管理对水利及海洋工程等方面的专业知识要求较高

海堤风险管理是一个融管理学、经济学、水文学、气象学、流体力学、水利工程学、海岸工程学、海洋学、地理学、灾害学等多学科为一体的系统工程，贯穿于海堤规划、设计、施工和使用全过程，所以若要识别海堤工程风险，首先需要具备水利及海洋工程等方面的专业知识。20 世纪 70 年代，Yen（1971）就提出失事风险，即

$$R=P\{X>Q\}=1-(1-1/T_r)^N \qquad (2.3)$$

式中 T_r——设计标准；

N——使用年限。

并被列入美国水文实践指南中。较早研究防洪工程的风险也是水文风险，所以水文风险是海堤风险的重要内容。再如海堤基础工程中经常发生边坡滑坡、塌方、基地扰动、回填土沉陷、填方边坡塌方、冻胀、融陷等情况，只有具备了水利及岩土工程等方面的基础知识，才能凭借工程专业经验识别出这些风险。海堤工程风险的估计和评价更需要工程专业知识，这样才能比较准确地估计风险发生概率的大小及风险可能给整体工程造成的风险损失，也才能发现和解决工程建设中出现的问题，实施有效的风险管理。

2. 海堤工程遭遇风暴潮风险不可预见性和随机性太强

在一般的水利水电工程规划和设计中，有些风险事先可以预见，也可以采取适当的措施进行规避和应对，如对地质问题可以采取事先进行地质勘探查找不良地质因素。但是，在海堤工程规划和设计中，有些风险却较难预见和发现。首先，台风出现的时间、地点具有不可预见性和随机性；其次，虽然台风出现后其路径可以监测和预测，但是受海面、岛屿等多种因素影响，其路径经常发生变化，而且台风的风向、风速也发生变化，所以台风登陆的时间、地点和强度等随机性大；再次，虽然天文高潮位可以预报，但台风发生是随机的，所以台风与天文高潮同时发生也就是随机的；最后，海堤工程自身的结构强度和抵抗能力在不同区域不同，与不同强度的台风相遇，其破坏风险也就是随机的。所以，海堤工程遭遇风暴潮风险的不可预见性和随机性太强。

3. 海堤工程战线长，遭遇风险大，破坏后损失大

我国大陆 18000km 海岸线上已经建设了总长约 12000km 的各类不同设防标准的海堤工程，而每年又有数十次台风对海堤造成破坏性影响。例如在上海超过 500km 的海堤保护区内，每年遭遇 6 级风力以上的影响平均有 3.2 次，多的年份可达 7 次，所以海堤遭遇风暴潮破坏的风险较大。我国沿海地区是社会经济发达的地区，12000km 的海堤保障了约 6800 万人口的生命和财产安全和超过 5 万 km^2 的土地面积。尤其是近年大量经济开发区在沿海地区建设，一旦遭遇风暴潮影响，损失较大。1997 年，受“9711 号”台风影响，上海沿江沿海主海堤多处溃决，受损处 511 处（69km），奉贤长约 22.6km 海堤全线漫溢，直接经济损失 6.3 亿元以上。2005 年 8 月 5—7 日和 9 月 11—12 日，上海遭受“麦莎”“卡努”台风影响，受灾人口 94.6 万人，直接经济损失合计约 17.3 亿元。

4. 海堤设防标准决策对工程投资影响大

根据调查统计，影响工程项目投资最大的阶段是约占工程项目建设周期 1/4 的技术设计前的工作阶段。在初步设计阶段，影响项目投资的可能性为 75%~95%；在技术设计阶段，影响项目投资的可能性为 35%~75%；在施工图设计阶段，影响项目

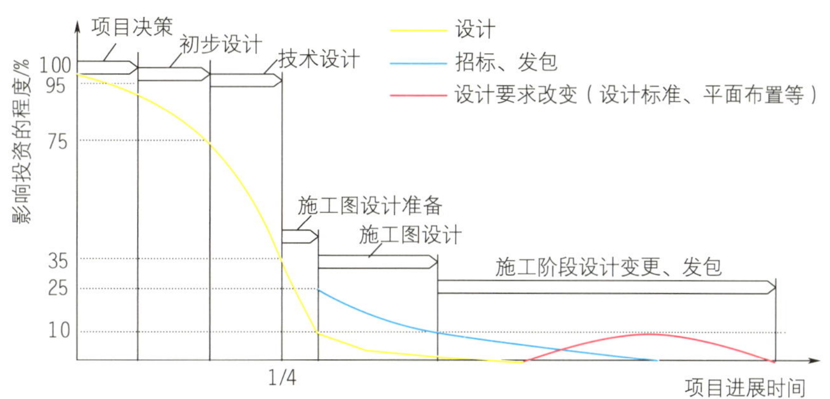

图 2.6　不同建设阶段影响投资程度的坐标图

投资的可能性则为 5%~35%；施工阶段影响投资的可能性一般在 10% 以下（图 2.6）。所以，项目投资的重点是在施工以前的投资决策和设计阶段，而项目做出投资决策以后，影响项目投资的关键在于设计。所以，在海堤规划和设计阶段，海堤防御标准决策对海堤工程的投资及海堤工程的防御能力影响较大。根据西方一些国家分析，一般工程的设计费一般只相当于项目全寿命费用的 1%（我国更低），但正是这少于 1% 的费用却基本决定了工程项目几乎全部随后费用。

5. 海堤风险管理需要从多方寻找因素和承担者

当一项工程风险的发生，给工程整体造成损失时，一般按照谁造成损失谁负责的原则，由责任方承担相应的损失责任。在判定责任时，需要辨识和分析风险源、风险转化的条件等，据此来判断是谁造成的风险损失。由于海堤工程的决策和设计过程往往涉及众多责任方参与，比如滩地地形测量资料由测量单位提供，海堤基础地质资料由勘探单位提供，潮位等水文资料由水文局（站）提供，规划资料由规划单位或业主提供，设防标准往往由行政审批部门批准，海堤维修管理由运行管理单位实施。因此，海堤工程建设和管理中的风险事故责任可能涉及测量、地勘、业主、施工、设计、行政等多方，产生的风险因素也就来自多个方面。但从投资决策影响分析结果分析，防御标准决策过程对海堤风险管理影响更大。

2.4.2　应对措施

海堤风险管理应对的基本理论同一般项目的风险管理理论。通过对海堤工程风险的识别、分析与评价，风险管理者对海堤项目存在的各种风险和潜在损失有了一定把握，下一步工作就是编制一套切实可行的海堤工程风险应对计划，并在风险规避、转移、缓解、接受和利用等应对策略中选择有效的应对策略，制定既符合实际情况，又具有明显效果的应对策略，使风险转化为机会，或降低风险造成的负面影响。

1. **海堤风险管理应对计划**

海堤工程风险应对计划是对海堤风险管理的目标、任务、程序、责任和措施等内容的全面规划。编制海堤工程项目风险应对计划目的是为了提升实现海堤工程目标的机会、降低对其的威胁。编制风险应对计划必须充分考虑风险的严重性、应对风险所花费用的有效性、采取措施的适时性以及与工程项目环境的适应性等。在编制项目风险应对计划时，经常需要考虑多个应对方案，并从中选择其中一个优化的方案。

海堤工程风险应对计划的编制依据一般包括：①海堤工程风险管理计划和风险清单；②海堤工程风险的特性；③海堤工程主体抗风险能力；④海堤工程风险详细分析资料；⑤可供选择的风险应对措施。

海堤工程风险应对计划的具体内容包括：①已识别的工程项目风险描述，包括项目分解、风险成因和对项目目标的影响等；②海堤工程风险承担人以及其应分担的风险；③风险分析及其信息处理过程的安排；④针对每项风险，所用应对措施的选择和实施行动计划；⑤采取措施后，期望残留风险的水平确定；⑥风险应对的费用预算和时间计划；⑦处置风险的应急计划和退却计划。

2. **海堤风险管理应对策略理论**

海堤风险应对策略可以从三个方面提出多种策略，包括改变风险后果的性质、风险发生的概率或风险后果大小等。主要应对措施有风险的减轻、预防、回避、转移、自留和储备等 6 种。每一种措施都有其侧重点，运用时需根据具体风险形势，采取其中一种或几种。

（1）风险减轻。风险减轻策略，就是通过降低风险发生的可能性或减缓风险带来的不利后果，来达到减轻风险的目的。此策略运用的有效性，在很大程度上取决于风险是否已知和可预测。当预计存在风险优势时，风险里管理者可动用现有资源，有很大把握控制风险，一般采取减轻风险策略。例如，对于可预测风险，可以建设一定标准海堤，降低风险后果的严重性和风险发生的频次，但是对于遭遇特大超标准风暴潮，这是决策者根本不能够控制的风险，有必要采取其他迂回策略。

根据项目成功概率增加和失败概率减少的关系理论（图 2.7），项目风险水平和管理成效同时间因素关系密切，所以为有效地减轻海堤风险，必须采取有效措施应对规划、建设和运行期内的风险。

（2）风险预防。风险预防是一种主动的风险管理策略，一般采取有形和无形的手段。建设海堤工程就是一种有形手段，以工程技术手段，消除风暴潮风险的威胁。建设海堤工程需要很大的投入，决策时必须进行成本效益分析。但是，建设海堤工程，也不是百分之百可靠，也需要同其他措施结合起来使用。如对风暴潮预测预警，对有关人员进行海堤风险和风险管理教育，或者制度化的从事海堤建设和管

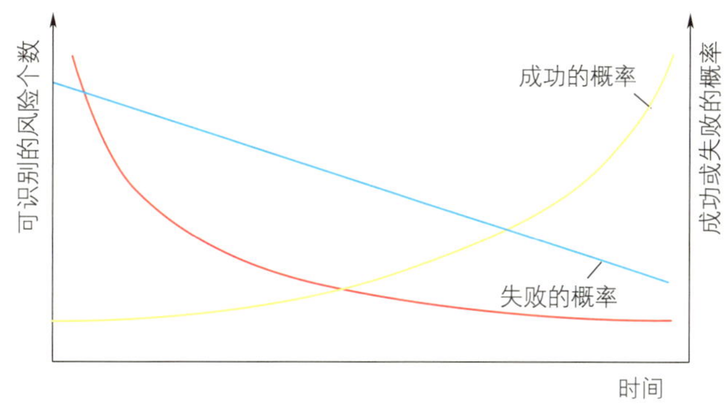

图 2.7　项目风险成功与失败概率关系图

理过程，也可以减少不必要的损失。

（3）风险回避。风险回避是指当风险潜在威胁发生的可能性非常大，不利后果也非常严重，又无其他策略可用时，主动放弃或改变行动方案，从而回避风险的一种策略，主要包括主动预防风险及完全放弃两种。主动预防风险是指从控制风险源入手，控制海堤安全风险来源，如对护坡破坏、岸滩冲刷等风险，采取护坡结构、保滩工程等措施；完全放弃是回避风险的另一种策略，这种做法一般运用比较少。完全放弃策略虽然最彻底，但也会带来其他问题：首先，放弃就失去了发展和机遇，例如核电站保护的海堤建设，项目庞大，风险高，但如果因为担心损失而放弃核电站项目，就要失掉培养和锻炼建设队伍的机会，丢掉发展核电有关产业的机会，丢掉促进科学研究的机会等；其次，放弃意味着消极，海堤工程遭遇的风暴潮具有不以人的意愿为转移，且必会在今后发生的特点，因此需要充分发挥决策、设计和管理者的主观能动性，有效控制或消除风险，简单放弃就会造成更大损失。

（4）风险转移。风险转移就是将风险转移至参与该项目的其他个人或组织，又叫合伙分担风险，风险转移的目的不是降低风险发生的概率和减轻不利后果，而是借用合同或协议等方法，在风险事故一旦发生时将损失的一部分转移到有能力承受，或控制项目风险的个人或组织。转移风险可以采取财务性风险转移和非财务性风险转移两种方法。财务性风险转移包括保险类风险转移和非保险类风险转移。将海堤保护区内的财产和人员安全进行保险是转移风险最常用的一种方法。海堤决策管理部门委托科研和设计单位研究制定规划、设计方案，委托有经验的建设施工单位实施，以合同的形式把风险转移到第三方。实行这种策略要遵循两个原则：第一，必须让承担风险者得到相应的回报；第二，对于各具体风险，谁最有能力管理就让谁来分担。

（5）风险自留。风险自留也是风险应对策略之一，就是在风险决策时有意识地选择承担风险后果。如果觉得当采取其他风险规避方法的费用，超过风险事件造成的损失时，就可以采取接受风险的方法。风险自留有主动和被动两种形式。由于在海堤建设时，已经对一些风暴潮、滑坡、渗透等风险有了准备，所以当风险事件发生时，应马上执行应急抢险计划，这是主动接受的形式。被动接受风险，往往是风险造成的损失数额不太大，而又无法采取措施避免。建设高标准海堤，费用必然增加，但保护的边际效益自然会受影响。

（6）风险储备。储备风险是指事先制定科学高效的项目风险计划和应急措施，当项目实际进展与计划不同时，及时采取应急措施。对于海堤工程，风险客观存在，因此为尽量减轻风险造成的损失，有必要制定风险应急措施，即储备风险。项目风险应急措施主要有技术、人员和费用三种后备措施。技术是指专门为应付项目的技术风险，而采取的技术处理办法，当预想情况出现需要采取补救行动时，应立即采取技术预备措施；人员后备措施是在风险出现时，应急管理和抢险必要的人员队伍；风险管理组织应在制订应急预案时将人员安排应急计划列入其中；费用后备措施是事先预备好的一笔应急费用，当各种风险出现时补偿各种影响。

2.5 本章小结

（1）海堤风险管理同一般项目的风险管理类似，都是目标管理。所以，海堤工程风险管理可以借鉴一般项目风险管理理论与方法，并结合海堤工程风险特点，通过对海堤工程风险的识别，将其定量化，进行分析和评价，选择风险管理措施，包括设防标准、工程措施和非工程措施，并制定转移、撤离和保险等应急预案，以确定合理的海堤建设投资，回避、减少、分散和转移海堤溃堤风险，或在风险发生时使损失量减低到最低限度。海堤工程风险管理的基础是调查和收集的自然条件、过程风险和工程自身资料。

（2）根据海堤风险管理实际情况，特别是结合自然灾害风险管理和海堤工程特点，研究建议将海堤风险管理过程分为风险规划、风险识别、风险分析、风险评价、风险应对、风险监控等 6 个阶段。研究认为，海堤工程面临的自然情况在不断地变化，因此海堤风险识别是一个连续的过程；海堤同时遭受多重灾害因素作用，所以海堤风险分析与评价需要考虑两种以上因素同时作用的风险后果；海堤工程风险应对可以从改变风险后果的性质、风险发生的概率、风险后果的大小 3 个方面提出多种应对措施，一般是制定适宜的设防标准后建设海堤，对气象、水情、工情等监测和预报，制订人员转移撤退等应急预案，实施人身财产保险转移风险等。

（3）研究认为，海堤风险管理是一个融管理学、经济学、水文学、气象学、流体力学、水利工程学、海岸工程学、海洋学、地理学、灾害学等多学科为一体的系统工程。受海堤工程战线长，受水文、波浪、潮流及结构等多种风险影响，且贯穿于海堤规划、设计、施工和使用过程中，海堤工程风险具有不同于一般风险管理的特点，包括风险管理对水利及海洋工程等方面的专业知识要求较高，遭遇风暴潮风险不可预见性和随机性太强，遭遇风险大和破坏后损失大，设防标准决策对工程投资影响大、风险管理需要从多方寻找因素和承担者等。海堤风险管理需要管理者具有较全面地知识结构和较高的决策水平，而且需要多方面的专家、学者、工程师共同努力才能完成。

第3章

海堤风险管理影响因素分析

进行海堤风险管理和确定海堤建设设防标准，需要研究分析海堤保护对象的范围及重要性和海堤遭遇的各种外来灾害因素。所以，本研究以上海市沿海海堤为例，研究海堤保护区的社会经济状况和相关规划，保护区域遭遇风暴灾害情况和特性，进而分析海堤保护对象的范围和重要性。同时，研究海堤前沿潮位、风速、波浪和滩势等自然条件，进而分析海堤风险管理和设防标准确定的影响因素。

海堤工程是一个系统工程，包括自身结构系统、外海水力系统和管理决策系统。海堤自身结构系统主要包括堤身、堤基、护坡护脚、防渗排水和交叉建筑物等；外海水力系统主要包括上下游潮流、潮位、风浪、河势、水深等；管理决策系统包括标准决策、海堤建设、运行管理和维修等。要对海堤工程进行风险管理首先需要系统分析整个海堤工程规划、设计、建设和管理工程中的影响因素；然后再分类分解，细化分析影响因素。

系统分析法实质是一种根据客观事物所具有的系统特征，从事物的整体出发，着眼于整体与部分、整体与结构及层次、结构与功能、系统与环境等的相互联系和相互作用，系统认识事物的方法。通过系统分析方法的运用，不仅保证了对海堤整体的系统分析，以各结构及其相关联为主体进行深入分析。系统分析方法多种多样，常用的有分解分析方法、层次分析法、定性等级评价法等。

综合风险管理中风险因素识别和分析方法，研究认为运用分解分析法可较好地分析海堤工程系统风险因素。分解分析法根据分解原则，将复杂的事物分解为简单的容易被识别的事物，将大系统分解成若干小系统，从而识别可能存在的各种风险与潜在损失。根据海堤工程特性，首先按引起风险的因素进行分解，从总体上进行分类，以便分析识别风险因素；其次对每一类风险再细化分成此类；然后针对具体技术风险，按结构部位进行分解。

根据海堤工程各种可能的风险来源，大致归为两大类：一类是海堤外部引起的风险，包括政治、经济、社会和技术的社会因素，以及潮位、风浪、河势等自然风险；另一类是海堤内部（自身结构）引起的风险，包括堤身、堤基、护坡护脚、防渗排水和交叉建筑物等引起的各种风险。海堤工程风险因素分解如图 3.1 所示。海堤外部引起的风险因素是海堤风险管理的重点，也是海堤风险管理各方关注的重点。其他子系统将采用其他综合方法进行识别分析。

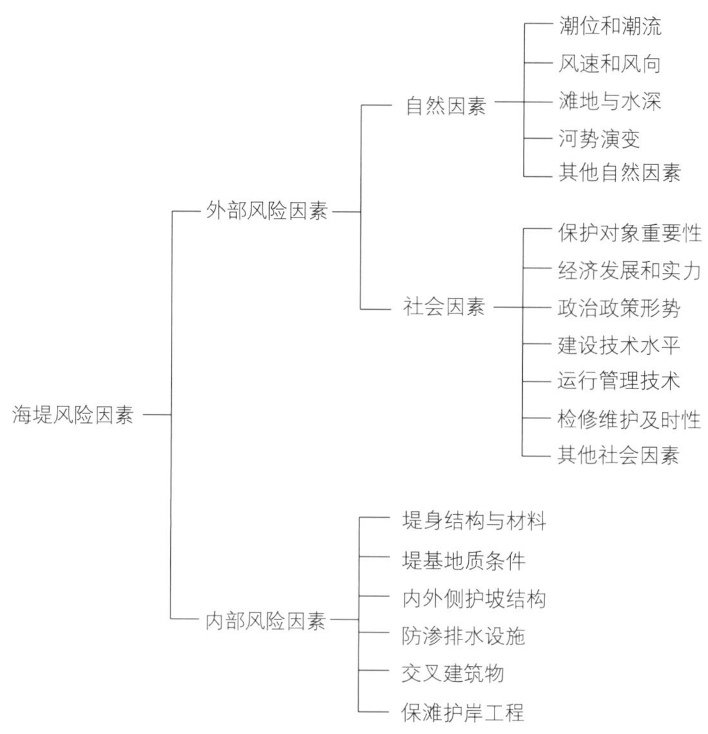

图 3.1　海堤工程风险因素分解示意图

3.1　海堤风险管理社会影响因素

3.1.1　海堤保护区域社会经济现状

研究区域上海市地处东经 120°51′～122°12′，北纬 30°40′～31°53′，位于太平洋西岸，亚洲大陆东沿，我国南北海岸中心点，长江和钱塘江入海汇合处。北界长江，东濒东海，南临杭州湾，西接江苏和浙江两省，是长江三角洲冲积平原的一部分，平均海拔 4.00m 左右。陆地地势总趋势是由东向西略微倾斜。以西部淀山湖一带的淀泖洼地为最低，海拔仅 2.00～3.00m；在泗泾、亭林、金卫一线以东的黄浦江两岸地区，为碟缘高地，海拔 4.00m 左右；浦东钦公塘以东地区为滨海平原，海拔 4.00～5.00m。西部有天马山、薛山、凤凰山等残丘，天马山为上海陆上最高点，海拔 98.20m。海域上有大金山、小金山、乌龟山、佘山等岩岛，大金山海拔 103.40m，为上海境内最高点。

上海市总面积 6340.5km^2，东西最大距离约 100km，南北最大距离约 120km。其中河道、湖泊面积 532km^2（按上海市水务局提供的数据）。陆海岸线长约 172km。在上海北面的长江入海处，有崇明、长兴、横沙 3 个岛屿。崇明岛为我国第三大岛，由长江挟带下来的泥沙冲积而成，面积为 1041.21km^2，海拔 3.50～4.50m。长兴岛面积 74.10km^2，横沙岛面积 49.26km^2。

上海是一座国际性大都市，是我国最大的综合性城市，也是全国重要的科技中心、贸易中心、金融信息中心、经济和贸易港口，是世界上屈指可数的最繁华、最具经济活力的大城市之一。正在向现代化国际大都市目标迈进的上海，肩负着面向世界、服务全国、联动“长三角”的重任，在全国经济建设和社会发展中具有十分重要的地位和作用。在这个土地面积仅占全国 0.06%、人口占全国 1% 的城市里，完成的财政收入占全国的 1/8，港口货物吞吐量占全国的 1/10，口岸进出口商品总额占全国的 1/4。

根据 2011 年统计年鉴，至 2010 年年末，上海有 17 个区、1 个县，共 109 个镇，2 个乡，99 个街道办事处，3671 个居民委员会和 1739 个村民委员会，全市常住人口 2302 万人，完成全社会固定资产投资 5318 亿元，国民生产总值达 17166 亿元，全市经济增长 10.3%，财政收入 2874 亿元，三产比重分别为 0.6%、42.1%、57.3%，城市和农村居民家庭人均可支配收入分别达到 31838 元、13748 元，其中沿江沿海的浦东新区、宝山区、奉贤区、金山区、崇明县常住人口合计 947 万人，占全市 41%，生产总值合计 7437 亿元，占全市 43%。

与 1996 年海堤规划统计资料相比，上海市常住人口从 1451 万人增加到 2302 万人，增加了 58%；全市生产总值从 2958 亿元增加到 17166 亿元，增长了 5.8 倍。上海利用不到全国 0.1% 的国土面积，承载了全国 1.7% 的人口和产生了全国 4.3% 的生产总值。

3.1.2 相关区域流域及专业规划

海堤保护区域的相关区域、流域及专业规划对海堤标准确定至关重要。研究区域上海市是全国最大的经济中心城市，是长三角世界级城市群核心城市，肩负着面向世界、服务全国、联动长三角的重任，在全国经济建设和社会发展中具有十分重要的地位和作用。上海沿江沿海经济社会快速发展，对海堤整体防御能力提出了更高要求。

1. 城市总体规划

城市总体规划是海堤保护区对象重要性确定的基础。上海市政府编制的《上海市城市总体规划（1999—2020 年）》明确了城市性质、规划规模、发展目标，以及城市发展方向和总体布局，确定到 2020 年末基本建成“四个中心”和社会主义现代化国际大都市，《上海市主体功能区规划》指出 2020 年上海常住人口总量将达到 2650 万人左右，规划提出着力构建“两轴两带、多层多核”的城市化格局和“环、廊、区、源”的基本生态网络格局，其中城市化格局包括构建“东部沿海滨江发展带”。

（1）城市定位和发展目标。

1）城市定位：社会主义现代化国际大都市，国际经济、金融、贸易、航运中心之一。

2）发展目标：基本形成现代化国际大都市的经济规模和综合竞争力；基本形成与国际经济中心城市相匹配的城市功能布局；基本形成符合现代化大都市特点的城乡一体、协调发展的市域城镇布局；基本形成人与自然和谐的生态环境；基本形成与现代化国际大都市相匹配的基础设施框架；基本形成以促进人的全面发展为核心的社会发展体系。

（2）城市发展方向和空间布局。

1）城市发展方向：拓展沿江沿海发展空间，形成滨水城镇和产业发展带，继续推进浦东新区功能开发，重点建设新城和中心镇，完善城镇体系，把崇明岛作为21 世纪上海可持续发展的重要战略空间（图 3.2）。

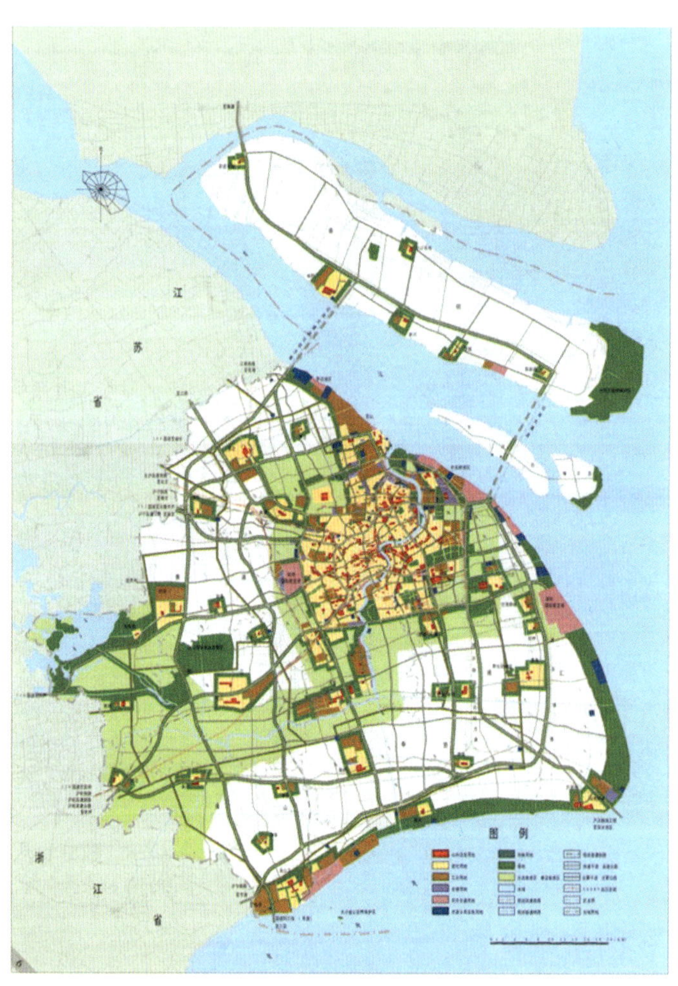

图 3.2　上海市城市总体规划图（1999—2020 年）

2）空间布局：按照城乡一体、协调发展的方针，以中心城为主体，形成“多轴、多层、多核”的市域空间布局结构。“多轴”是由沪宁发展轴、沪杭发展轴、滨江沿海发展轴组成，也是长江三角洲城市带的重要组成部分。“多层”是指中心城、新城、中心镇、一般镇所构成的市域城镇体系及中心村 5 个层次。“多核”主要由中心城和 11 个新城组成。

根据上海市城市总体规划，上海陆域自杭州湾北岸至长江口南岸将形成了一大包围经济产业带，包括金山石化、化学工业区、奉贤旅游度假区、临港重装备产业区、南汇新城镇（原名临港新城）、浦东国际机场、外高桥港区、吴淞宝钢及罗泾港区等，经济发展呈现快速发展态势。另外，“三岛”区域也发生了重大变化：长兴岛定位于海洋装备岛和生态水源岛，北沿已经建设为上海市供水的青草沙水库，南岸沿线已相继建设大型港口码头、船舶基地等；崇明岛定位于生态绿色农业岛；横沙岛定位于生态休闲岛。

随着本市郊区工业化、城镇化不断推进，原海塘确定的农村区域保护对象已快速发展成城市和重要工矿企业区域，沿江沿海作为城市发展的重要区域之一，对海塘防御能力提出了更高要求。

2. 长江流域防洪规划

流域规划是海堤管理的重要依据。根据 2008 年国务院批复的《长江流域防洪规划》，力争到 2015 年，上海市宝山区和浦东新区按 200 年一遇高潮位加 12 级风设防，其余海堤段按 100 年一遇高潮位加 11 级风设防。到 2025 年，建成比较完善的防洪减灾体系，与流域经济社会发展状况相适应。

国务院批复要求，《长江流域防洪规划》的实施要遵循“蓄泄兼筹、以泄为主”的方针，坚持“江湖两利”和“左右岸兼顾、上中下游协调”的原则，进一步完善长江流域防洪总体布局，逐步建成以堤防为基础，三峡工程为骨干，干支流水库、蓄滞洪区、河道整治相配合，平垸行洪、退田还湖、水土保持等措施与防洪非工程措施相结合的综合防洪减灾体系，全面提高长江流域防御洪水风暴潮灾害的能力。加强防洪骨干工程建设，不断推进长江治理。继续加强堤防、海堤达标建设和河口整治，在对三峡工程蓄水运用后河道冲淤变化研究的基础上，加强长江中下游重点河段的河势控制；加强城市防洪工程建设，不断完善重点城市防洪工程体系，制订城市防御超标准洪水预案。

3. 长江口综合整治开发规划

专业规划也是海堤管理的依据之一。根据 2008 年国务院批复的《长江口综合整治开发规划》，近期将采取基本稳定南支上段河势措施，使南、北港分流口初步相对稳定（图 3.3），并减缓北支淤积速率，减轻北支咸潮倒灌现象，改善南支水源地开发条件。同时，加快建设防洪工程和排灌工程，使防洪（潮）及排灌达到规划标准；结合河势控导工程，合理开发岸线资源；适度进行滩涂促淤圈围，满足社会经济发展需求；完成建设水文水质站网，初步构建长江口地区水利信息化系统框架。

远期，通过各种措施，稳定白茆沙河段北岸边界，逐步建成人工节点，使南北港分流口及北港河势逐步稳定和改善；消除北支咸潮倒灌。到 2020 年，长江口地区防洪（潮）及排灌应全面达到规划标准，并建成较为完善的水利信息化系统。

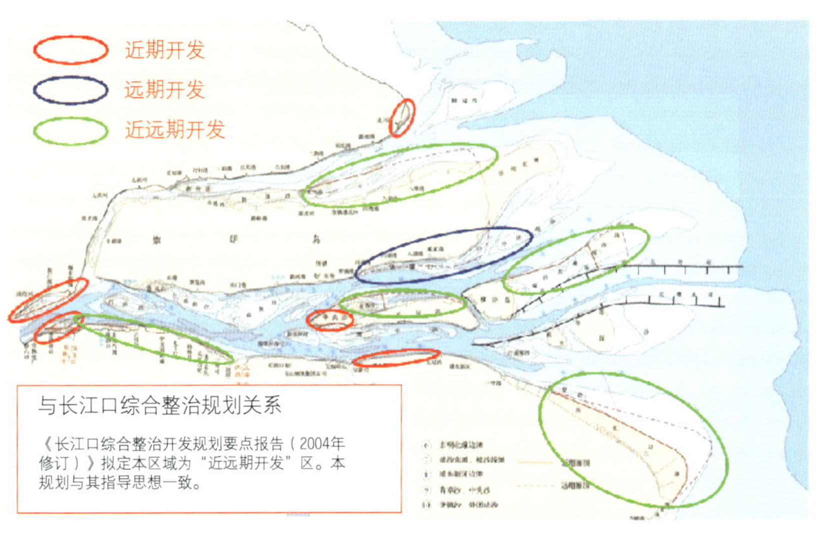

图 3.3　长江口综合整治规划及滩涂圈围规划图

3.2　海堤风险管理自然影响因素

海堤工程受风暴潮等多种自然因素影响，主要涉及风、潮、流、浪、泥沙及滩势等，其中对海堤安全和防御标准确定影响较大的是潮位、风速、波浪和滩势等。

3.2.1　研究区域风暴潮灾害及特性分析

1. 历史风暴潮灾害情况

上海时常受到西北太平洋上热带气旋的影响，虽比福建和浙江沿海少一些，但也不断遭到袭击，严重威胁城市安全。据有关资料统计，上海平均每年遭遇 6 级风力以上的热带气旋影响 3.2 次。热带气旋虽大多数不直接登陆上海，但受边缘影响较大，由于大风、暴雨和高潮作用，造成城乡变泽国，严重危及人民生命财产安全。

根据历史记载，上海受灾情况按发生年代大致可分为 1900 年之前、1900—1949 年和 1949 年后等三个时段。

1900 年之前，历史上曾有许多记载：公元 1326 年，崇明海啸漂没居民 500 户；1380 年，崇明海潮决岸人畜多溺死；1461 年，崇明等地海潮冲决溺死 12500 余人；1472 年，上海等地大风雨漂没万余人；1509 年，上海金山风暴潮灾害死数万人；1647 年，崇明潮大溢民多溺死；1658 年，崇明海涨淹死甚多；1680 年，崇明飓风海溢，居民溺死无算；1835 年，上海飓风海溢居民溺死甚众；1861 年，崇明飓风海溢，死约万人。史料记载中最严重的应该是清康熙《三固续识略》中记载的 1696 年发生在上海地区的一次特大风暴潮灾，死亡人数超过 10 万人。其他的如 1461 年崇明等地海潮冲决、溺死约万人，1835 年上海飓风海溢溺死甚众、浮尸连片等。

1900—1949 年，上海地区发生严重风暴潮灾害有 1905 年、1915 年、1921 年、1931 年和 1933 年，其中 1993 年 9 月连续出现两次严重风暴潮灾害。1905 年 9 月 2 日，台风在长江口 200km 以外掠过，吴淞信号台实测潮位 18.6 英尺（约 5.55m），长江口、黄浦江干流遭受严重潮灾，江水漫过堤岸入侵市区，大量物资受渍，损失在千万以上。上海市郊崇明县受灾尤为严重，“水丈余，城市街巷尽没，沿海居民漂尽死，男女一万余人”。1915 年 7 月 28 日，强台风侵袭上海，浦江潮水骤增数尺，江中大小民船冲翻沉溺约三百余艘，损坏则有上千艘之多，溺毙人口不少，平地积水数尺深，贫民所住草屋均遭溺坏，灾民流离失所，扶老携幼，悲号乞怜。1931 年 8 月 25 日，台风在浙江定海登陆后，沿长江口北上，黄浦公园站增水 1.1cm，实测最高潮位 4.94m，台风、高潮位、暴雨并袭，市区严重积水，外海、内河全部停航，水电交通一度中断，死伤数十人。台风暴潮冲毁了当时上海滩上的望江楼，沿海草房被席卷一空。1933 年，台风袭击上海，潮位猛增，造成全市马路积水，郊区农田受淹，损失惨重。

1949 年来，总计有 22 次较大的强风暴潮灾害影响上海，其中“4906 号”“5612 号”“6207 号”“8114 号”“9711 号”“0012 号”和“0509 号”台风引起的强风暴潮所造成的灾害尤为严重，1949 年 7 月 25 日和 1962 年 8 月 2 日出现特大灾害。

1949 年 7 月 25 日，6 号台风在上海金山县登陆，最大风速 25m/s，最大日雨量 148.2mm，台风期时值天文高潮，黄浦江苏州河口增水 100cm，实测最高水位 4.77m，市内除较高地区外，大街小巷积水严重，南京东路第十百货公司附近水深及腰，苏州河北的闸北、虹口、杨树浦一带，水深普遍达 3 尺左右，郊区受淹农田 208 万亩，城乡倒房 6.3 万间，死亡 1600 多人，损失严重。

1962 年 8 月 2 日，7 号台风影响上海，吴淞潮位达 5.38m，黄浦江苏州河口水位达 4.76m，黄浦江和苏州河沿岸的防汛墙发生 46 处决口，河水涌入城区，淹没了近半个市区，南京东路水深达 0.5m，全市 17 条交通线路受阻，商业局有 40% 仓库进水，外贸局物资受潮达 6.7 万多吨，损失达 5 亿元之多。

1981 年 9 月 1 日，受到“8114 号”台风影响，台风自长江口外转向北上，死亡 48 人，郊县海塘决口 19 处，吴淞口增水 1.88m，创历史纪录。外滩防汛墙出现墙顶潮水漫溢（图 3.4）。

图 3.4 “8114 号”台风期外滩防汛墙顶潮水漫溢

图 3.5 “9711 号”台风期崇明岛遭袭

1997 年 8 月 18 日，上海受到“9711 号”台风影响（图 3.5），吴淞口潮位 5.99m，超过警戒水位 1.19m；黄浦公园潮位 5.72m，超过警戒水位 1.17m；米市度站潮位 4.27m，超过警戒水位 0.77m，均破历史纪录。暴雨和大风造成市区防汛墙决口 3 处，漫溢倒灌 20 处；沿江沿海主海塘多处溃决，受损处 511 处（69km）。金山海潮达到 6.57m（当时历史最高是 5.97m）；奉贤长约 22.6km 堤防全线漫溢；松江县沿黄浦江有 35 处（14km）漫溢，13 处（158m）溃决。据统计，市区倒损树木 43957 棵，造成道路堵塞，交通一度受到比较大的影响；大风还造成仅市区就有 39 处电线被刮断，受累数千户居民家中停电；郊区各地因高压线被吹断，发生大面积停电和电话故障；全市中低电网故障 952 起，电话报修 4625 人次，上万户居民的房屋损坏报修。郊区受灾农田 75 万亩，其中蔬菜损失尤为严重，接近 50%，直接影响蔬菜上市。台风还使得水运、空运一度中断，累计有 135 个航班、22 条轮渡全部停航，39 个出港客轮取消，28 艘进港客轮未能抵达，上万名旅客滞留。台风袭击过程中，死亡 7 人，伤多人，直接经济损失 6.3 亿元以上。

2005 年 8 月 5—7 日和 9 月 11—12 日，上海遭受“麦莎”“卡努”台风影响。“麦莎”来袭时适逢天文大潮，据统计全市受灾人口 94.6 万人，直接经济损失 13.58 亿元。“卡努”影响时虽为小潮汛期间，但也造成了直接经济损失 3.695 亿元。

2. 研究区域风暴潮特性分析

风暴潮主要是由台风、温带气旋、冷风的强风作用和气压骤变等强烈的天气系统引起的海面异常升降现象。风暴潮是沿海地区经常遭遇的自然灾害，期间狂风巨浪会酿成严重的灾害。根据风暴潮形成原因，可分为热带风暴引起的热带台风风暴潮及温带气旋引起的温带风暴潮两种类型。热带台风风暴潮主要出现于夏秋季节，其主要特点是来势猛、速度快、强度大、破坏强。温带风暴潮则多出现于春秋季节，有时夏季也有发生，其特点是增水过程比较慢，增水高度也较台风风暴潮低。热带台风风暴潮多发生于我国东南沿海，而温带风暴潮多发生于我国北方海区沿岸。

上海位于东经 120° 51′ ~ 122° 12′，北纬 30° 40′ ~ 31° 53′，地处亚洲大陆东沿，太平洋西岸，东临东海，南濒杭州湾，西面与江苏、浙江两省相接。上海地区风暴潮主要由强热带风暴或台风造成，在天文潮的基础上产生气象增水、高潮位，使沿江沿海水体满溢上陆。台风风暴潮期间往往风雨大作，潮位陡涨、风浪拍击、毁堤淹地，具有毁灭性的破坏力。根据有关资料统计，上海遭遇 6 级风力以上的台风影响，包括热带风暴、强热带风暴和台风，平均每年约有 3.2 次，最多年份达 7 次。根据历史统计数据分析，可以发现影响上海的台风风暴潮具有如下特性：

一是风暴潮发生频率增加。据有关文献记载，公元 751—1949 年的 1199 年间，影响上海的台风暴潮事件共计 168 次，平均每 7 年发生一次。民国年间（1912—1948 年）的 37 年中发生风暴潮 9 次，平均 4 年发生一次，其中约 18 年发生一次较重的风暴潮灾害。1949 年以来，影响上海较大的风暴潮共有 50 余次，其中 1949—1959 年间共发生 9 次；1954—2004 年，影响上海的台风共 74 次，平均每年出现 1.4 次，最多时达 5 次 / 年（2000 年）。其中，1997 年“9711 号”和 2005 年“麦莎”对上海影响最大（图 3.6、图 3.7）。随着全球气候变化及海平面不断上升，风暴潮事件发生的可能性趋于增加。

图 3.6　1997 年“9711 号”台风路径示意图

图 3.7　2005 年“麦莎”号台风路径示意图

二是台风强度和影响范围在增加。上海市域风速站统计（图 3.8），由于城市建设，市区最大风速有所减小。但是，停泊在长江口铜沙浅滩引水船上的风速观测统计结果显示，近 40 多年测得的台风最大风速并不像市区那样有规律的逐渐递减，反而有增加趋势。1991—2002 年期间的平均最大风速比 1961—1970 年大 0.9m/s，20 世纪 60 年代引水船平均最大风速比市区大 7.5m/s，90 年代则增大至 12.1m/s。国内外相关研究表明，全球气候变化引起极端灾害性气候，不仅使风暴潮强度和频率增加，而且影响范围也在加大，北半球台风路径北移趋势也有所显现。

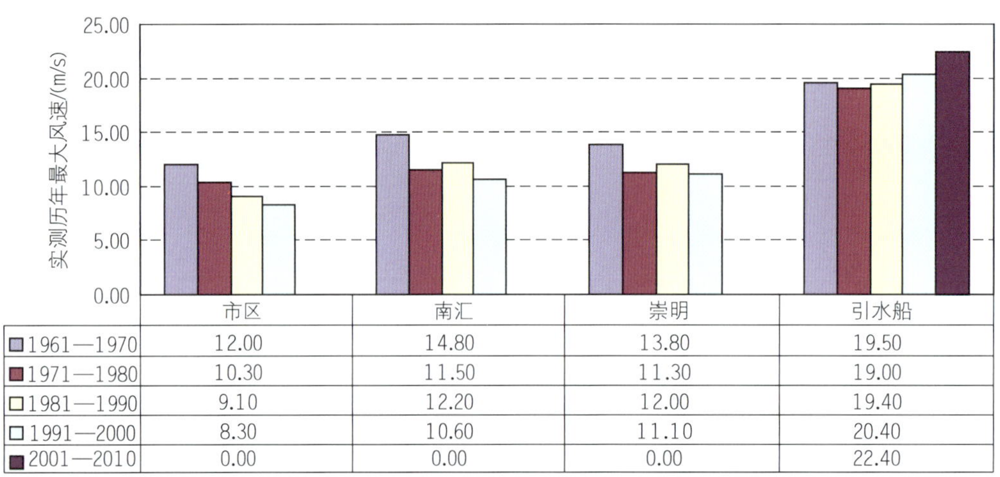

图 3.8 上海各区域不同年代台风最大风速

三是风暴潮期高潮位在抬升。实测资料显示（表 3.1），黄浦江吴淞口，近 50 年高潮位记录表明，黄浦江高潮位抬升趋势明显，平均每年抬升约为 7mm。黄浦江苏州河口，20 世纪 80 年代前高潮位均低于 5m，之后最高潮位屡屡突破 5m。2000 年至今，已有 3 次在 5m 以上。吴淞口近 50 年的观测资料还显示，其中一半年份的年天文大潮本身就已超过警戒水位，此时若有台风影响，高潮位将更加抬升。

表 3.1 黄浦江吴淞口及黄浦公园站不同年代最高潮位对比表 单位：m

站名	年份					
	1950—1959	1960—1969	1970—1979	1980—1989	1990—1999	2000—2010
吴淞口	4.98 （1954）	5.31 （1962）	5.29 （1974）	5.74 （1981）	5.99 （1997）	5.87 （2000）
黄浦公园	4.65 （1954）	4.76 （1962）	4.98 （1974）	5.22 （1981）	5.72 （1997）	5.70 （2000）

注：括号内年份为最大潮位的发生年份。

3.2.2 研究区域海堤前沿潮位统计分析

1. 长江口杭州湾潮汐特性

受东海前进波和黄海驻波控制及地形影响，长江口和杭州湾潮汐性质属于非正规浅海半日潮，一个太阳日内出现两次高潮、两次低潮。

潮差是潮汐强弱的重要标志，在河口浅海地区时空变化十分明显。长江口平均潮差超过 2m，最大潮差超过 4m。杭州湾内大部分水域平均潮差超过 4m，而湾顶澉浦最大潮差超过 8m，并且纵向上由东至西潮差变化大，是我国沿海潮差最大的水域。长江口和杭州湾的潮差年内变化呈现“枯季潮差小，洪季潮差大”的特点，即每年的 1 月潮差最小，8—9 月潮差最大。

上海沿海潮汐一般落潮历时大于涨潮历时。6 小时涨潮历时等值线大致通过佘山、鸡骨礁外缘、绿华山、大长涂山一线。向西涨潮历时逐步缩短，落潮历时逐渐延长。长江口区 5 小时涨潮历时等值线大致通过横沙岛两侧。杭州湾北岸，从芦潮港至澉浦之间水域平均涨潮历时 5 小时 26 分，平均落潮历时约 7h。

2. 上海海堤前沿潮位统计分析

为顺利开展新一轮上海市海塘规划，上海市水文站选择上海周边 11 个水文站点的实测资料进行了统计分析，并以 P- Ⅲ型对各站年最高潮位进行频率分析。计算采用资料样本长度为 40~61 年，频率分析具体结果见表 3.2。

表 3.2　2012 年各潮位站年最高潮位频率计算成果表　单位：m

设计频率	0.1%	0.5%	1%	2%	5%
金山嘴	7.35	6.77	6.56	6.34	6.05
芦潮港	6.42	5.87	5.70	5.54	5.32
石洞口	7.05	6.36	6.16	5.96	5.69
高桥站	6.95	6.30	6.10	5.89	5.61
中浚站	6.87	6.22	6.05	5.88	5.63
崇头站	7.04	6.59	6.45	6.30	6.08
崇明南门	6.98	6.48	6.30	6.11	5.86
堡镇站	6.86	6.30	6.10	5.89	5.61
三条港	7.30	6.49	6.32	6.16	5.93
长兴马家港	6.84	6.18	6.00	5.81	5.56
横沙站	6.77	6.05	5.86	5.67	5.42

注：潮位基面为上海城建吴淞基面；设计频率 1% ＝重现期 100 年，设计频率 0.5% ＝重现期 200 年，下同。

此次频率分析结果与1996年各潮位站年最高潮位频率计算成果（表3.3）相比，除江苏三条港以外，金山嘴、芦潮港、高桥站等6个潮位站的各站200年一遇潮位均有所抬升，一般抬升20~30cm，最大为37cm（表3.4）。另外，将吴淞口潮位频率分析结果与1984年频率分析结果、1999年频率分析结果及可能最高潮位预测结果（上海水文总站2002）进行对照（图3.9），结果表明：现在执行的原千年一遇高潮位6.56m防汛标准，实际上已降到不足200年一遇标准；预测的吴凇站2050年时的千年一遇水位7.08m相等于现在的万年一遇水位，比现在执行的设防水位高出0.81m。

表3.3　　1996年各潮位站年最高潮位频率计算成果表　　单位：m

设计频率	0.5%	1%	2%	5%
三条港	6.43	6.26	6.07	5.83
高桥	5.95	5.79	5.63	5.42
长兴	5.91	5.76	5.61	5.40
横沙	5.83	5.67	5.51	5.29
堡镇	5.94	5.79	5.63	5.42
浏河	6.61	6.40	6.18	5.89
三甲港	5.83	5.66	5.49	5.26
芦潮港	5.59	5.47	5.35	5.19
金山嘴	6.40	6.23	6.06	5.84

表3.4　　各潮位站200年一遇最高潮位对比　　单位：m

序号	站名	2012年值	1996年值	差值
1	金山嘴	6.77	6.40	0.37
2	芦潮港	5.87	5.59	0.28
3	高桥站	6.30	5.95	0.35
4	堡镇站	6.30	5.94	0.36
5	三条港	6.49	6.43	0.06
6	马家港	6.18	5.91	0.27
7	横沙站	6.05	5.83	0.22

3.2.3　研究区域最大风速统计及分析

1. 沿海沿江风速统计分析

《上海市滩涂促淤圈围设计规程》附录A，采用上海市崇明、宝山、南汇、奉

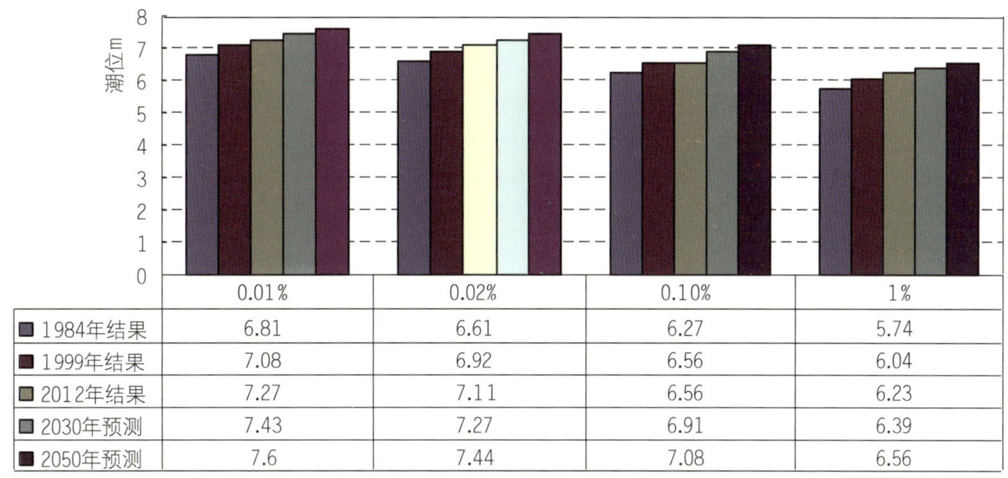

	0.01%	0.02%	0.10%	1%
1984年结果	6.81	6.61	6.27	5.74
1999年结果	7.08	6.92	6.56	6.04
2012年结果	7.27	7.11	6.56	6.23
2030年预测	7.43	7.27	6.91	6.39
2050年预测	7.6	7.44	7.08	6.56

图 3.9　吴淞站年最高潮位历次分析结果对比

贤和金山等五个气象站（图 3.10）1974 年 1 月—2010 年 3 月历年逐日最大风速风向资料统计，并用 2009 年 2 月—2010 年 3 月横沙临时测风塔最大风速资料，和市区 1901—1970 年徐汇或龙华气象站及 1971—2009 年闵行气象站系列资料，进行相关性分析和延伸，换算成沿江（海）10m 高度年每 10min 最大平均风速见表 3.5。

图 3.10　风速风向观测站分布示意图

表 3.5　　各站各方位最大风速频率分析成果表　　单位：m/s

重现期 / 年	站名	方位							
		N	NE	E	SE	S	SW	W	NW
20	崇明	26.9	25.0	24.1	25.9	23.4	22.9	25.8	27.2
	宝山	24.3	24.1	23.8	21.3	19.9	20.8	22.5	22.8
	南汇	26.7	27.5	24.9	23.6	23.4	21.9	26.3	27.2
	奉贤	24.2	24.2	23.1	22.1	20.6	20.4	25.6	25.5
	金山	24.2	23.7	24.7	23.4	22.0	20.7	25.1	25.6
50	崇明	30.1	28.0	26.9	29.1	26.4	26.0	28.7	30.3
	宝山	27.5	27.1	26.7	23.7	22.1	23.3	25.1	25.5
	南汇	30.6	31.5	28.0	26.4	26.6	25.2	30.1	31.1
	奉贤	27.6	27.6	25.9	24.7	22.9	23.1	28.9	28.8
	金山	27.2	26.8	27.8	26.4	25.0	23.5	28.2	28.7
100	崇明	32.5	30.2	29.0	31.5	28.6	28.3	30.9	32.7
	宝山	30.0	29.3	28.9	25.6	23.8	25.1	27.0	27.6
	南汇	33.5	34.6	30.3	28.5	29.1	27.6	32.9	33.9
	奉贤	30.2	30.1	28.0	26.6	24.6	25.1	31.4	31.3
	金山	29.5	29.1	30.2	28.6	27.3	25.7	30.5	31.0
200	崇明	35.0	32.5	31.1	34.0	30.9	30.7	33.2	35.2
	宝山	32.5	31.7	31.2	27.5	25.5	27.0	29.1	29.7
	南汇	36.5	37.7	32.7	30.6	31.6	30.2	35.9	36.9
	奉贤	32.8	32.7	30.2	28.6	26.4	27.2	33.9	33.9
	金山	31.9	31.5	32.6	30.9	29.6	27.9	32.9	33.4
300	崇明	36.4	33.7	32.3	35.3	32.2	32.0	34.4	36.5
	宝山	33.8	33.0	32.4	28.5	26.4	28.1	30.2	30.9
	南汇	38.1	39.5	34.0	31.8	32.9	31.6	37.5	38.5
	奉贤	34.2	34.1	31.4	29.6	27.3	28.3	35.3	35.3
	金山	33.1	32.8	33.9	32.1	30.9	29.1	34.2	34.7
500	崇明	38.5	35.5	34.0	37.2	33.9	33.9	36.1	38.4
	宝山	35.8	34.8	34.1	30.0	27.8	29.6	31.8	32.5
	南汇	40.4	41.9	35.9	33.5	34.9	33.6	39.7	40.8
	奉贤	36.3	36.1	33.1	31.2	28.7	29.9	37.3	37.3
	金山	35.0	34.7	35.8	33.9	32.7	30.9	36.0	36.6

该统计分析结果比 1996 年海塘规划在不同区域的风速分析结果（表 3.6）有增有减，其中南汇东滩、崇明三岛北沿地区风速有所增大。分析结果还表明，由于海塘所在位置不同，各区段海塘前沿风速风向及风区长度也各不相同，杭州湾北岸和长江口口外主要为开敞式无限风区岸段，而长江口口内则是有限风区岸段。

表 3.6　　　1996 年海塘规划不同区域风速统计分析表　　　单位：m/s

站名	方位	参数			设计频率 P/%					
		V	C_v	C_s	0.1	1	2	5	10	20
高桥	NW(NNW)	20.3	0.19	0.38	34.3	30.3	29.0	27.0	25.4	23.5
	NNE(N,NE)	20.1	0.21	0.63	37.0	31.8	30.1	27.7	25.7	23.5
	ESE(E)	19.7	0.20	1.10	38.1	31.9	29.9	27.2	25.0	22.6
堡镇	SE(ESE,SSE)	15.0	0.27	0.35	35.4	28.1	25.9	22.8	20.4	17.9
	SW(SSW,WSW)	12.1	0.30	1.05	28.8	23.2	21.4	18.9	17.0	14.8
金山嘴	E(ENE)	16.7	0.30	0.60	36.5	30.5	28.5	15.7	23.4	20.7
	SE(ESE,SSE)	19.5	0.21	0.63	35.9	30.9	29.2	26.9	24.9	22.8
	SSW(S,SW)	14.7	0.34	1.02	37.5	29.9	27.4	24.1	21.4	18.5

2. 沿海沿江风速对应等级分析

根据上述各测站分方向风速统计频率分析结果，以及风速等级划分规定（表 3.7），分析上海市沿海各地风速对应风级（表 3.8），并分析各区域现有海塘设计风速的对应重现期（表 3.9）。结果表明，现有海塘南汇东滩区段 200 年一遇统计风速基本接近 12 级风上限值（36.9m/s），其余区段 200 年一遇统计风速基本接近 12 级风下限值（32.7m/s），100 年一遇统计风速基本接近 11 级风下限值（28.5m/s）。

表 3.7　　　风速等级划分表

风级	风况	风速		陆地地面物象	海面波浪	浪高 /m	最高 /m
		m/s	km/h				
0	无风	0.0~0.2	＜1	静，烟直上	平静	0.0	0.0
1	软风	0.3~1.5	1~5	烟示风向	微波峰无飞沫	0.1	0.1
2	轻风	1.6~3.3	6~11	感觉有风	小波峰未破碎	0.2	0.3
3	微风	3.4~5.4	12~19	旌旗展开	小波峰顶破裂	0.6	1.0

续表

风级	风况	风速		陆地地面物象	海面波浪	浪高 /m	最高 /m
		m/s	km/h				
4	和风	5.5~7.9	20~28	吹起尘土	小浪白沫波峰	1.0	1.5
5	劲风	8.0~10.7	29~38	小树摇摆	中浪折沫峰群	2.0	2.5
6	强风	10.8~13.8	39~49	电线有声	大浪白沫离峰	3.0	4.0
7	疾风	13.9~17.1	50~61	步行困难	破峰白沫成条	4.0	5.5
8	大风	17.2~20.7	62~74	折毁树枝	浪长高有浪花	5.5	7.5
9	烈风	20.8~24.4	75~88	小损房屋	浪峰倒卷	7.0	10.0
10	狂风	24.5~28.4	89~102	拔起树木	海浪翻滚咆哮	9.0	12.5
11	暴风	28.5~32.6	103~117	损毁重大	波峰全呈飞沫	11.5	16.0
12	飓风	32.7~36.9	＞117	摧毁极大	海浪滔天	14.0	—
13	飓风	37.0~41.4	134~149	绝少，摧毁力极大	非凡现象		
14	飓风	41.5~46.1	150~166	绝少，摧毁力极大	非凡现象		
15	飓风	46.2~50.9	167~183	绝少，摧毁力极大	非凡现象		
16	飓风	51.0~56.0	184~201	绝少，摧毁力极大	非凡现象		

表 3.8　上海市沿海各地风速对应风级分析表

位置	海塘对应主风向	重现期 / 年	主风向对应风速 / (m/s)	对应风级
崇明南沿	SE，S，SW	20	22.9~25.9	9 级
		50	26.0~29.1	10 级
		100	28.3~31.5	11 级
		200	30.7~34.0	12 级
		300	32.0~35.3	12 级
崇明北沿	N，NE，E	20	24.1~26.9	10 级
		50	26.9~30.1	10~11 级
		100	29.0~32.5	11 级
		200	33.7~36.5	12 级
		300	32.3~36.4	12 级

续表

位置	海塘对应主风向	重现期 / 年	主风向对应风速 / (m/s)	对应风级
宝山	N，NE，E	20	23.8~24.1	9 级
		50	26.7~27.5	10 级
		100	28.9~30.0	11 级下限
		200	31.2~32.5	12 级
		300	32.4~33.8	12 级
南汇	NW，N，NE，E	20	24.9~27.5	10 级
		50	28.0~31.5	11 级
		100	30.3~34.6	12 级下限
		200	32.7~37.7	12 级上限
		300	34.0~39.5	13 级
奉贤	E，SE，S	20	20.6~23.1	9 级
		50	22.9~25.9	10 级下限
		100	24.6~28.0	10 级上限
		200	26.4~30.2	11 级
		300	27.3~31.4	12 级下限
金山	E，SE，S，SW	20	22.0~24.7	9 级
		50	25.0~27.8	10 级下限
		100	27.3~30.2	10 级上限
		200	27.9~32.6	11 级
		300	29.1~33.9	12 级下限

表 3.9　上海市沿江沿海不同区域设计风速对应重现期分析表

位置	设计标准	设计风速 /(m/s)	对应重现期 / 年
宝山	12 级	32.7	≈ 200
外高桥	12 级	32.7	≈ 200
南汇东滩	12 级	36.9	≈ 200
奉贤	12 级	32.7	≈ 200
金山石化	12 级	32.7	≈ 200
崇明 (陈家镇)	11 级	28.5	≈ 100
长兴岛 (南)	12 级	32.7	≈ 200
横沙 (南)	11 级	28.5	≈ 100

3.2.4 研究区域沿海波浪统计及分析

1. 上海沿海波浪特性分析

根据国家海洋局东海预报中心完成的《长江口杭州湾开敞水域岸段设计波浪要素推算研究》报告，长江口水动力环境极为复杂，流场分布不规则，加上测站地形、测波点朝向测站所在水域的水深、地形不同，测得的波高要素也存在明显的差异。长江口海域海区波浪以风浪为主，涌浪次之。海区风浪浪向季节变化十分明显，冬季盛行偏北浪，夏季盛行偏南浪，涌浪以偏东浪为主。根据多年资料分析，长江口及口内海域常年都有风浪存在，其中风浪和以风浪为主的混合浪出现频率在 80% 以上，口外嵊山站全年以涌浪为主的混合浪，出现的频率约为 60%。

长江口海域水动力环境较为复杂，岛屿纵横、沟槽交错、水深突变大，加上各测点的地形、测波点朝向和测站所在水域的水深、地形不同，测得的波高要素也存在明显差异。同时，受局地风等因素的影响，使得长江口的波浪在向口内传播过程中，波要素的变化相当复杂。从资料统计分析中可以看出：大戢山常浪向为 NNE 向，强浪向也为 NNE 向。滩浒岛常浪向为 N 向，强浪向为 E 向，主要是因为测波点地理位置的原因。引水船和余山的常浪向和强浪向都为 N 向。嵊山站常浪向为 N 向，强浪向为 NNW 向。浪向的季节分布规律和风向大体一致，冬夏两季浪较大，但冬季的平均波高大于夏季。

长江口附近各测站的年平均波高较一致，在 0.95m 左右；口内的滩浒岛站偏小，年平均波高为 0.67m；口外嵊山站年平均波高为 1.33m；9 号浮标年平均波高为 1.91m。总体上，长江口海域的年平均波高从口内向口外逐渐增大。各测站不同月份的平均波高差异不显著，但各方向上年平均波高的差异非常显著。以大戢山为例，N-NNW 向和 WSW、SW 向的平均波高相差有 0.63m。

各测站极值波高统计分析如下：

（1）大戢山站，2.50~3.90m 大浪出现频率为 0.83%，主要出现在 NNW、NNE 向，4.00~5.90m 巨浪出现频率仅为 0.106%，且以 NNE 向为主。

（2）滩浒岛站，2.50~3.90m 大浪出现频率为 0.29%，主要出现在 NNE 向，4.00~5.90m 巨浪主要出现在 E 向，以涌浪为主，出现频率为 0.03%。

（3）引水船，在 39 年统计资料中，波高最大 6.50m，出现在 5 月。波高大于 2.50m 常年都可出现，大浪冬季居多，4.00m 以上浪多在夏季出现，主要是由台风过程引起。39 年来只出现过 3 次 6.00m 以上的浪，方向为 N、NNE、NE，分别是 1960 年 5 月 5 日 11 时和 17 时的波高为 6.50m 和 6.40m，以及 1970 年 8 月 29 日 17 时波高为 6.10m。

（4）嵊山站，2.50~3.90m 大浪出现频率为 0.77%，主要出现在 NNE 向、N 向；6.00~8.90m 狂浪出现频率为 0.11%，主要出现在 NNE 向和 E 向。

（5）佘山站，2.50~3.90m 大浪一年四季都有出现，全年频率 0.9％，主要出现在 NNW-NE 向，局部出现在 SE 向和 ESE 向。但是 4.00~5.90m 巨浪只有在夏季出现，频率极低为 0.1％，时间是 2002 年 7 月 5 日，N 向。可见，大浪过程主要是由热带气旋和冷空气引起，而巨浪过程则由热带气旋引起。

（6）9 号浮标站，2004—2007 年数据统计结果显示，9.00m 记录一个，出现在 8 月；有效波高 6.00~8.90m 记录中，出现在 8 月的占 90％以上，其次为 7 月和 9 月，还有少数几个发生在 12 月和 10 月。从各浪向看，波高极大值出现在 S（9m）向，其次是 SSE 向和 SSW 向，极小值出现在 W（4.30m）向。

统计资料表明，长江口海域在以风浪为主的情况下，波浪的周期变化较为规律，和波高的变化成正相关，即周期随波高增大而增大。理论上，风浪、涌浪周期范围可以从零秒一直到二十几秒。长江口海域各测站的最大周期及周期在 9s 以上的波浪观测资料显示：大戢山出现的最大周期为 9.6s，对应波高 0.70m，主要是由以涌为主的混合浪所致，主要产生在 N 向。滩浒岛出现的最大周期 6.8s，对应波高 4.50m，主要是由以涌为主的混合浪所致，且主要产生在 E 向。佘山测站出现的最大周期为 8.6s，对应波高 2.20m，可见主要是由以涌为主的混合浪所致，且主要产生在 NE 向。引水船的最大周期为 16.1s，对应波高 1.50m，主要是由以涌为主的混合浪所致且主要产生在 SSE 向。9 号浮标的最大周期为 14.6s，对应波高 2.60m，主要产生在 ENE 向。

2. 上海沿海波浪统计及研究分析

《长江口杭州湾开敞水域岸段设计波浪要素推算研究》报告，采用了 P- Ⅲ型和耿贝尔法分别推算了潮位、波浪多年一遇重现期极值，同时采用 Swan 海浪数值预报模型推算了深水波要素数值（采用 NCEP 格点风场数据）。

研究根据 1985—2007 年 108 次大风过程的波浪数值计算结果，挑出每个站点每年的波浪推算最大值，进行长江口杭州湾附近海域深水所选站点（10.00m 等深线，15.00m 等深线）（图 3.10、图 3.11）多年一遇重现期波浪的统计分析，按 N 向、NE 向、E 向、SE 向计算多年一遇重现期浪高，P- Ⅲ曲线以离差平方和最小来确定系数 C_s 与 C_v。不同的参数优化准则下，大戢山、滩浒岛和引水船的多年一遇波高计算结果见表 3.10。多年一遇有效波高重现期及平均周期计算结果如附录。

关于上海周边区域波浪要素分析，相关科研和设计单位做了大量研究分析工作。2000 年上海市水务局和河海大学完成的“上海风浪实测资料统计分析及风浪谱分析研究”专题研究成果，建议在不受涌浪影响的水域，可采用风速按莆田海堤实验站公式推算波浪要素，并建议平均波周期考虑外海涌浪传入，在莆田公式计算结果基础上放大 15％。2012 年批准实施的上海市《滩涂促淤圈围造地工程设计规范》

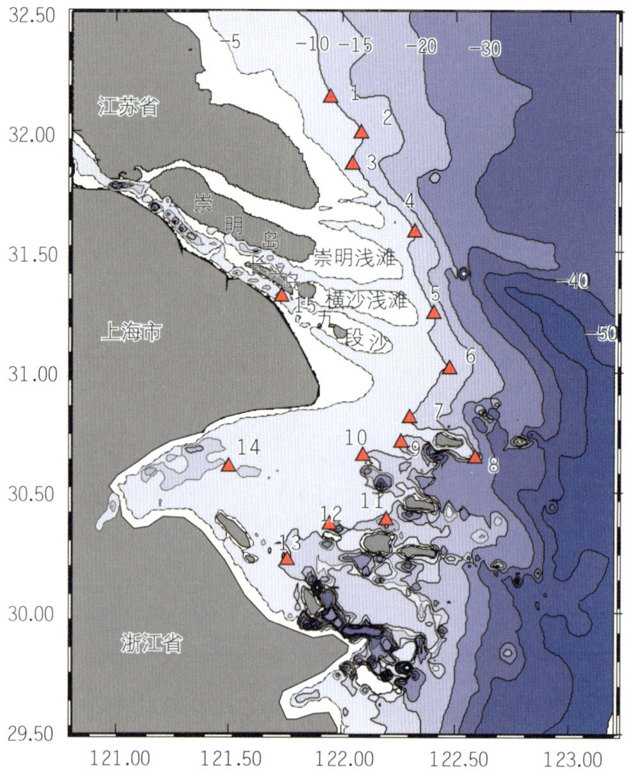

图 3.11　10.00m 等深线站点位置示意图

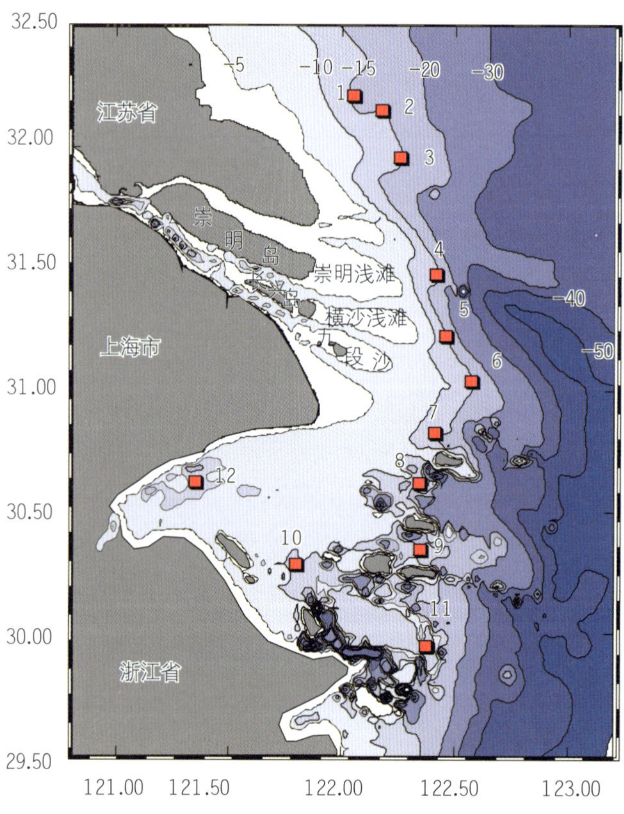

图 3.12　15.00m 等深线站点位置示意图

表 3.10　　不同重现期的设计有效波高分析结果　　单位：m

站点	参数优化准则	C_v	C_s / C_v	千年一遇	百年一遇	50 年一遇	10 年一遇
大戢山 1977—2008	离差平方和准则（最小二乘）	0.40	4.60	11.40	8.40	7.50	5.40
	离差绝对值和准则	0.40	4.70	11.50	8.50	7.50	5.40
	相对离差平方和准则	0.40	4.80	11.50	8.40	7.50	5.30
滩浒岛 1977—2008	离差平方和准则（最小二乘）	0.36	7.07	8.50	6.04	5.30	3.67
	离差绝对值和准则	0.31	6.77	7.30	5.43	4.85	3.56
	相对离差平方和准则	0.30	3.95	6.00	4.78	4.39	3.44
引水船 1960—1999	离差平方和准则（最小二乘）	0.40	6.60	9.90	7.10	6.20	4.30
	离差绝对值和准则	0.31	6.50	9.00	6.60	5.90	4.20
	相对离差平方和准则	0.30	5.40	8.10	6.20	5.60	4.20

注：1983 年极值波高取 9 月 27 日 11 时 6.00m；1986 年极值波高取 8 月 27 日 17 时 7.00m。

（DG/TJ08-2111—2012）建议，在面向长江口、杭州湾外开敞海域，当附近无测波资料时可根据工程位置利用《长江口杭州湾开敞水域岸段设计波浪要素推算研究》成果进行查算，并建议采用不规则波谱数学模型进行近岸波浪要素计算。

关于波浪传播变形计算，当深水波要素采用风推浪方法计算的，DG/TJ08-2111—2012 建议：当传播距离较近，且未发生波浪破碎时，波浪传播变形计算应可假定平均波周期不变；当传播距离较远时，还应考虑河床底摩阻对波浪传播的影响；当传播距离较远，且风速较大时，除考虑河床底摩阻作用之外，还需要考虑风能输入影响；当波浪浅水变形计算得到的波高大于该处的极限波高时，设计波高应取极限波高。

关于深水区域波浪要素的计算也可采用能够模拟风场输入的数学模型进行计算。模型的风场范围应不小于无限风区长度。DG/TJ08-2111—2012 建议：在河口、海湾地区，主风向上对岸为陆地，则风区长度按有限风区考虑；在主风向两侧水域开敞且为开敞海域时，则风区长度按极限风区考虑。非深水区域所采用的数值模式还应考虑浅水效应、波浪折射和波浪破碎等影响。采用波浪数学模型进行变形计算，虽然理论上能同时考虑上述各因素以及某些情况下各因素的相互作用和波浪非线性相互作用，且在计算原理上比经验方法有优势，但是其数学模型需要大量实测资料验证，工程实践中往往难以实现，因此波浪数学模型计算的成果应在认真分析的基础上慎重选用。

3.2.5 研究区域海堤前沿滩势分析

海堤前沿滩地一方面是得天独厚的宝贵资源，另一方面也是抗击风暴潮灾害的一道重要自然屏障。研究区域海堤前沿滩地在不同区域宽度和高度不同，比较大宽阔的滩涂主要分布在崇明北支边滩、崇明南沿边滩、崇明东滩、长兴中央沙和青草沙、长江南沿边滩、杭州湾北沿边滩、长江口江心洲等地区。根据 2005 年水下地形实测资料统计，3.00m 等高线以上滩涂面积为 133 km^2，2.00m 等高线以上面积为 218.9 km^2，0.00m 等高线以上面积为 538.8 km^2，-2.00m 等高线以上面积为 1219.5 km^2，-5.00m 等高线以上面积为 2361.2 km^2。

一方面随着长江中下游人类大规模工程活动的增多和全球气候变暖造成突发灾害性天气的增加，海塘建设的水情、工情发生了较大变化，杭州湾和长江口的水沙条件和水动力条件也发生变化，海塘前沿滩地处于不断变化之中。另一方面，随着大面积促淤圈围工程的推进，不仅研究区域的高滩资源明显减少，而且随着围海工程大规模化和深水化，中低滩资源也渐趋减少。所以，经过逐年变化，诸多岸段的海堤前沿滩地低、水深大。

根据近年实测地形分析，上海周边海堤前沿滩地近期总体上演变趋势为：①杭州湾北岸（金山、奉贤及原南汇部分地区）海堤前沿滩地冲刷明显（图 3.13）；②长江口南岸至五号沟以上岸段海塘前沿滩地基本处于冲淤基本平衡，局部有水流冲蚀；③长江口南岸五号沟以下处于持续淤涨状态；④三岛地区海塘前沿滩地因位置不同而呈现不同的冲淤变化，总体上是“南冲北淤”，即岛的南面滩地冲刷，北面滩地淤涨（图 3.14）。

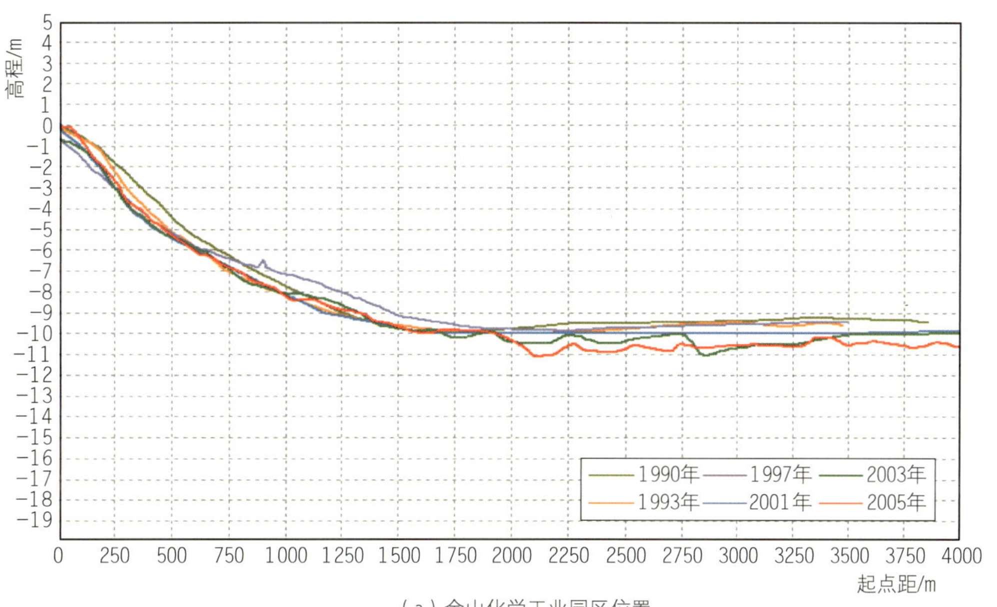

（a）金山化学工业园区位置

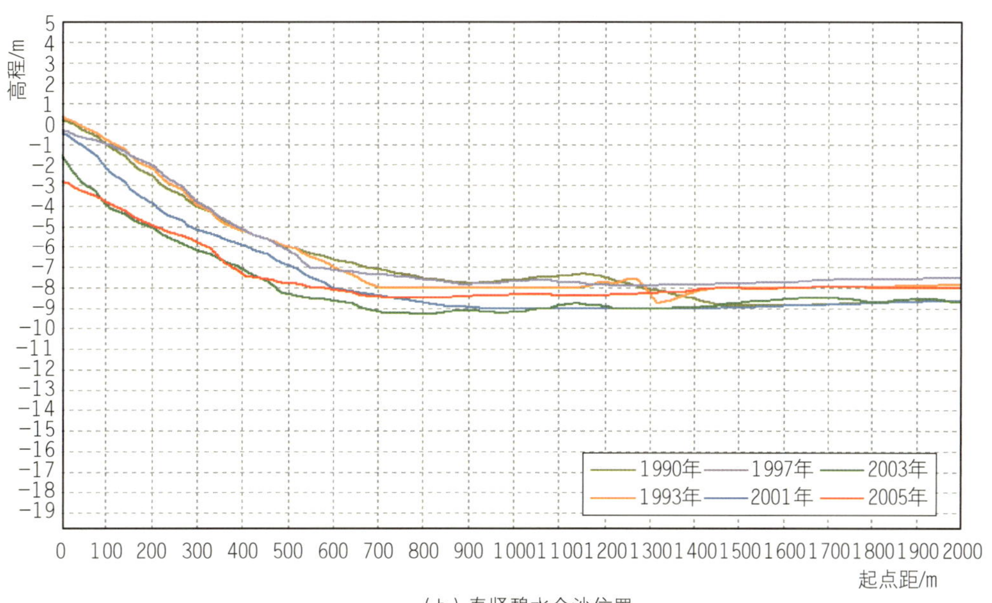

（b）奉贤碧水金沙位置

图 3.13（一）　杭州湾北岸（1990—2005 年）实测断面

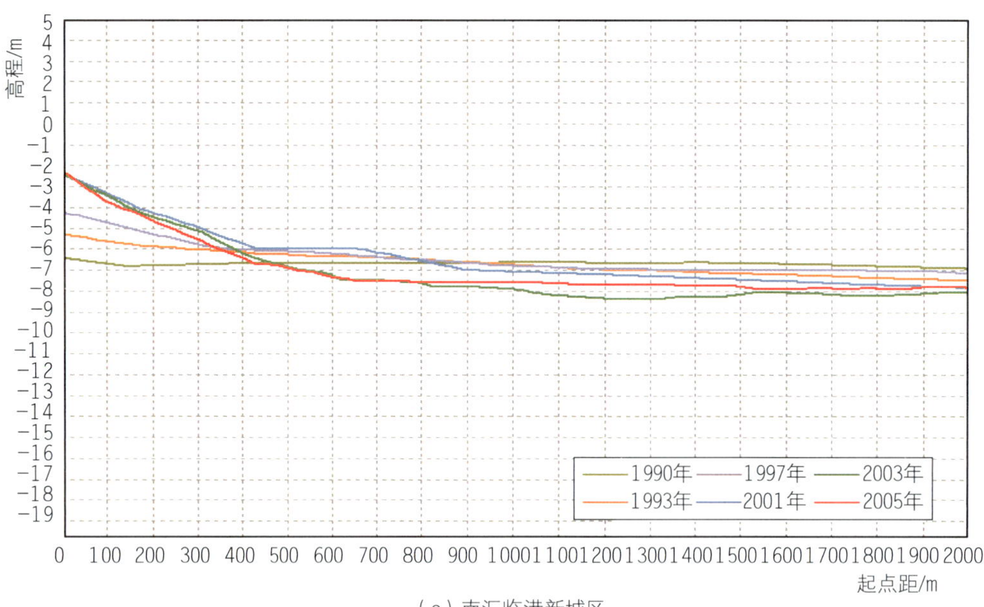

（c）南汇临港新城区

图 3.13（二）　杭州湾北岸（1990—2005 年）实测断面

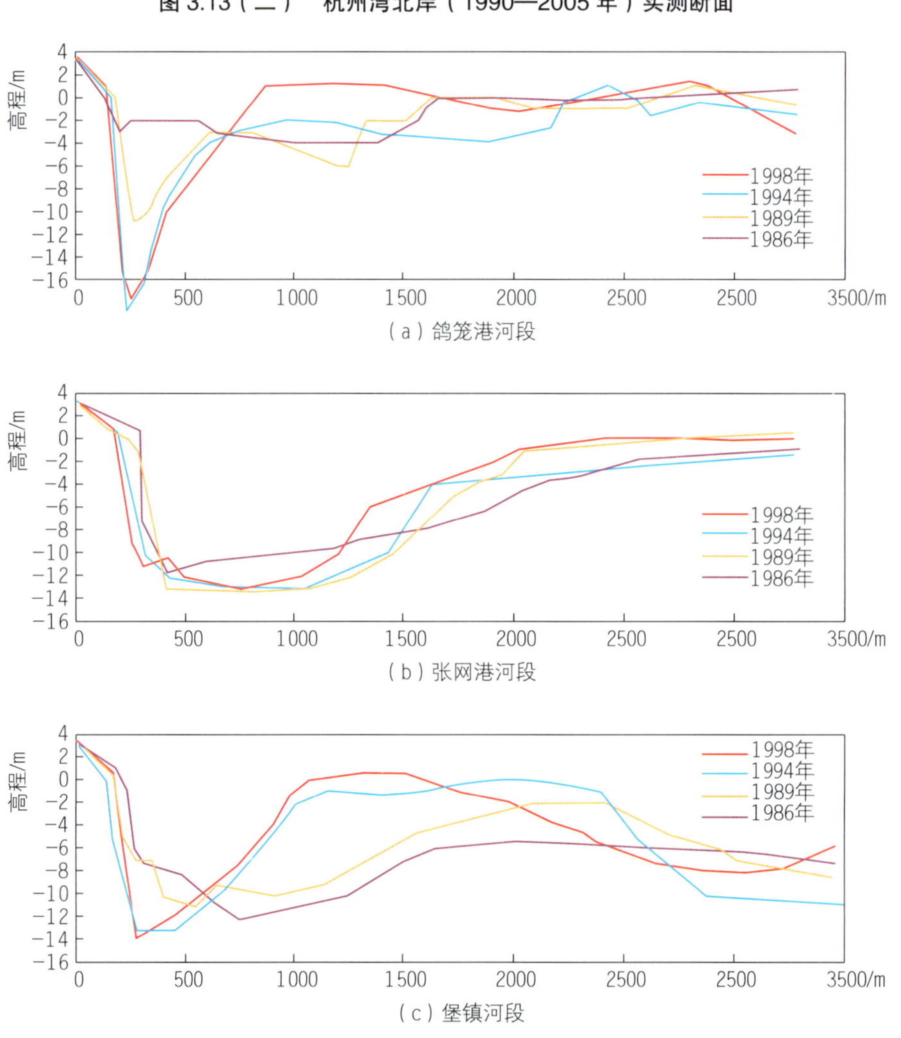

（a）鸽笼港河段

（b）张网港河段

（c）堡镇河段

图 3.14（一）　长江口三岛南沿（1986—1998 年）河床滩面测量断面

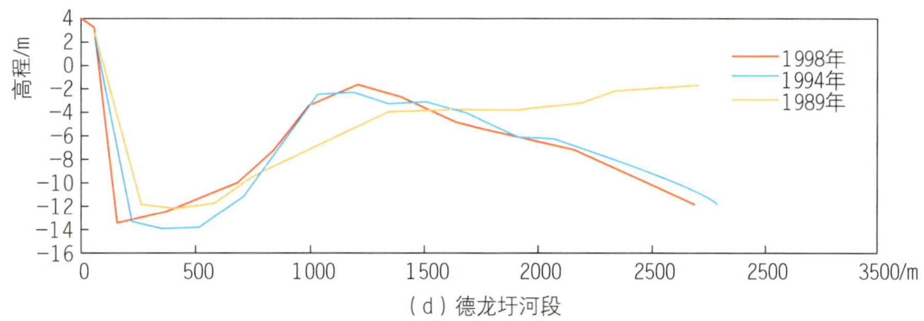

图 3.14(二)　长江口三岛南沿(1986—1998 年)河床滩面测量断面

3.3　本章小结

(1)随着工业化、城镇化不断推进，海堤保护对象发生了重大变化。原海堤确定的农村区域保护对象已快速发展成城市和重要工矿企业区域，沿江沿海作为城市发展的重要区域之一已经形成了大包围经济产业带，对海堤防御能力提出了更高要求。流域规划也要求继续加强堤防及海堤达标建设，建成与流域经济社会发展状况相适应的防洪减灾体系，基本建成较为完善的水利信息化系统，制订城市防御超标准风暴潮预案。

(2)随着全球气候变化，海堤前沿风、潮、浪等自然条件发生了较大变化。历史风暴潮发生次数、最大风速和最高潮位统计数据分析表明，研究区域的台风风暴潮呈现台风强度和频率增加、影响范围加大、路径北移趋势显现及高潮位趋势性抬升等特点。国内外相关研究也表明，全球气候变化使风暴潮发生的可能性增加。所以，研究区域海堤遭遇风暴潮的风险在不断增加。

(3)随着长江中上游整治、三峡工程蓄水、南水北调建设，海堤前沿水沙条件和水动力条件变化，海堤前沿滩地也处于不断变化之中。另外，随着大面积促淤圈围工程推进，一线海堤向深水推进，诸多岸段的海堤前沿滩地低、水深大。海堤前沿工情、水情河滩势变化，也影响着海堤局部区段风险大小。

第 4 章

海堤安全及防御标准影响因素分析

海堤工程占线长，影响因素多，如台风、潮位、河势、堤身质量、堤基地质等，既有内部因素也有外部因素，既有自然因素也有人为因素。另外，海堤工程的安全性（风险）是由组成海堤工程各部分的安全性（风险）组成，其间不是简单的串联或并联组合，不仅涉及海堤自身结构风险，更主要的涉及非结构的水文风险分析、岩土风险理论和材料科学等理论。因此，海堤工程注定会遇到较多的风险因素，但全面、系统地认识风险因素会有许多困难。本章借鉴一般工程项目风险因素识别方法，针对海堤工程特点，提出适合于海堤工程的风险因素识别方法，并在研究海堤不同破坏模式的基础上分析海堤安全影响因素和海堤防御标准影响因素。

4.1 海堤安全影响因素识别方法

按照美国学者 C·阿瑟·威廉斯（C. Arthur Williams）的分类，一般工程项目的风险来源，包括物质环境、社会环境、政治环境、法律环境、操作环境、经济环境和认知环境等七大类。识别一般项目风险来源的方法包括头脑风暴法、面谈法、情景分析法、德菲尔法、核对表法等。由于海堤工程的复杂性，不能单纯采用一种方式应对实际运用并全面系统识别风险，而应采用多种方法综合识别包括：①根据海堤工程特性，对内外部等各种风险进行分类，及复杂的大系统分解成为较简单和容易识别的小系统；②以核对表法初步识别风险，这样有助于全面掌握项目总体风险；③对于具体情况，可采取事故树法、破坏路径分析法、物理分析法等，细化分析其风险。在第 3.1 节已经对海堤工程系统的风险因素进行了分类，本节主要对影响海堤安全的风险进行识别。

4.1.1 核对表法识别海堤安全风险因素

核对表法就是利用人们考虑问题有联想的习惯，在过去经验的启示下，对未来可能发生的风险进行预测，将经历过的风险事件及其来源逐一进行罗列，编制成一张风险核对表。核对表法是一种较为常用和有效的风险识别方法，通常包括项目的环境、项目产品和技术资料，以及内部因素等。核对表法的主要优点是使风险识别工作较为容易掌握；缺点是对单个风险的来源描述不足，没有揭示出风险因素之间的相互关系，对重要风险的把握不足，且有时不够详尽，容易遗漏。在规划设计的初始阶段，编制风险核对法表对掌握总体风险比较合适。

针对海堤工程破坏类型和破坏机理，分析各主要风险因子（不确定因素）对海堤安全的影响，是基于风险理论进行海堤工程风险分析的基础。所以，要分析海堤工程系统风险影响因素，必须研究海堤失效的主要模式。按照系统和各自系统设置的安全防护措施，海堤工程所有系统综合作用后的失效模式可分为漫顶与漫溢失效（失事）、滑动（包括局部和整体滑动）与塌陷失事、渗透变形失效（包括与交叉建筑物的接触渗透变形）、坡面冲刷失效（含迎水坡面与背水坡面冲刷破坏等）、其他形式破坏等 5 种，据此建立海堤工程安全风险因素核对表（表 4.1）。

表 4.1　　海堤工程安全总体风险核对表

序号	失效模式	风险因素	状态描述方式
1	漫顶与漫溢	堤顶现有高程	与设计标准比较差异，并考虑沉降稳定
2		防御标准	分析海堤功能、保护区重要性等要求
3		潮位、潮流	历史潮位、潮流及持续时间
4		风速、风向	历史风速、风向及持续时间
5		防浪与消浪设施	迎水面护坡结构破坏或损伤
6	滑动与塌陷	堤身断面与几何尺寸	断面形式和尺寸，含边坡坡比
7		堤身稳定因素	计算边坡稳定性，含迎水坡和背水坡各种工况
8		迎水坡护坡（面）性能	护坡范围与厚度，护坡及消浪形式等
9		背水坡性能	是否防护、浸润痕迹等
10		堤基地质与结构	土层分布与特性、土体渗透性能
11		堤基处理质量与隐患	已知施工质量缺陷及历史险情
12	渗透变形	堤后排水措施	排水能力与效果
13		堤身防渗形式	防渗形式、浸润区及出溢点高度
14		堤身质量与隐患	已知施工质量缺陷及历史险情
15		滩地高程与宽度	滩地土体性质、宽度，冲淤状况
16		护岸稳定性能	植被变化、背水面松软与湿润区域
17	坡面冲刷	降雨强度	历史降雨强度与历时
18		风浪强度	历史风浪强度与历时
19		迎水坡面防护措施	护坡范围、厚度及材料的性能和方式、表面损失率
20		背水坡面防护措施	是否防护、坡面完整性
21	其他形式	交叉建筑物连接质量	已知施工质量缺陷及历史险情
22		抢险物质条件	物资准备、交通运输条件、人员经验等
23		维护与安全管理制度	及时性、制度化、责任制
24		地震设防烈度	历史地震及影响

4.1.2 基于事故树的风险因素层次划分

卢永金对海堤工程系统破坏的影响因素（因子）进行了研究，从发生破坏的内部因素和外部因素进行划分，或从对主体结构和次要结构破坏的影响因素进行划分等，但都未表现出交叉影响因素，即未体现出造成几种破坏事件发生的影响因素。利用事故树分析方法，可以较好地解决上述问题。该方法由美国 Bell 实验室科技人员在 1962 年进行火箭发射系统的安全评估时提出来的，现今已经成为可靠性分析和风险评估的常用方法之一。事故树法考虑了影响因子的综合影响，也适用于复杂系统的风险分析，可以识别某些部位可能出现的破坏事件并分析整个系统发生破坏的可能性，还可以找到系统发生真正破坏的最终原因。因此，笔者从现状描述开始，对海堤破坏模式、不利状态、安全防护措施及影响因素进行详细的层次划分（图 4.1），将现状的各种不利状态与将引起的相应破坏联系起来，则可以比较清晰地分析风险因子与破坏模式之间的关系。

图 4.1 基于事故树的海堤工程风险因素层次划分图

（主要风险因子第四层次中的数字对应表 4.1 中的序号）

第四层次“主要风险因子”是根据现行设计规范对海堤工程要求、防止发生各种破坏的工程与非工程措施。主要考虑的因素是海堤各种结构尺寸（包括堤基）、防止破坏的材料性能、设防标准、施工质量和存在隐患、安全管理措施、抢险工程与非工程措施等。采用事故树法分析和划分风险因素层次，可定量或定性地描述影响安全防护措施的现状性能，并赋予风险率，则可以进而分析各种可能破坏路径下的风险率。需要说明的是，由于是对现状的描述，所以风险因子的考虑不宜过细，否则具体评价过程时将很难实现。

4.2 海堤破坏模式及安全影响因素

所谓工程风险，是指工程建成后遭遇难以确知的外来作用（不确定因素）而造成失效的可能性和失效的程度。因此，要对工程系统实施风险管理，识别和分析工程系统风险因素，首先必须研究工程系统失效的模式。工程系统失效就是工程系统达不到预期设定的功能，不仅包括安全性失效，还包括适用性失效和耐久性失效。工程系统失效是工程系统内部薄弱环节（内部隐患）与外来作用（荷载）共同作用的结果。不同的外部作用与组合和内部隐患会对工程系统造成不同的失效模式或失效路径。

要研究海堤工程系统失效模式，就得先分析海堤工程系统的病险形态。尽管海堤工程系统高潮位与台风等外部荷载作用不确定，而且建设海堤的材料性质和结构型式不同，但从结构工程角度研究表明，海堤工程系统的病险类型基本一致，主要表现为坡面冲刷、堤顶结构破坏、护坡结构损坏、消浪设施损坏、堤身裂缝、堤身渗漏、滑坡或塌陷、溃堤等。尽管海堤工程系统的失效模式多种多样、原因复杂，但最重要和最主要的 5 种分类可见表 4.1。

海堤工程系统的溃决破坏是内部薄弱环节（即安全隐患）与外部荷载共同作用的结果，不同的外部荷载作用与组合和内部隐患将形成不同的破坏形式或破坏路径。由于海堤工程外部荷载作用和内部薄弱环节（或安全隐患）均具有很强的不确定性，尤其是风暴潮期间高潮位与台风的组合作用。根据海堤工程破坏类型和破坏机理，分析各主要风险因素对海堤安全的影响，是基于风险管理理论进行海堤风险分析的基础。所以，笔者参考大坝破坏路径研究成果并考虑海堤工程系统的特性，在研究海堤失效主要模式基础上，分析和评价海堤系统典型风险影响因素。

4.2.1 海堤漫顶与漫溢及影响因素

海堤工程出现漫顶或漫溢破坏失事，是因为海堤实际高度或高程未达到设防标准，或出现超标准风暴潮（洪）。对于一般海堤工程，这种破坏模式是最重要的。风暴潮期间，出现天文高潮位，加之台风增水，海堤堤顶高程（或高度）不足，或防浪工程高度不足，或消浪设施破坏等原因，引起潮（洪）水漫顶或漫溢，进而导致海堤溃堤，其破坏路径如图 4.2 所示。

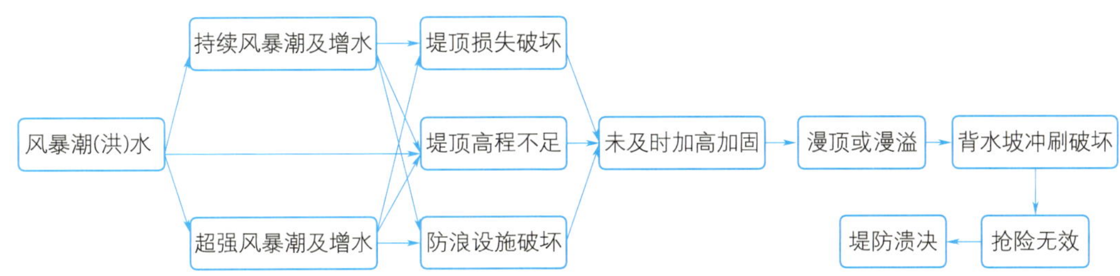

图 4.2　海堤漫顶或漫溢的破坏路径

目前，还没有关于海堤工程或是堤防工程的漫顶或漫溢失事的确切统计，但与其结构型式相似的土石坝工程则有较多的统计资料。统计资料表明。20 世纪 80 年代，包括所有类型的大坝，我国平均每年失事大坝 27 座，其中漫顶失事的大约占 40.2%，世界各国的大坝失事资料中大约 1/3 是漫顶失事导致的。海堤工程与堤防工程、土石坝工程有相似之处，但也有很大差异。海堤工程大都经历加高培厚而成，除大型城市海堤工程外，普遍单薄矮小，遭遇超标准风暴潮时失事破坏，基本上是潮水漫顶或漫溢破坏。因此，海堤工程的安全性或风险度评价，涉及海堤工程等级的确定、设计潮位频率和设计风速频率的规定、越浪量和堤顶超高的确定等问题。

经过 1998 年来近 10 年的大规模加高加固，上海海堤除部分支河口和港口码头段局部存在缺陷，主要城市化区域已经达到 200 年一遇高潮位加 12 级风，农村区域已经达到 100 年一遇加 11 级风的标准，漫顶或漫溢的破坏几率大大减少。但是，上海海堤遭遇超标准的风暴潮可能性还在不断增强，从海堤工程的系统分析，海堤遭遇风暴潮（洪）水，导致水文风险和结构破坏风险仍是海堤漫顶或漫溢的重要内容。

4.2.2　海堤滑动与塌陷失稳及影响因素

海堤失稳破坏包括局部或整体塌陷，既可能是堤身质量问题（包括堤身压实度、迎水面防护结构、背水面排水减压结构等），也可能是堤基处理效果和方法问题。多数情况下，海堤边坡失稳表现为局部塌陷或滑动，不会立即表现为系统崩溃。但是，一旦出现局部塌陷或滑动之后，将使海堤出现系统上的可靠性意义上失效。风暴潮期或高水位期，由于海堤堤身或堤基存在质量缺陷，出现堤身（或连同堤基基础）滑动，致使迎水面或背水面边坡失稳（包括整体或局部），最终可能引起漫顶或漫溢后果。海堤边坡失稳的破坏路径如图 4.3 所示。

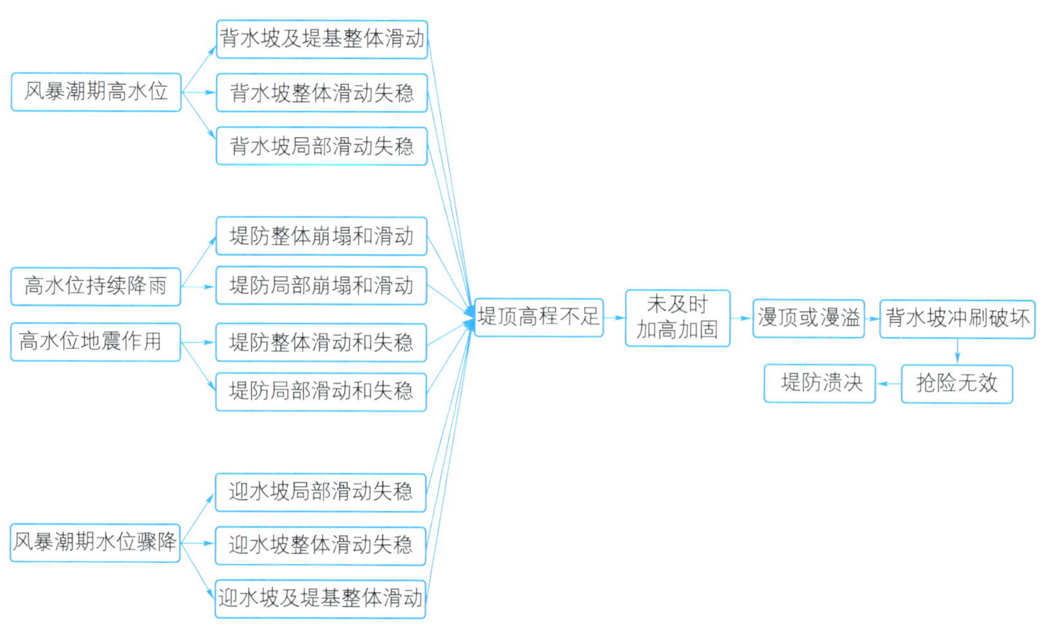

图 4.3　海堤边坡失稳的破坏路径

海堤工程失稳破坏的原因是多方面的。从外部因素考虑，包括外海潮位涨落、潮流冲刷、台风风浪作用和暴雨冲刷等；从内部因素考虑，海堤断面、护坡结构、堤身结构、土体物理特性、施工质量、堤基土体物理特性及洞穴等隐患。外海潮位上涨，使得滑动力增加，同时堤身土体处于饱和状态，土体抗剪强度将会降低，进而引起渗流破坏和背水侧滑动。外海潮位退水过快，若堤身排水不及时，产生反向渗透力，饱和土体自重增加，而强度降低，从而引起退水过程中滑坡（迎水侧）。水流冲刷或风浪作用，使迎水侧坡面失稳破坏；天然地基强度不足引起失稳，或大量渗水形成管涌引起边坡坍塌破坏。其他堤身填筑质量、新老堤界面处理不当、雨水沿裂缝深入堤身内部、堤脚人为取土破坏及地震引起边坡滑动和堤岸崩塌，也归在此类破坏模式中。

海堤局部滑动及塌陷破坏往往有几种防护失效造成。岸坡结构是滑坡破坏的内部因素，结构松散，有软弱夹层，或松散堆积斜坡的界面在饱水时出现泥化等，均会导致岸坡滑动；持续暴雨也是滑坡的重要因素，暴雨使近坡面土体负孔压消失，成为滑坡触发因素。海堤边坡（或连同堤基）滑动，主要与渗透压力控制不当或反滤设置不当有关，但也会与堤身或堤基地震液化有关。

海堤局部滑动及塌陷破坏，引起堤身和堤基的适用性和耐久性，这种病险形态对海堤的安全威胁很大。海堤在局部或整体失稳破坏后，堤身塌陷，降低了海堤的有效高度（或高程），如果汛期管理不到位，维护不及时，也就最终增加了海堤漫顶或漫溢的风险或系统失效的概率。

4.2.3　海堤渗透变形及影响因素

海堤工程渗透变形，不仅是因为堤身和堤基的渗透压力控制存在问题，还与渗透排水、反滤设置、施工质量、接触面处理、堤基处理、渗透控制措施、穴居动物侵害等有关，而且还与堤身结构尺寸、边坡、材料分区设计合理性有关。

风暴潮期或高水位期，当海堤迎水面与背水面之间存在水头差，实际渗透比降大于土体临界渗透比降时，防渗减压措施失效，出现堤身（或堤基一起）移动，使得堤身或堤基土体产生渗透破坏，进而使海堤内在隐患加速发生发展，其破坏路径如图 4.4 所示。此路径包括地震引起堤身或堤基液化引起的破坏模式。

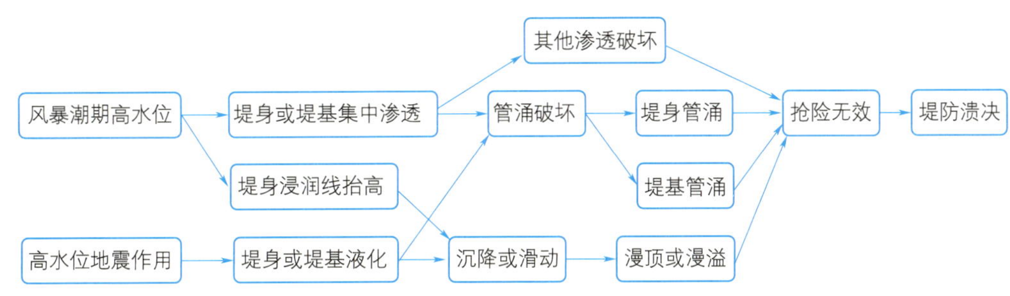

图 4.4　海堤渗透失稳破坏路径

海堤工程的渗透变形破坏与一般堤防工程的渗透破坏类似，按照其破坏机理，可从土力学分类角度划分为流土、管涌、接触冲刷和接触流土等多种形式。根据大量堤防工程渗透破坏事故调查资料分析，堤基或堤身渗透破坏（特别是管涌）危害最大，分布范围广、发生数量多，且易诱发重大溃堤事件，是造成失事的重要原因。堤身渗透破坏主要包括渗水（散浸）造成堤坡冲刷、漏洞，以及集中渗流造成的接触冲刷。堤基渗透破坏主要表现为泡泉、沙沸、土层隆起、浮动、膨胀和断裂等，通常统称管涌。

管涌险情一般发生在砂性堤基部位，细砂粒在渗透压力作用下持续缓慢地在粗颗粒间隙移动，就可以形成贯穿式通道，若不及时处理将造成塌陷、跌窝等更为严重的险情。流土形式的渗透破坏，通常也发生在基础部位，土体中某些颗粒群在渗透压力作用下同时起动而流失。流土破坏危害性大，一旦发生，流土通道会迅速向上游或横向延伸，造成土体整体破坏，若抢险不及时，或措施不当，就可能引发溃堤灾难。

海堤渗透破坏的内部因素，主要与堤身堤基材料特性和施工质量有关，包括填筑材料级配、黏粒含量、压实度、饱和度及渗透系数等。此外，堤身断面型式、结构尺寸、护坡结构、堤身裂缝、人为空洞和生物洞穴、堤身堤基隐患、波浪冲击和水流淘刷等，都是海堤发生渗透破坏的原因。地震导致堤身和堤基土液化，也是渗透破坏的一种形式。

4.2.4 海堤坡面冲刷及影响因素

表面侵蚀破坏是海堤工程最常见的病险形态之一，包括迎水面的波浪和水流侵蚀破坏和背水面的雨水冲蚀破坏。由于海堤工程迎水面防护层破损后，波浪冲击力作用将使坡面受到冲刷淘蚀，致使边坡填筑材料移动或暴露，严重恶化后将影响海堤安全；背水坡材料损伤和移动，可能减小海堤的有效高度或宽度，或使背水面排水设施堵塞失效，造成排水不畅和护坡隆起等险情，出现坡面侵蚀的破坏的路径如图 4.5 所示。路径中只包括迎水面波浪冲刷、背水面降雨冲刷路径，其他与坡面侵蚀有关的路径在上述其他路径中考虑。

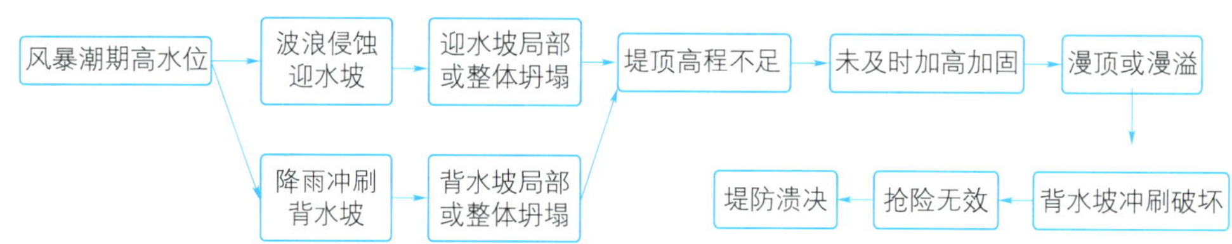

图 4.5 海堤表面侵蚀破坏路径

坡面侵蚀破坏风险是海堤破坏的重要风险。形成海堤工程坡面侵蚀的外部原因包括波浪冲击、水流淘刷、降雨冲刷，严寒地区还包括冻胀和冰压力作用，以及震害和人畜破坏；内部原因包括坡面设计过陡而失稳、施工质量差被冲刷后而损坏、堤身不均匀沉降等。当海堤迎水坡面有良好的护坡及消浪防护设施，抗波浪冲刷能力很强，海堤背水坡面也有良好的防止雨水冲刷的措施，则这种风险会大大降低。

4.2.5 海堤其他形式破坏及影响因素

海堤工程系统除漫顶或漫溢失效（失事）、滑动（包括局部和整体滑动）和塌陷失事、渗透变形失效（包括地震液化变形失事）、迎水与背水坡面冲刷破坏失效外，海堤堤身位置设置的交叉建筑物在内外水位差作用下还会发生接触渗透破坏，地震作用使交叉建筑物破坏而导致溃堤，以及采砂和开挖取土等其他因素导致堤防溃决破坏。在风暴潮期或高水位期，由于管理措施不当或安全预警措施不落实，致使堤防主体工程之外的建筑物破坏或其他形式的破坏，海堤其他形式破坏路径如图 4.6 所示。

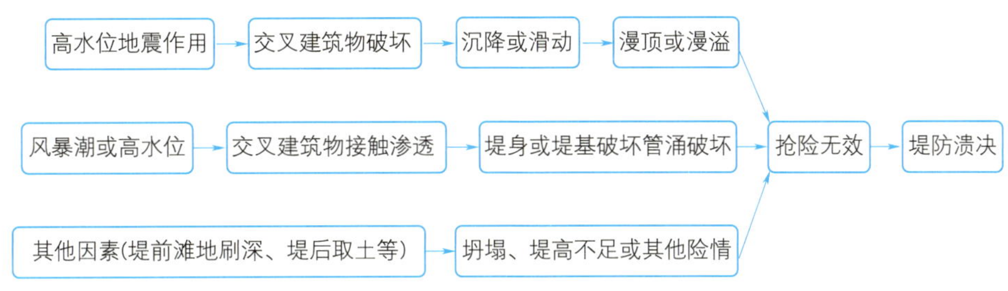

图 4.6 海堤其他形式破坏路径

需要说明的是，以上分析的破坏路径并不是每个海堤段（圈）都存在，只是分析的可能破坏路径。至于具体的被评价的海堤工程系统破坏路径，需要根据具体工程的外部因素、工程质量、安全防护措施现状和抢险手段等进行判断。

4.3 海堤设防标准及影响因素

4.3.1 海堤工程系统防御对象

为分析海堤防御标准的影响因素，我们可以根据工程可靠性理论和风险分析理论，参考其他工程结构安全分析方法，建立海堤工程的风险率分析极限状态，即若随机向量 $\boldsymbol{X}=(x_1, x_2, x_3, \cdots, x_n)$ 表示结构作用（荷载）效应 S 和结构抗力 R 等设计参数，用 $g(\cdot)$ 表示描述结构工作状态的函数（即称为结构的功能函数），则结构的工作状态为

$$Z=g(X) \tag{4.1}$$

若 $Z<0$，则结构为失效状态；$Z>0$，表示结构为可靠状态；而 $Z=0$，即为结构的极限状态。结构的可靠度为

$$P_s(Z \geqslant 0)=P_s\{g(X) \geqslant 0\} \tag{4.2}$$

结构的风险率为

$$P_s(Z<0)=P_s\{g(X)<0\} \tag{4.3}$$

实际上，式 (4.3) 为结构可靠度理论中的失效概率。

如果海堤工程系统以安全极限状态作为评判准则，就可以建立极限状态方程，即 $\boldsymbol{Z}=g(x_1, x_2, x_3, \cdots, x_n)=0$。若以广义抗力和作用效应两个综合变量表达极限状态（$R-S$模型），则形式更为简单，即由综合变量R和S组成二维状态$\boldsymbol{Z}=g(R, S)=R-S=0$。由此，上述分析的海堤工程各种破坏模式下的广义极限状态可以统一表达为二维状态，即

$$\boldsymbol{Z}=g(R, S)=R-S=0 \tag{4.4}$$

对海堤工程系统进行风险分析，海堤工程遭受的外部影响因素包括：潮位、潮流、风浪、降雨、地震、冰压等均可以认为是作用效应；海堤堤顶高程、结构断面、护坡结构、堤身堤基土层等则是抗力。漫顶失效的广义作用效应是风暴潮位，广义抗力为堤顶高程；在某一潮位下，滑动失稳的广义作用效应是堤身或堤基的滑动力矩，广义抗力为抗滑力矩；渗透变形失稳的广义作用效应是渗流比降，广义抗力为临界渗透比降；迎水坡和背水坡的侵蚀破坏的广义作用效应是迎水坡面波浪冲击力和背水坡面雨水冲刷力，广义抗力为迎水坡护坡块体和背水坡护坡草皮的抗冲刷力。

海堤工程防御标准确定主要是确定海堤广义作用效应的设防标准。从上述各种破坏模式的路径图最左端分析，导致各种破坏模式下的作用效应（风险因子）主要为潮位、风速、地震和降雨。因此，对于堤顶高程主要是确定防御风暴潮（潮位、波浪或风速）标准；对于边坡稳定主要是确定潮位标准；对于迎水坡护坡结构主要是确定一定水位（水深）条件下的波浪（或风速）标准；对于抗震稳定主要确定地震标准；对于背水坡主要是确定降雨强度标准，考虑允许越浪时还应确定越浪量标准（图 4.7）。

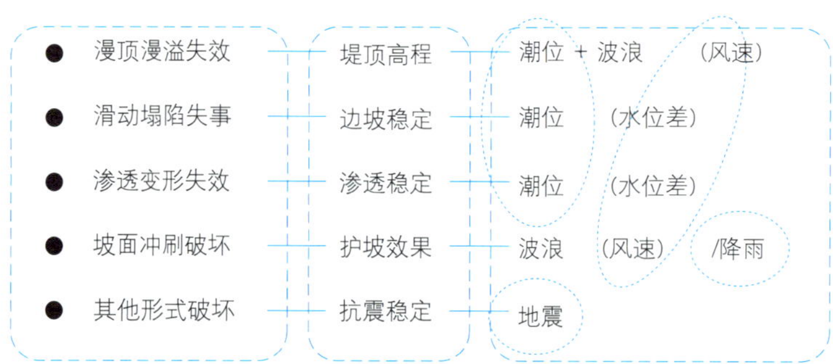

图 4.7　海堤安全主要影响因素分析

4.3.2　海堤防御标准影响因素分解

对于迎水坡和背水坡的护坡结构，防御的是单一的潮位或波浪（或风速）或降雨强度（或越浪量）的标准，所以确定防御标准相对简单。国内现行《海堤工程设

计规范》一般采用重现期表示（越浪量除外）。

对于海堤防御地震破坏情况，主要涉及地震液化和对结构破坏，尤其是在水位差情况下导致的地震液化，涉及高潮位与地震的组合，所以情况相对复杂。现行《海堤工程设计规范》提出按照海堤工程所在位置的地震烈度设计，并规定“位于地震烈度 7 度及其以上地区的 1 级海堤工程，经主管部门批准，应进行抗震设计”。《海堤工程设计规范（条文说明）》表述为“由于海堤工程维持高水位运行时间短，同时遭遇 7 度及其以上地震烈度的几率小；抗震设防措施代价高”。

对于海堤防御风暴潮破坏情况，海堤实际破坏型式表明海堤主要遭受高潮位和风浪（本研究指由台风引起的风浪，由一般季风等其他因素引起的风浪不在本研究范围内）的袭击而破坏。荷兰研究部门也研究认为，海堤工程系统承受的作用效应主要为水压力和波浪作用。水压力作用主要包括水位（水深）和水位差，波浪作用主要包括波浪爬高、波浪冲击、波浪越浪量等。由于波浪是由风（含风速、风向）与水（含水位、水深）共同形成，同时风浪实测资料偏少，通常由台风风速根据经验公式推算波浪，所以可以认为海堤工程破坏的主要因素为高潮位和台风风速两个因素，海堤防御风暴潮标准确定也就是高潮位和台风风速组合标准的确定。

因高潮位由天文潮高潮位和台风增水组成，而台风引起的风浪和风增水又是台风与潮位共同作用的不同结果，是同频率的相关随机事件，因此可将台风增水和台风引起的风浪均纳入台风中考虑。虽然描述台风的参数较多，但因现行相关标准中的风浪推算仅考虑了风速因素，所以台风可仅以台风风速表示。海堤防御标准影响因素分解分析如图 4.8 所示。

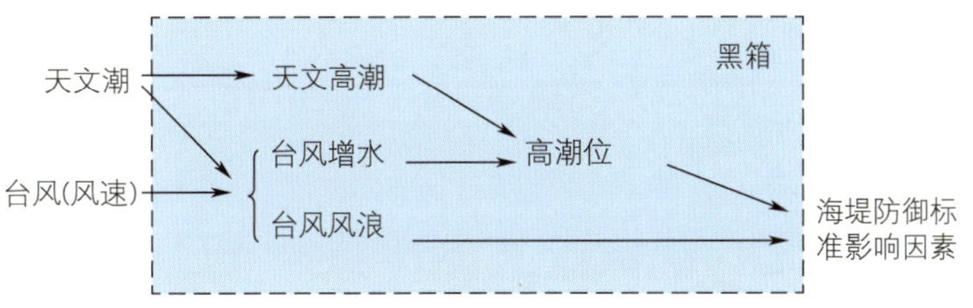

图 4.8　海堤防御标准影响因素分解分析图

由于各因素相互作用与影响，对判断相互间的因果关系产生了干扰，笔者将图 4.8 虚线框中视为黑箱，即天文潮与台风两个灾害因素产生，其间不管发生什么作用但都产生了对海堤破坏的结果。这样，海堤防御风暴潮标准就确定为是高潮位标准和风速标准两个组合。

4.4 本章小结

（1）海堤安全影响因素众多，既有内因也有外因，既有自然因素也有人为因素，既有结构风险又有水文风险，所以海堤工程的风险（或安全性）分析与评估是极其复杂的系统风险分析问题。识别海堤工程风险采用一种方式并不合适，而应采用多种方法综合识别。首先，对海堤工程风险进行分类，采用分解分析法，将复杂大系统分解为简单易识别的小系统；其次，采用核对表法全面掌握总体风险；最后，采用事故树法、破坏路径分析法、物理分析法等对具体情况进行具体分析。

（2）分析海堤工程系统风险影响因素，必须研究海堤失效主要模式。海堤工程系统存在漫顶与漫溢、滑动与塌陷、渗透变形、坡面冲刷、其他形式等 5 种破坏模式，所以海堤工程存在 5 种风险问题。利用事故树分析方法可综合考虑海堤各风险因子相互影响，并可清晰地分析各风险因子与 5 种破坏模式之间的关系。对海堤风险因素进行层次划分，可以为定量或定性地描述影响安全防护措施的现状性能及分析各种可能破坏路径下的风险率提供可能。

（3）针对海堤工程破坏类型和破坏机理，分析各主要风险因子对海堤安全的影响，是基于风险理论进行海堤工程风险分析的基础。海堤漫顶或漫溢破坏是由于出现超标准风暴潮（洪）水，海堤高度或高程未达到设防标准引起。海堤局部滑动与塌陷破坏、渗透变形破坏、坡面冲刷破坏、其他形式破坏，若在汛期管理不到位，维护不及时，会增加海堤漫顶或漫溢的风险或系统失效的概率。

（4）采用破坏路径法可以较好地寻找海堤工程风险源。根据海堤工程 5 种破坏模式的破坏路径分析结果，导致各种破坏模式下的作用效应（风险因子）主要为风暴潮（包括潮位和波浪）、地震和降雨（允许越浪时应考虑越浪量）三种，因此海堤防御标准主要是确定防御风暴潮、地震和降雨的标准。对于堤顶高程主要是确定防御风暴潮（潮位、波浪或风速）标准；对于边坡稳定主要是确定潮位标准；对于迎水坡护坡结构主要是确定一定水位（水深）条件下的波浪（或风速）标准；对于抗震稳定主要确定地震标准；对于背水坡主要是确定降雨强度标准，考虑允许越浪时还应确定越浪量标准。

（5）对于海堤护坡结构，一般采用重现期表示的防御单一潮位或波浪（或风速）或降雨强度（或越浪量）标准。对于海堤地震设防，主要考虑高潮位期地震液化问题，所以需要考虑高潮位与地震组合标准。对于海堤防御风暴潮情况，考虑波浪由风（含风速、风向）与水（含水位、水深）共同形成，所以需要确定高潮位和台风风速组合标准。由于实际观测数据是由风、潮、浪相互作用后的结果，给分析海堤防御风暴潮标准分析带来困难，采用黑箱理论和分解分析法进行研究，结果表明海堤防御风暴潮标准可以确定为高潮位标准和台风风速标准两个组合。

第 5 章

海堤防御风暴潮风险能力研究

海堤是防御风暴潮风险最主要的工程措施，其安全可靠性和防御能力直接关系到保护区的生命财产安全。海堤防御能力按照结构安全性分析方法，表现为结构（海堤）的抗力与外力作用（风暴潮）的作用状态。风暴潮引起的水位增高可能造成潮水漫溢，高潮位加上强风浪则可能形成海堤越浪，并对海堤结构造成破坏。所以，研究海堤防御风暴潮风险能力首先要研究海堤可能遭遇的最不利风暴潮，然后研究在最不利风暴潮作用下海堤结构的安全性。因此，首先建立了东中国海潮汐与台风耦合模型，利用历史发生的台风强度和路径数据，设计和研究了可能登陆研究区域的最不利台风路径和强度，并计算其对潮位的影响；其次，选取研究区域典型海堤结构断面，利用计算分析得出的最不利风暴潮潮位和风速，研究和评价既有海堤的安全性。

5.1 海堤可能遭遇的最不利风暴潮

5.1.1 风暴潮模型的建立及验证

1. 水动力模型建立

采用平面二维水流数值模型来模拟大范围的风暴潮情况，控制方程包括一个连续性方程和两个动量方程，即

$$\frac{\partial \zeta}{\partial t}+\frac{\partial p}{\partial x}+\frac{\partial q}{\partial y}=\frac{\partial d}{\partial t} \tag{5.1}$$

$$\frac{\partial p}{\partial t}+\frac{\partial}{\partial x}\left(\frac{p^2}{h}\right)+\frac{\partial}{\partial y}\left(\frac{pq}{h}\right)+gh\frac{\partial \zeta}{\partial x}+\frac{gp\sqrt{p^2+q^2}}{C^2\cdot h^2}-\frac{1}{p_w}\left[\frac{\partial}{\partial x}(h\tau_{xx})+\frac{\partial}{\partial y}(h\tau_{xy})\right]-\Omega_q-fVV_x+\frac{h}{p_w}\frac{\partial}{\partial x}(p_a)=0 \tag{5.2}$$

$$\frac{\partial p}{\partial t}+\frac{\partial}{\partial y}\left(\frac{q^2}{h}\right)+\frac{\partial}{\partial x}\left(\frac{pq}{h}\right)+gh\frac{\partial \zeta}{\partial y}+\frac{gp\sqrt{p^2+q^2}}{C^2\cdot h^2}-\frac{1}{p_w}\left[\frac{\partial}{\partial y}(h\tau_{yy})+\frac{\partial}{\partial x}(h\tau_{xy})\right]-\Omega_p-fVV_y+\frac{h}{p_w}\frac{\partial}{\partial y}(p_a)=0 \tag{5.3}$$

式中 $h(x,y,t)$——水深；

$\zeta(x,y,t)$——水位；

$p,q(x,y,t)$——x,y 方向单宽流量；

$d(x,y,t)$——体积；

$C(x,y)$——谢才阻力系数；

$f(V)$——风摩擦系数；

V, V_x, V_y (x,y,t) ——风速及 x,y 方向分量；

Ω (x,y) ——柯氏力；

p_a (x,y,t) ——大气压力；

$\tau_{xx}, \tau_{xy}, \tau_{yy}$——$xx$，$xy$，$yy$ 的剪切应力分量。

模型计算域的水边界西至广东汕头、南至中国台湾岛南端（约北纬 21° 附近）、东至日本九州岛（约东经 131° 附近）、北侧包含整个渤海以及朝鲜半岛沿岸（长江上游至大通）。模型计算范围如图 5.1 所示。模型地形主要取自近年新出版的海图及长江口杭州湾沿岸最新实测成果。

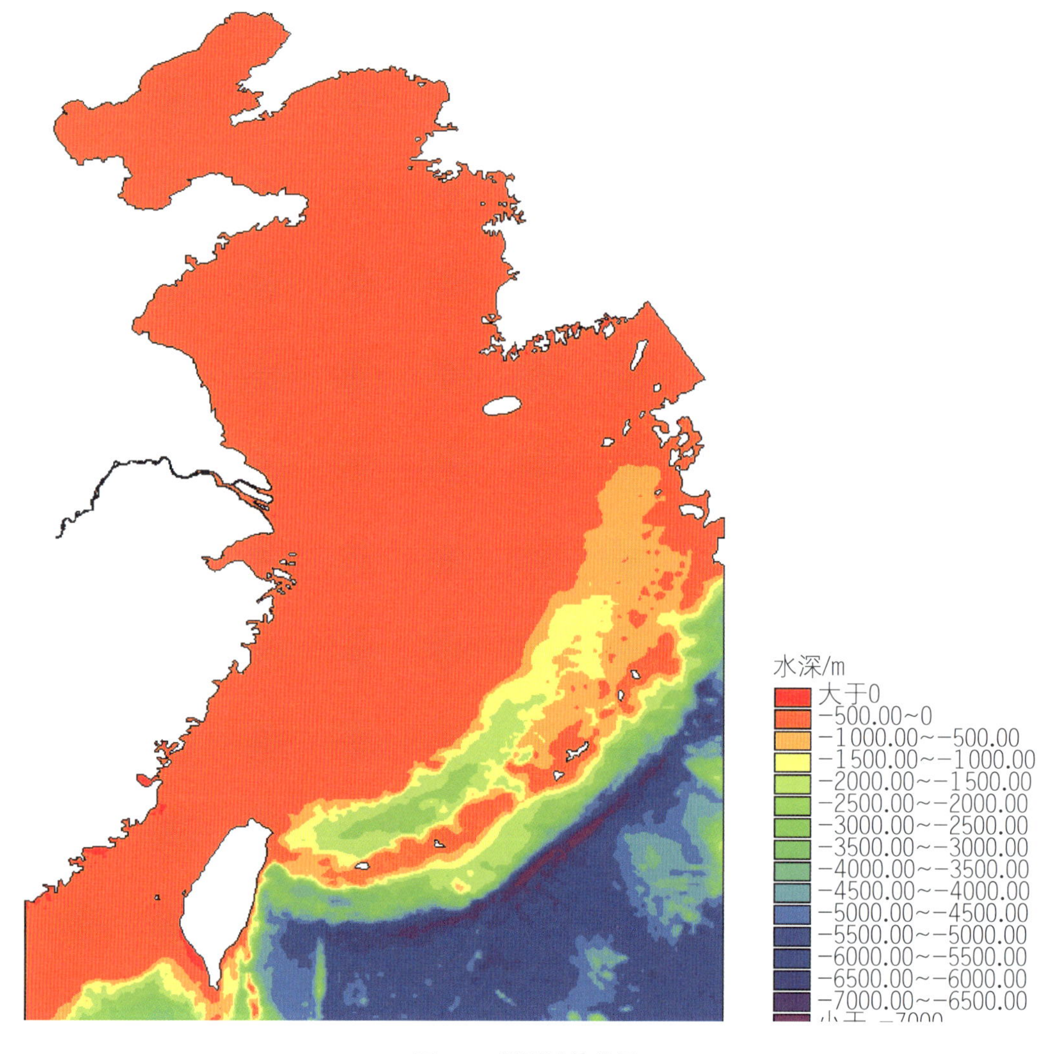

图 5.1　模型计算范围

模型网格采用三角形和四边形结合的非结构化网格。外海范围网格采用四边形网格，大小约为 0.085°×0.085°，随纬度的变化，矩形网格大小 7 ~ 10km 不等；近岸以及长江下游河道则采用三角形网格。通过三角形网格进行过渡加密，以适应多变的海岸线形态，更准确地刻画海岸和河岸线。最小网格边长大约为 350m。

模型外海四条边界采用 8 个主要天文分潮和 3 个浅水分潮的调和常数及有关天文参数计算得出相应时段的预报水位。8 个主要天文分潮和 3 个浅水分潮的调和常数有关天文参数见表 5.1，故求得到相应时刻的预报水位为

$$\xi=A_0+\sum_{i=1}^{n} f_i H_i \cos\left[\sigma_i t+(V_0+u)_i-g_i\right] \tag{5.4}$$

式中　ξ——某时刻的水位；

A_0——该处平均海面；

H_i、g_i——各分潮的调和常数；

f_i、σ_i 及 $(V_0+u)_i$——各分潮的节点因子、角速率和天文相角。

表 5.1　11 个主要分潮参数

分潮	M2	S2	N2	K2	K1	O1
节点因子	0.989	1.000	0.989	1.103	1.047	1.075
角速率	28.9841	30.0000	28.4397	30.0821	15.0411	13.9430
天文相角	311.457	360.000	352.516	183.385	1.795	313.533
分潮	P1	Q1	M4	MS4	M6	
节点因子	1.000	1.075	0.978	0.989	0.968	
角速率	14.9589	13.3987	57.9682	58.9841	86.9523	
天文相角	349.518	354.590	262.914	311.457	214.375	

初始条件包括水位和流速，由于它们对外界动力响应较快，水位取为一假定值，流速取为零。模型中的河流边界为长江大通边界，根据不同计算时期，给相应的大通流量作为河流边界。陆地边界取法向流量为零，即 $Q_n=0$。

由于沿海沿岸地区存在大片滩涂，落潮干出，涨潮时被淹，因此模型中采用干—湿网格法处理漫滩情况。当某点水位下降，水深小于干点临界值时，退出计算；当海水上涨，水深大于湿点临界值时，重新参加计算。干、湿点水深取值太大将影响结果准确性，取值太小将影响计算稳定性，在本模拟计算中，取干点水深 0.10m，湿点水深 0.15m。

模型中糙率系数通过模型率定与验证来确定，并参照一定的经验，取值范围为 0.011 ~ 0.018。

模型中的水流涡黏系数，水平方向上根据 Smagorinsky 公式计算为

$$E=C_s^2\Delta^2\left[\left(\frac{\partial U}{\partial x}\right)^2+\frac{1}{2}\left(\frac{\partial U}{\partial y}+\frac{\partial V}{\partial x}\right)^2+\left(\frac{\partial V}{\partial y}\right)^2\right] \tag{5.5}$$

式中：U,V——x,y 方向垂线平均流速；

Δ——网格间距；

C_s——计算参数，一般选 $0.25 < C_s < 1.0$。

垂向涡黏系数采用对数法则来确定，得到的涡黏系数公式为

$$V_t = U_\tau h\left[c_1\frac{z+d}{h}+c_2\left(\frac{z+d}{h}\right)^2\right] \tag{5.6}$$

其中

$$U_\tau=\max(U_{\tau s}, U_{\tau b})$$

式中　c_1，c_2——常数，分别取为 0.41 和 −0.41；

$U_{\tau s}$，$U_{\tau b}$——与表面应力和底层应力相关的摩擦速度。

2. 台风风场模型建立

台风风场主要包含气压场和风速场两个部分，其中风速场又分为由气压梯度引起的气旋风场和台风移动引起的移动风场。

（1）气压场。台风气压场有很多种计算方法，在我国沿海地区以及太平洋西海岸地区，较为常用的并且较符合实际的公式为高桥和藤田复合公式，即在台风内域的气压场计算采用藤田台风气压场公式，外域计算则采用高桥台风气压场公式。

高桥（1939）气压场公式为

$$P(r)=(P_\infty-P_0)\left(1-\frac{1}{1+r/R}\right)+P_0,\ 0\leqslant r<\infty \tag{5.7}$$

藤田（1952）气压场公式为

$$P(r)=P_\infty-(P_\infty-P_0)\Big/\sqrt{1+2(r/R)^2},\ 0\leqslant r<\infty \tag{5.8}$$

式中　R——最大风速半径；

P_∞——无穷远处气压；

P_0——台风中心气压；

r——气压场中某处与台风中心的距离。

高桥和藤田复合公式为

$$\begin{cases} P(r)=P_\infty-(P_\infty-P_0)\Big/\sqrt{1+2(r/R)^2},\ 0\leqslant r<2R \\ P(r)=(P_\infty-P_0)\left(1-\dfrac{1}{1+r/R}\right)+P_0,\ 2R\leqslant r<\infty \end{cases} \tag{5.9}$$

实际情况中，地球表面各个区域气压分布不均，实际台风时期气压场的分布是台风气压场与背景气压场叠加而成，气压场分布并非中心对称的。由于台风中心气压相对沿海地区背景气压场气压差较大，因此在台风有效影响范围内基本可以忽略背景气压场对台风中心附近气压场的影响。所以，在本研究中将台风气压场作为中

心对称气压场考虑。

（2）风速场。台风场风速分布分两部分，中心对称风场和台风移动风场。许多学者采用 Jelesnianski 风场公式进行研究，同样采用 Jelesnianski 风场公式作为中心对称风场模式时的表达式为

$$\begin{cases} U = W_R \left(\dfrac{r}{R}\right)^{3/2}, \ 0 \leqslant r < R \\ U = W_R \left(\dfrac{R}{r}\right)^{1/2}, \ R \leqslant r < \infty \end{cases} \quad (5.10)$$

式中　W_R——台风最大风速；

R——最大风速半径；

U——距台风中心距离 r 上的中心对称风速，是一速度矢量。

台风移动速度，同样可采用 Jelesnianski 公式计算，即

$$V = \begin{cases} v_c \dfrac{r}{R+r}, \ 0 \leqslant r < R \\ v_c \dfrac{R}{R+r}, \ r \geqslant R \end{cases} \quad (5.11)$$

（3）最大风圈半径。确定台风风场需要输入的参数为台风中心气压，台风中心移动速度，台风中心移动路径和最大风速半径。由于测量困难，一般取得的实测数据都不包含最大风速半径，只能根据经验公式来获得，目前研究人员总结出台风最大风速半径的经验公式为

$$R=28.52\text{th}\left[0.0873(\Phi-28)\right]+12.22\exp\left(\frac{P_0-1013.25}{33.86}\right)+0.2V+37.2 \quad (5.12)$$

式中　Φ——台风中心所在纬度；

P_0——台风中心气压；

V——台风中心移动速度。

台风风场模拟精度直接影响增水值预报的准确性。

对于实测数据仅有最大风速或者中心气压的资料，采用 Atkinson-Hollidy 提出的风—压关系式来计算最大风速，即

$$W_R=3.029(P_\infty-P_0)^{0.644} \quad (5.13)$$

3. 风暴潮模型率定及验证

（1）风场模型验证。风场模型范围与水动力模型范围相同，网格采用矩形网格形式，网格大小为 4000km×4000km。

图 5.2 为“9711 号”台风风场在某一时刻的示意图，背景为气压场云图。从图中可以看出：一般台风中心气压最低，距离台风中心越远，气压越高；北半球台风风场的风速方向为逆时针方向，所以台风属于气旋，并且实际风速并非与气压

等值线相切，而是略微偏向台风中心，偏向角度随着纬度的增加而减小。日本港湾协会《港口设施技术标准》第一分册，给出了这个偏向角度在北纬 10° ~ 50° 范围内，通常在 15° ~ 25° 之间，在北纬 30° 附近，风速矢量偏向台风中心的角度约为 18°。

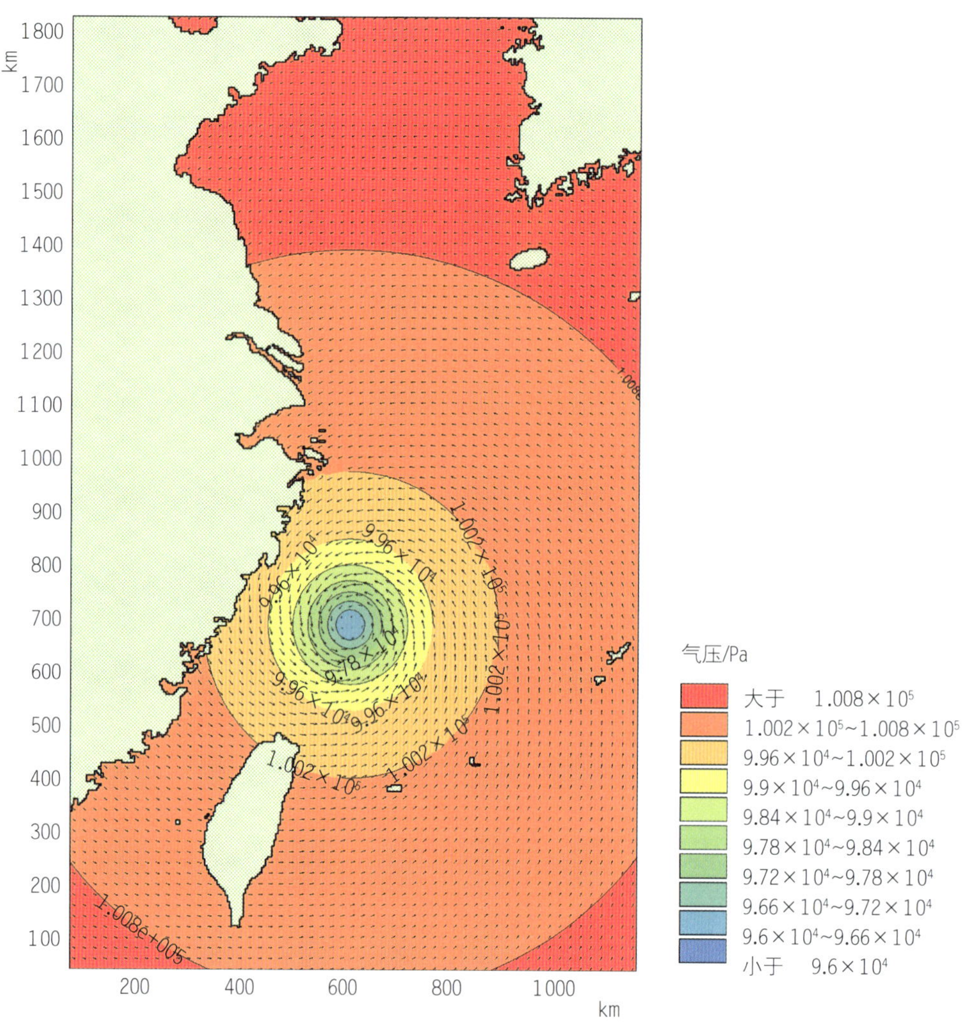

图 5.2 “9711 号”台风在某一时刻的气压和风速场

1）“9711 号”台风风速验证。采用浙江省水利河口研究院《钱塘江北岸海塘应对超标准风暴潮研究》研究报告的风速数据，风速站点主要包括洞头、石浦、大陈、沈家门、坎门等站点（图 5.3）。

图 5.3 为背景场“9711 号”台风风速大小分布。从图中可以看出风速在最大风圈处最大，最大风圈以内越靠近台风中心，风力越小，台风风眼中心风速几乎接近于 0；台风外围越远离最大风圈，风速越小。

图 5.4 为浙江省几个沿海风速站点验证结果。从验证结果来看，除洞头以外，

其他几个站点的风速验证相对较好。由于风速大小的突变性比较强，通常使用短时间内的平均风速作为某个时间点的风速大小。从图中可以看到，实测站点的风速大小并非能连成一条光滑的曲线。

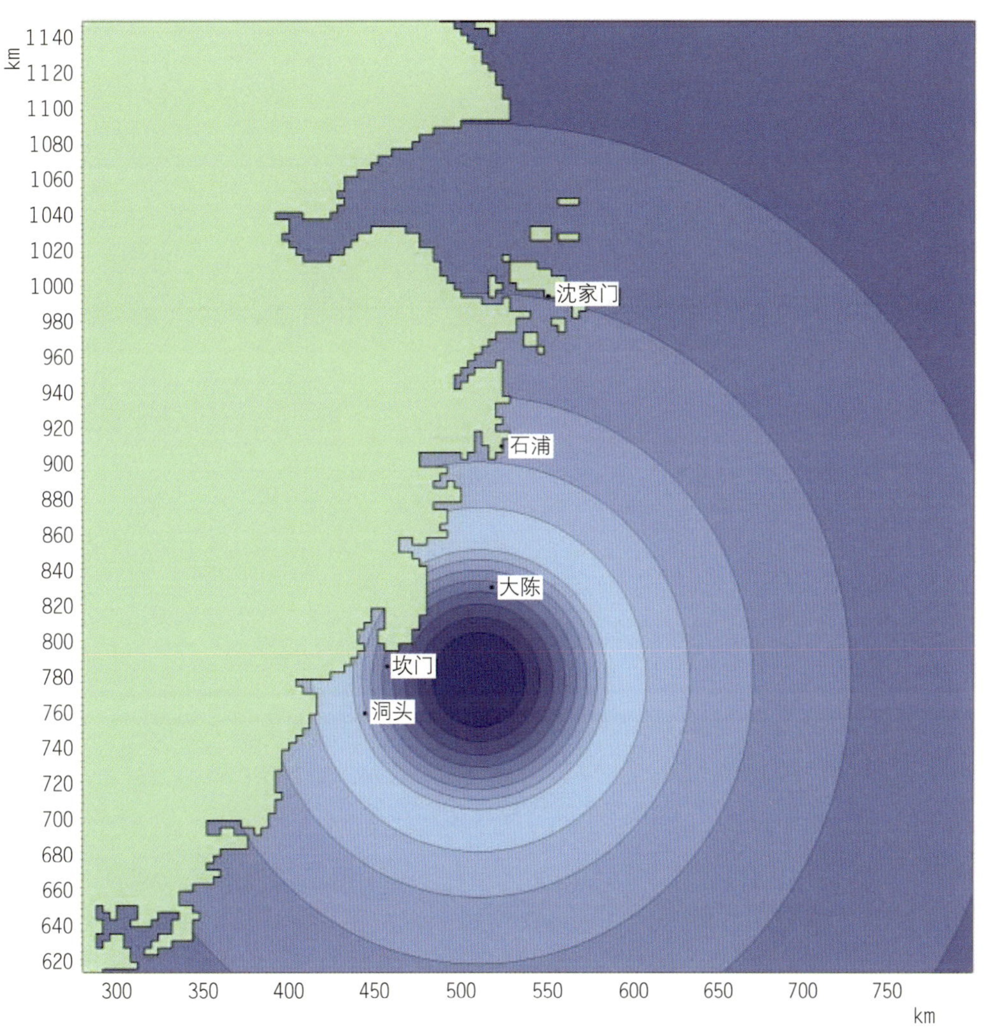

图 5.3　风速验证点分布示意图

分析造成邻近时间点风速大小跳跃性较强的原因可能有两个：①风速大小的不连续性造成相邻时间点实测风速变化较大；②现实中形成气流运动的除了台风气压场以外还有背景气压场，背景气压场的分布不均以及气压的变化导致风速的突变。所以，从图 5.4 中看，计算得到的风速过程线比实测点光滑很多，这是由于计算使用的气压场仅为台风气压场，气压分布按照台风气压公式计算所得，分布较为均匀。

洞头、大陈和坎门三个站点计算所得风速过程线出现了两个峰值，这主要是由于台风经过时，在某个时间段这三个站点出现在台风的最大风圈内，所以在台风逐

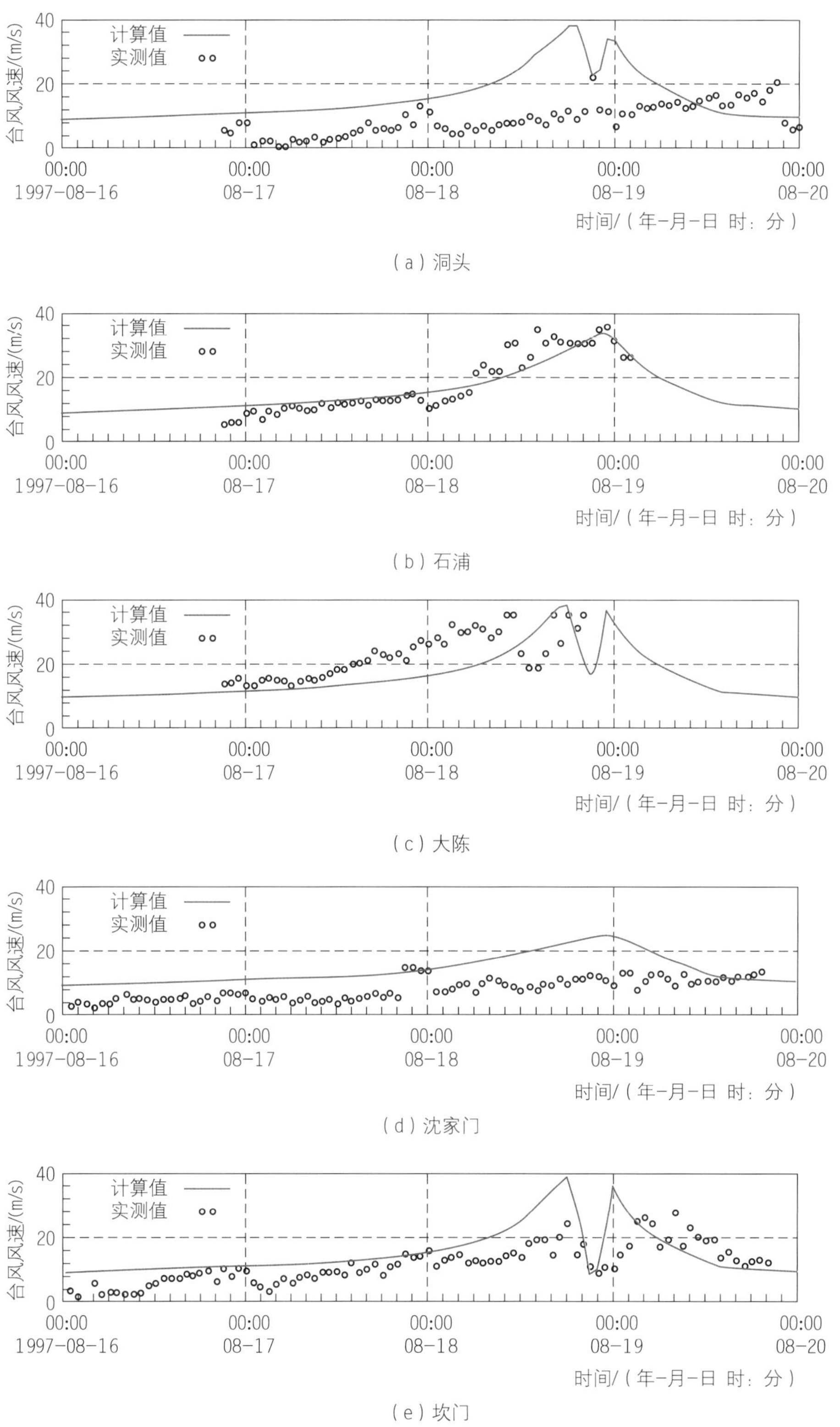

(a)洞头

(b)石浦

(c)大陈

(d)沈家门

(e)坎门

图 5.4 “9711 号”台风风速验证

渐靠近的时候，最大风圈逐渐逼近，风速逐渐增大，而当台风最大风圈经过该站点，该站点进入了最大风圈以内，随着台风中心移动，测点风速逐渐减小，台风继续移动，站点再次接近最大风圈，风速再次加大，直到再次越过最大风圈以后风速逐渐减小。通常，当台风登陆以后，受到地表摩擦力的影响，台风会有一定程度的减弱，最大风速也会减小，因此进入台风最大风圈以内的区域在离开最大风圈时的风速通常比进入台风中心前遇到的最大风速要小，即第一个峰值通常大于第二个峰值，从图 5.4 中计算所得的 3 个站点的风速过程线可以看到这一现象，并且大陈和坎门站的实测数据也反映了这一趋势。

2）“0216 号”台风风速验证。图 5.5 为“0216 号”台风影响时段风速验证，其验证点分布如图 5.3 所示。计算结果基本符合实测站点数据反映的风速变化趋势。

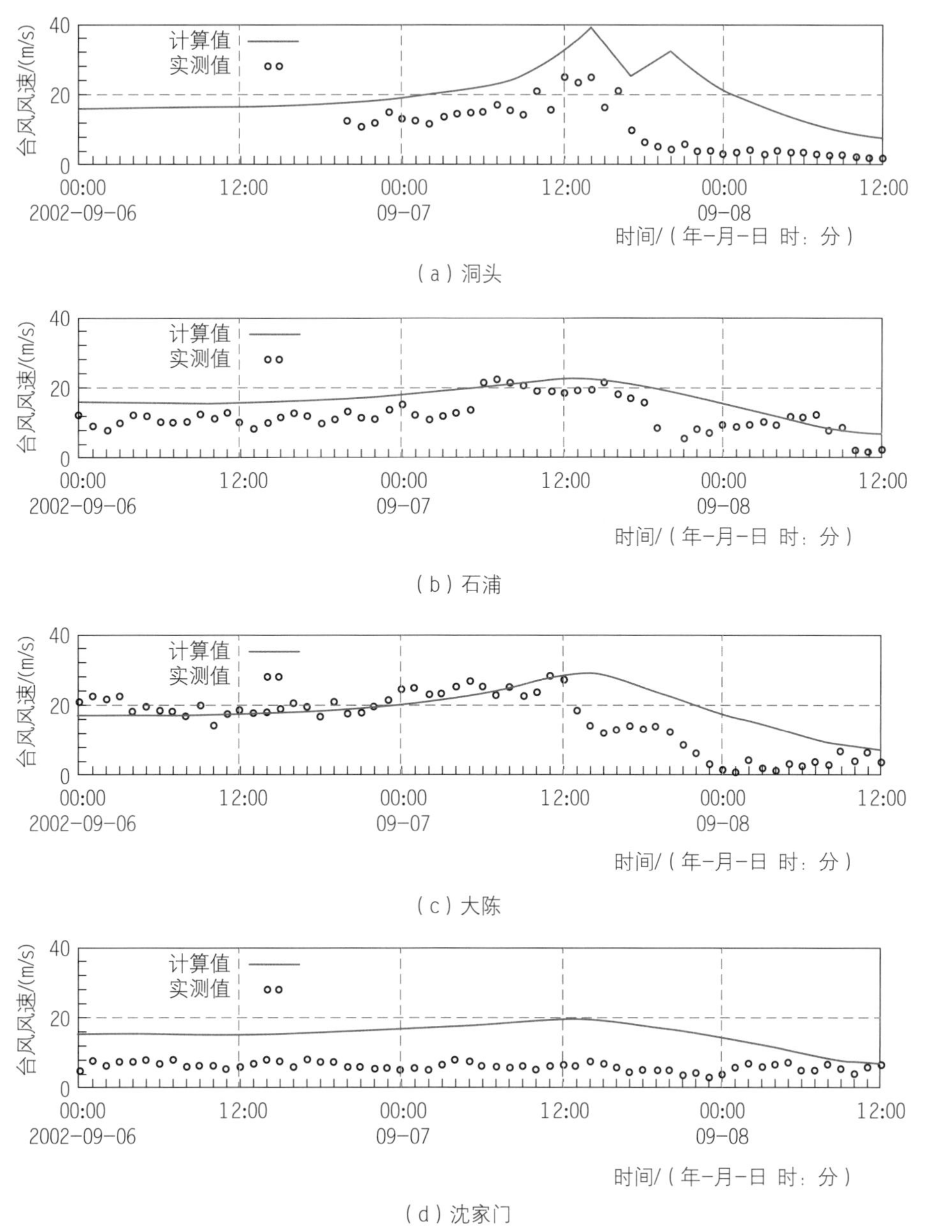

图 5.5（一） “0216 号”台风风速验证

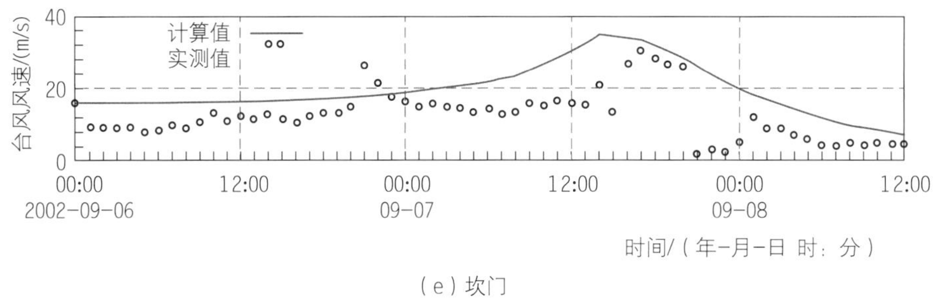

(e)坎门

图 5.5（二）　“0216 号”台风风速验证

从两个台风风场的率定结果来看，计算使用的风场模型基本可以模拟台风风场，可用于台风风暴潮的计算。

（2）潮汐模型验证。为了保证风、潮耦合模型的准确性，必须率定潮汐模型；而对于受台风影响时段，由于实测潮位为天文潮和台风引起的增水的叠加，因此该时段的实测值不能作为潮汐模型的率定数据。因此，需要选择台风发生之前或者之后，所研究区域内不受台风影响的时段作为潮汐模型的率定时段。

1）1997 年 8 月天文潮位验证。对于“9711 号”台风，收集了“9711 号”台风前后多个台风的发生时间，发现 1997 年 8 月 3—14 日期间，长江口杭州湾地区及浙江沿海未受到任何台风的影响，因此该时间段作为模型的天文潮验证时期。获取的实测水文资料包括长江口杭州湾以及浙江沿海部分站点的潮位资料，长江口附近的潮位实测资料时间范围为 1997 年 7 月 1 日—8 月 31 日，站点分别为中浚、南门、堡镇、高桥、石洞口、吴淞、长兴、横沙等站点。

图 5.6 为长江口杭州湾地区的天文潮验证结果，从天文潮验证结果来看，计算结果与实测资料符合较好，误差在允许范围之内，本水动力模型能较为准确地模拟模型范围的潮汐变化。

2）2002 年 9 月天文潮位验证。2002 年汛期连续出现了多个台风，只有 2002 年 9 月下旬，长江口杭州湾地区才未受台风影响，因此以 9 月下旬的实测天文潮位作为模型计算准确性的验证，结果如图 5.7 所示。从长江口附近几个潮位站实测资料验证结果看，计算结果较好。

5.1.2　可能不利台风路径及影响

1. 台风路径影响模拟与分析

每年 5—11 月是西太平洋台风生成的季节，每个台风的生成地点和移动路径以及台风寿命都不尽相同，有些台风对上海影响比较大，有些台风对上海影响很小甚至没有影响，这就要求我们首先确定一条对上海影响较大的台风路径。尽管台风

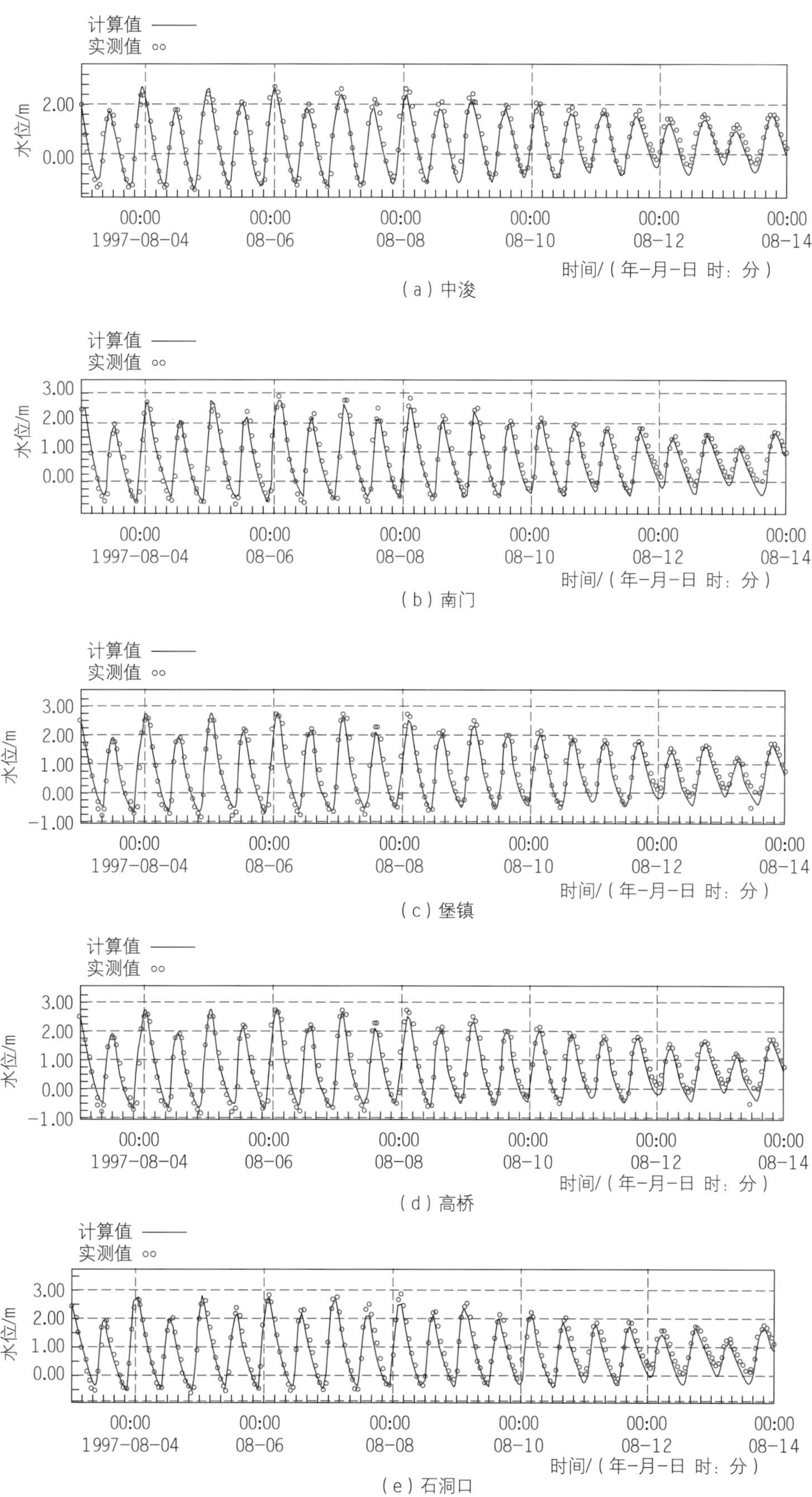

（a）中浚

（b）南门

（c）堡镇

（d）高桥

（e）石洞口

图 5.6（一） 1997 年 8 月长江口杭州湾天文潮验证结果

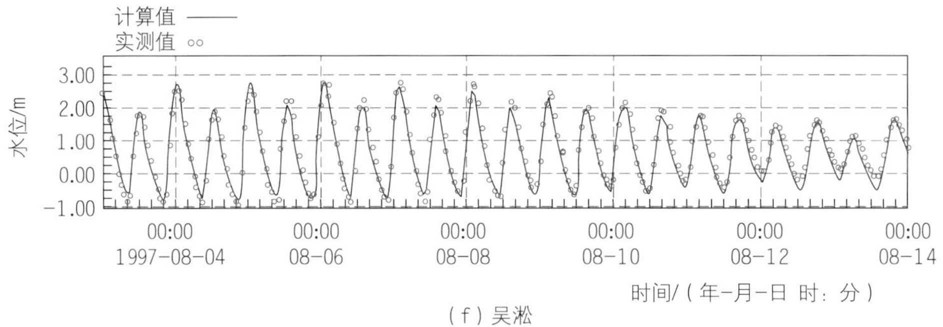

(f)吴淞

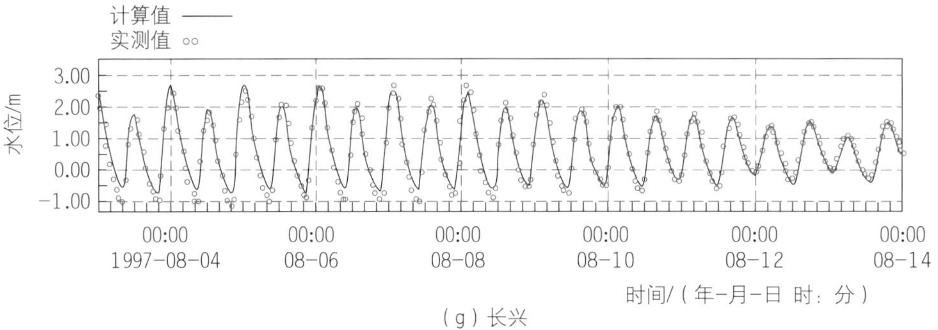

(g)长兴

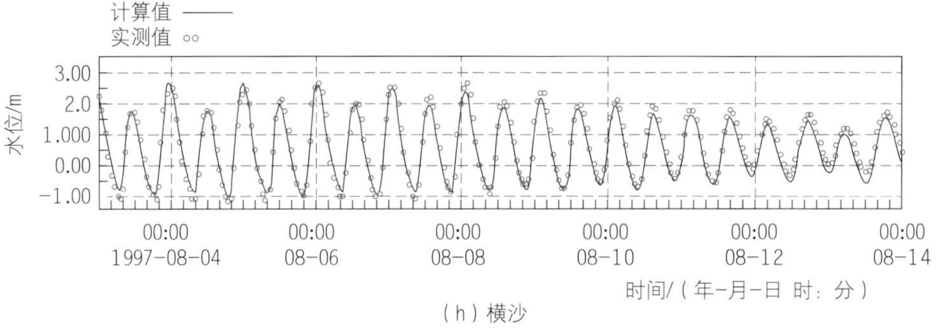

(h)横沙

图 5.6(二)　1997 年 8 月长江口杭州湾天文潮验证结果

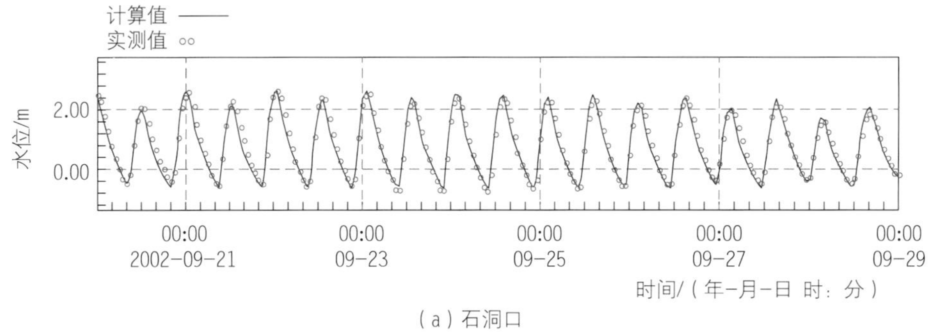

(a)石洞口

图 5.7(一)　2002 年 9 月长江口杭州湾天文潮验证结果

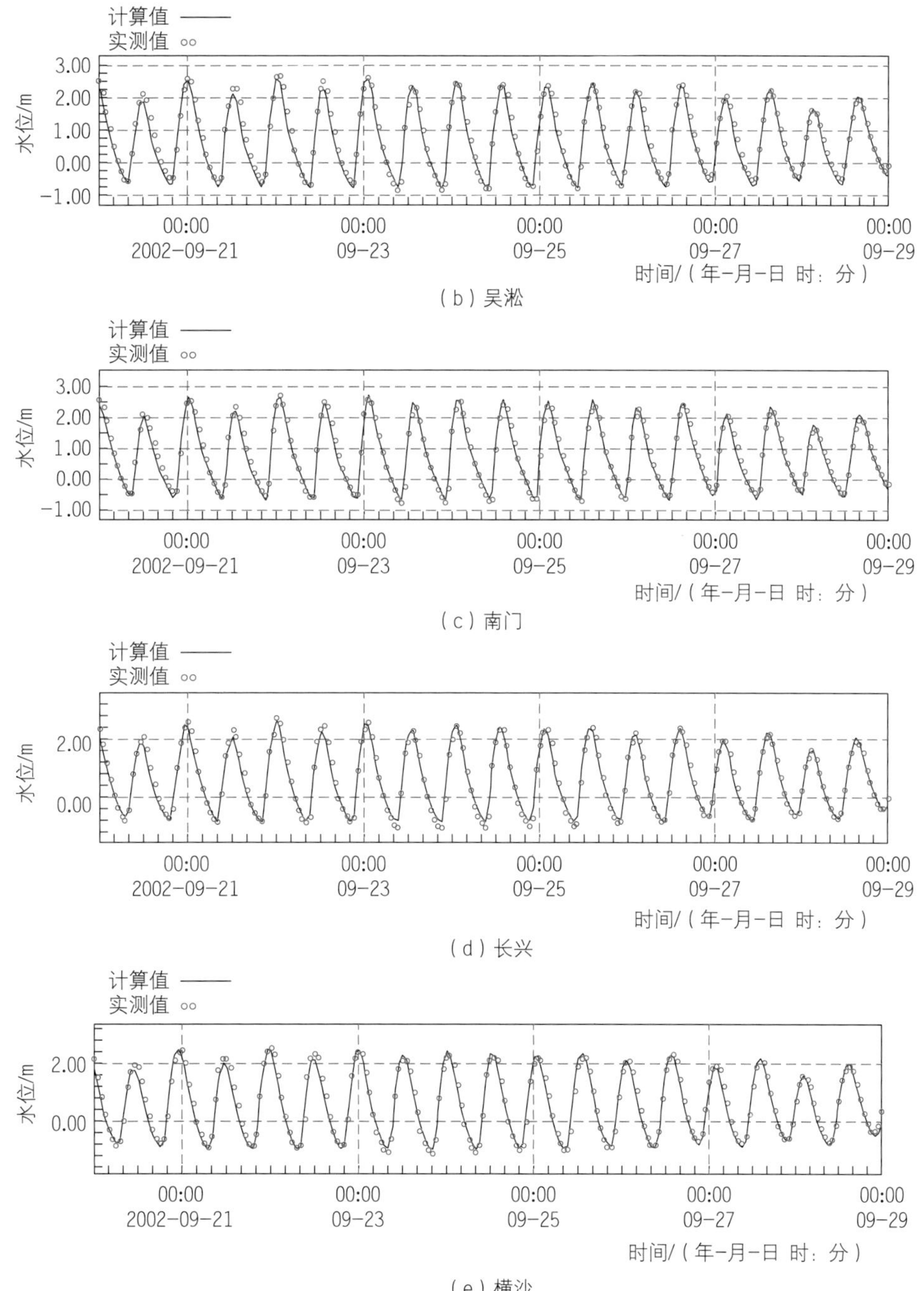

（b）吴淞

（c）南门

（d）长兴

（e）横沙

图 5.7（二）　2002 年 9 月长江口杭州湾天文潮验证结果

引起的风暴潮位大小的影响因素不只是台风路径，还包括台风强度的大小，天文潮的大小等因素，但是可以大致确定一条对某一地区较为不利的台风路径，以“9711号”台风强度为例，分析寻找一条对上海较为不利的台风路径。

（1）影响风暴潮增水的因素分析。以“9711 号”台风为例，分析“9711 号”台风中心经过的各点的增水过程。根据台风路径，取台风路径上的 8 个点，每个点时隔 6h，点位如图 5.8 所示。图中点名称说明：以 081702 为例，该点位置为“9711

号”台风于 1997 年 8 月 17 日 02 时所在位置，其他点位名称表示的意义以此类推。081702 点、081708 点、081714 点、081720 点四个点位于水深较深的海域，水深范围一般在 1500m 以上，081802 点、081808 点、081814 点、081820 点四个点位于水深较浅的大陆架区域，水深一般小于 200m。

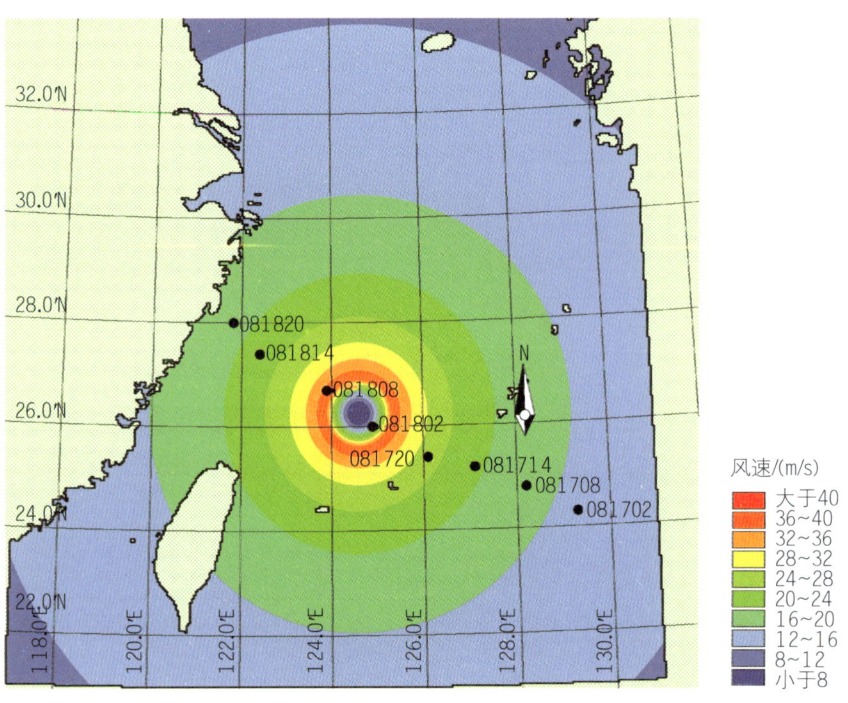

图 5.8 “9711 号”台风中心经过的点位置图

统计得到的各点增水曲线如图 5.9 所示，从图中可以看出，在水深很深的宽阔海域，增水数值跟台风中心气压关系密切，仅在台风经过时出现增水，并且在台风风眼经过时刻达到增水最大值，在台风经过的整个过程中没有出现减水现象。增水强度与中心气压强度成反比，即中心气压越低，增水越大。

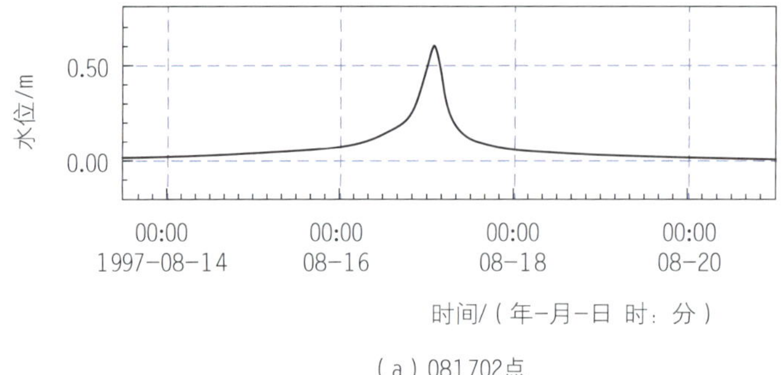

(a) 081702点

图 5.9(一) “9711 号”台风中心经过的点的增水过程线

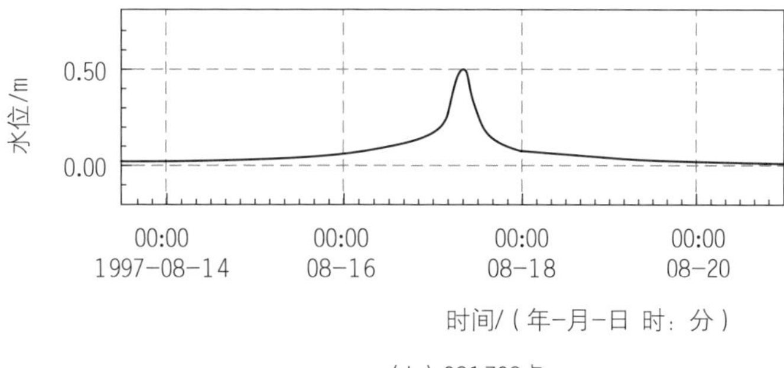

（b）081708点

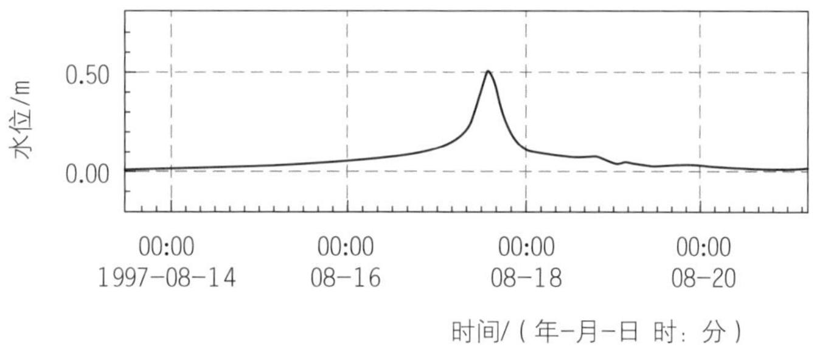

（c）081714点

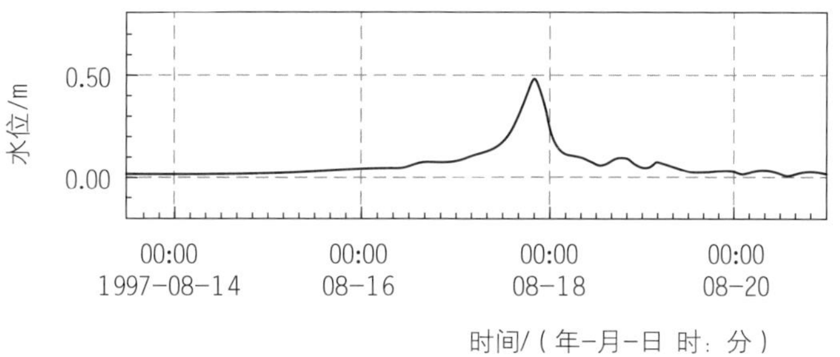

（d）081720点

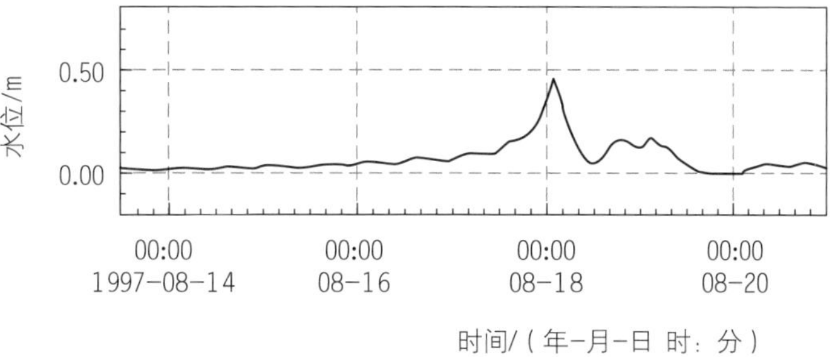

（e）081802点

图 5.9（二） “9711 号”台风中心经过的点的增水过程线

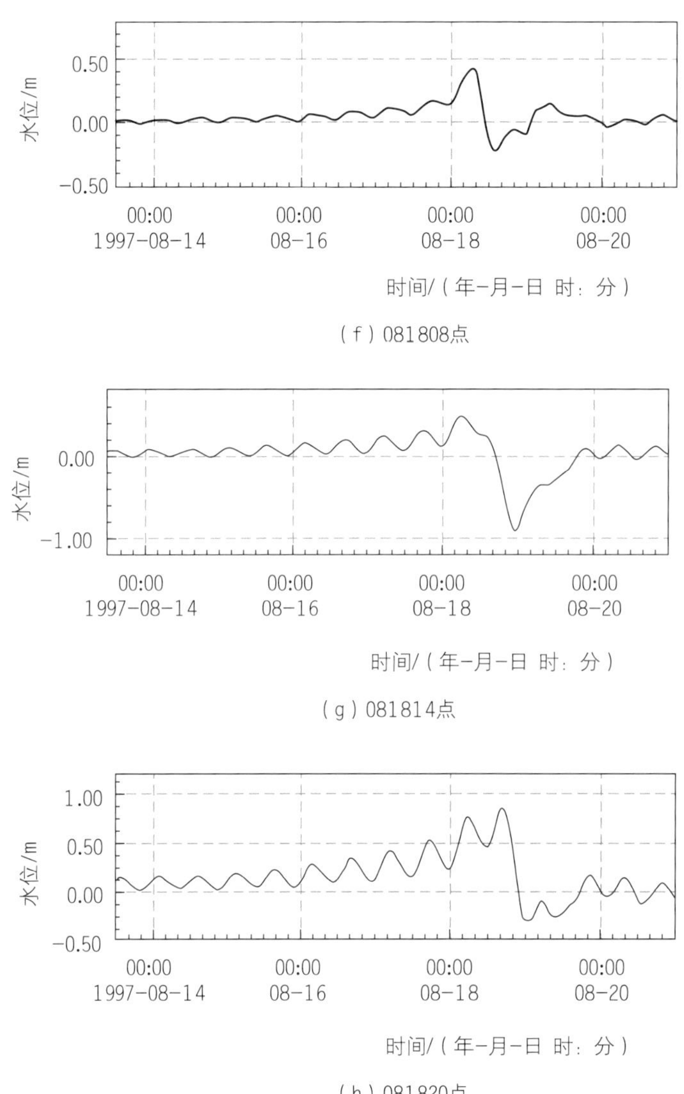

（f）081808点

（g）081814点

（h）081820点

图 5.9（三）　“9711 号”台风中心经过的点的增水过程线

表 5.2 为 081702 点、081708 点、081714 点、081720 点各点最大增水值与台风经过时中心气压对比，其中数据表明：在深海地区，增水最大值跟中心气压有直接关系，最大增水发生时间即风眼经过当地的时间，并且中心气压越低，增水值越大；在水深较深的区域，台风中心气压与最大增水的关系为，中心气压每降低 1h/Pa，最大增水增加 0.01m。这个结果与目前其他研究所得到的结论一致。

当台风中心进入近海区域，由于受到大陆岸线以及海水深度变化，台风中心经过位置水位的增水过程出现波动，除了受台风中心气压变化影响发生增水以外，受到岸线的阻水以及潮差变化幅度的增大，增水过程也出现了一定的波动，也出现了减水现象，从图 5.9 看出，越靠近大陆岸线，增水过程的波动越剧烈，并且在台

表 5.2　　　　　　"9711 号"台风中心气压和增水统计

点位	中心气压 /hPa	最大增水 / m	最大增水发生时间
081702	950	0.6	8月17日02时
081708	960	0.5	8月17日08时
081714	960	0.5	8月17日14时
081720	960	0.48	8月17日20时

风逐渐移近测点的时候主要表现为增水，当台风中心远离测点的时候主要表现为减水。

（2）"9711 号"台风路径空间变化影响分析。"9711 号"台风实际路径登陆在浙江省温州一带沿海，距离上海比较远，如果登陆地点更靠近上海将可能对上海沿海地区的水位造成更大影响。考虑将"9711 号"台风路径整体向北平移，按每次偏移 0.5° 拟订了 6 个平移路径方案。计算结果统计了各个计算方案芦潮港站点的增水情况，见表 5.3。

表 5.3　　　芦潮港水位站"9711 号"台风对各方案增水情况　　　单位：m

方　案		最大增水	最高潮位	最高潮位增水
序号	描　述			
方案一	"9711 号"台风实际路径	1.22	5.89	0.97
方案二	"9711 号"台风北抬 0.5°	1.50	6.12	1.20
方案三	"9711 号"台风北抬 1.0°	1.87	6.43	1.50
方案四	"9711 号"台风北抬 1.5°	2.33	6.74	1.81
方案五	"9711 号"台风北抬 2.0°	2.80	6.19	1.27
方案六	"9711 号"台风北抬 2.5°	2.66	5.5	0.76
方案七	"9711 号"台风直接登陆临港	1.65	5.52	0.76

从表 5.3 中数据可以出，随着"9711 号"路经北移，芦潮港最大增水随着路径偏移量的增加呈现出先增加后减小的趋势，台风中心直接登陆临港的方案中最大增水并不是这一系列方案中最大的；最高潮位也表现出先增大后减小的趋势。可见，台风中心直接在芦潮港登陆对芦潮港水位的影响不如台风擦着这一地区移过来的大。另外，从表中数据还可看出，以"9711 号"台风实际强度路径北移 1.5° 运行的台风过程，造成的最高潮位超过 6.00m，达到 6.74m，是模拟的台风路径中

最大的。

“9711 号”台风路径整体北移 1.5° 方案的最高潮位时刻台风风场图如图 5.10 所示，从该工况下台风的路径以及最高潮位发生时台风位置可以看到，最高潮位发生时，芦潮港正好处在台风的最大风圈附近。

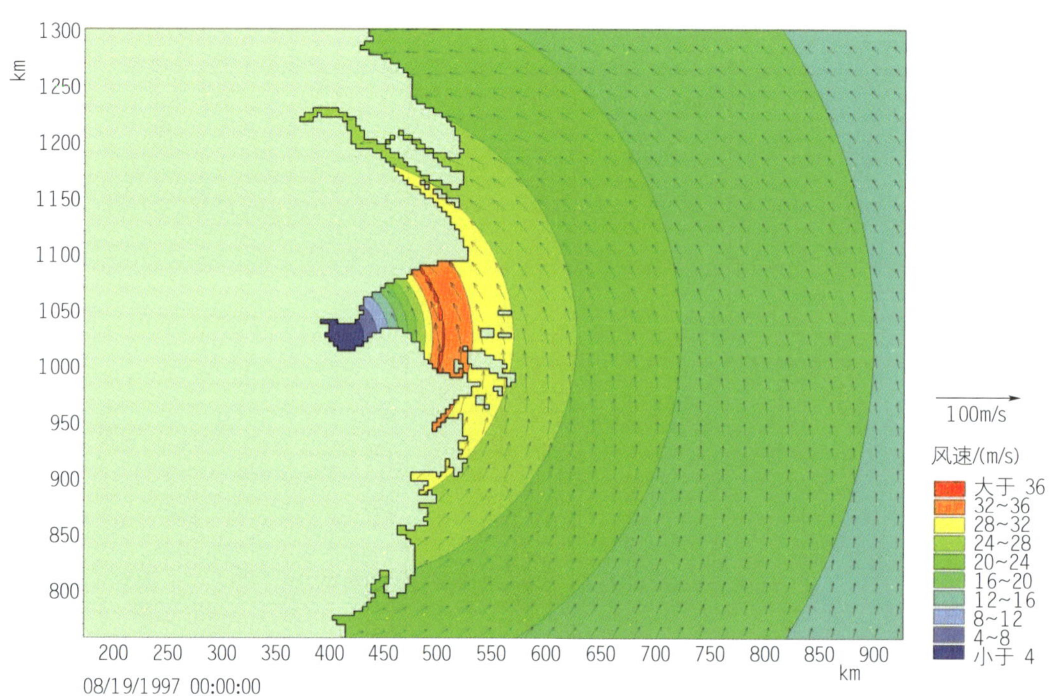

图 5.10 “9711 号”台风路径整体北移 1.5° 方案的最高潮位时刻台风风场图

图 5.11 所示为各偏移台风路径下潮位过程线和无台风影响情况潮位过程对比以及增水过程，图中黑色的曲线为天文潮位过程线，蓝色曲线为风暴潮潮位过程线，红色曲线为相应的增水曲线，增水曲线的纵坐标在图表的右侧。从图 5.11 中可以看出，随着“9711 号”台风接近潮位测点，增水过程都表现为逐渐增大，当台风远离潮位测点，增水逐渐变为减水，除直接登陆临港的路径以外，其他路径的减水幅度都较小，几条台风路径的比较后得出：首先随着台风路径的整体北抬，最大增水的先逐渐升高；然后逐渐减小，并且最大增水并非发生在最高潮位时刻，而是发生在由低潮位往高潮位变化的过程中。

（3）“9711 号”台风路径时间变化分析。从空间平移的计算结果来看：“9711 号”台风路径平移 1.5° 虽然没有导致过程增水最大，但是产生了最高潮位，显然潮位越高，对大堤威胁越大；空间平移计算结果中最大增水出现在低潮位往高潮位涨的过程中。因此，考虑以台风路径北移 1.5° 路径作为基准路径进行时间平移计算，

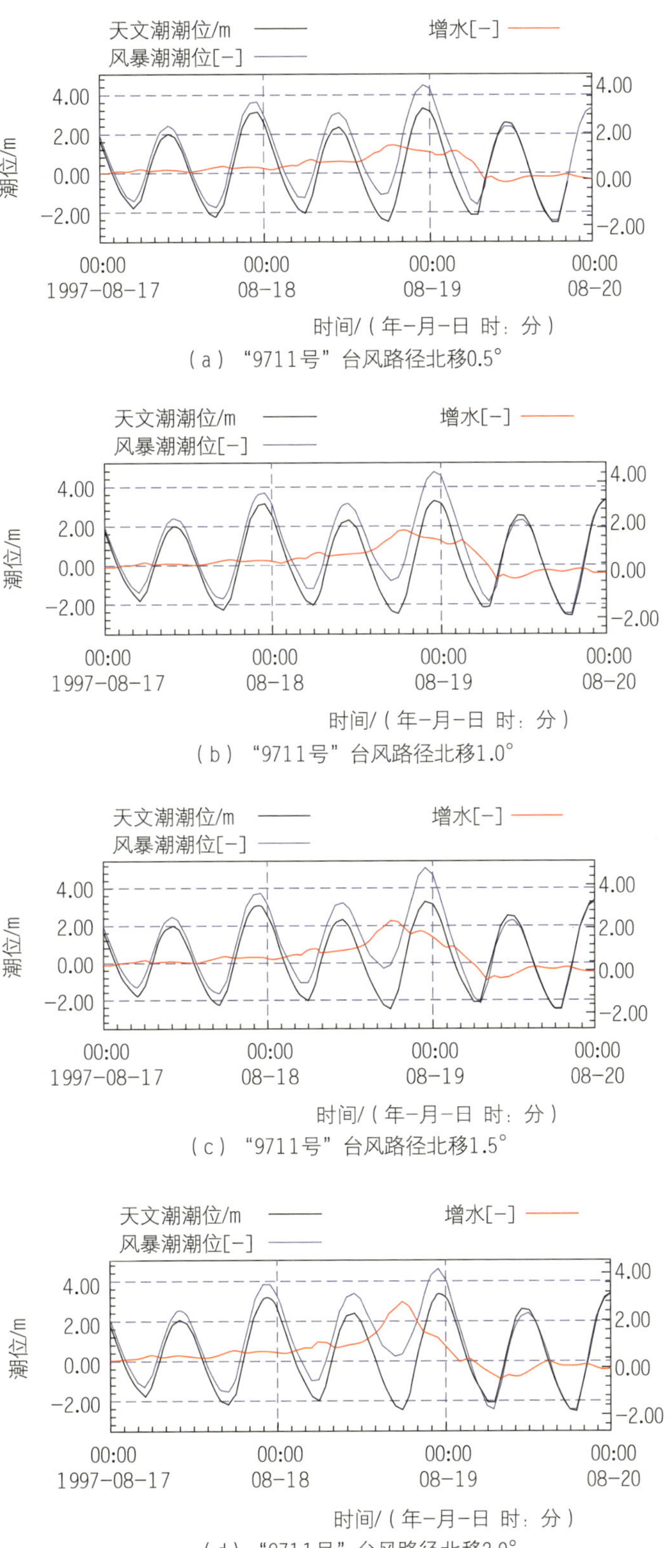

（a）“9711号”台风路径北移0.5°

（b）“9711号”台风路径北移1.0°

（c）“9711号”台风路径北移1.5°

（d）“9711号”台风路径北移2.0°

图 5.11（一） 空间平移各方案潮位和增水过程线对比

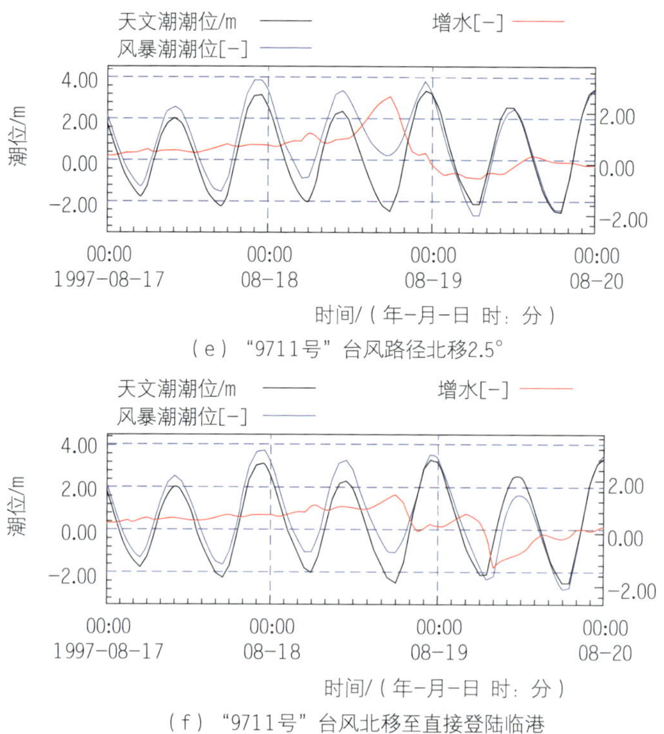

（e）“9711号”台风路径北移2.5°

（f）“9711号”台风北移至直接登陆临港

图 5.11（二） 空间平移各方案潮位和增水过程线对比

来观察最高潮位叠加最大增水的可能性。模拟计算按后推 1h 拟订了 6 个方案。不同后推影响时间方案的芦潮港站各方案潮位和增水情况见表 5.4。

表 5.4 不同后推影响时间方案的芦潮港站各方案潮位和增水情况 单位：m

方案		最大增水	发生时段	最高潮位	最高潮位增水
序号	描述				
方案一	“9711 号”台风北抬 1.5°	2.33	涨潮	6.74	1.81
方案二	方案一 + 影响时间后推 1h	2.23	涨潮	6.76	1.83
方案三	方案一 + 影响时间后推 2h	2.16	涨潮	6.57	1.64
方案四	方案一 + 影响时间后推 3h	2.22	落潮	6.51	1.58
方案五	方案一 + 影响时间后推 4h	2.30	落潮	6.5	1.57
方案六	方案一 + 影响时间后推 5h	2.39	落潮	6.49	1.56

以台风路径北移 1.5° 为基础，不同后推影响时间方案芦潮港站计算增水情况见表 5.4。从芦潮港站数据可以看出，随着台风影响时间的推后，芦潮港站最大增水呈现先减小后增大的趋势，影响时间推后 2h 的工况下最大增水最小，为 2.16m；从最高潮位分析，方案二的台风影响时间推后 1h 方案的最高潮位较其他方案高。

图 5.12 为时间平移各方案风暴潮潮位、天文潮潮位和增水过程线对比。其中：黑色曲线为天文潮潮位；蓝色曲线为风暴潮潮位；红色曲线为增水过程线；增水曲线纵坐标位于图 5.12 右侧。从中可以看出：方案一～方案三最大增水出现在涨潮时期；方案四～方案六最大增水出现在落潮时期。另外，注意到方案三和方案四工况的计算结果，增水曲线在涨潮和落潮过程中均出现一个增水峰值，并且其增水均大于最高潮位时的增水值，说明在台风的持续影响过程中，台风引起的增水在涨落潮时段要大于最高潮位时段。以上计算结果分析可以初步得到一个结论，台风引起的增水最大值叠加天文潮高潮位的可能性很小。

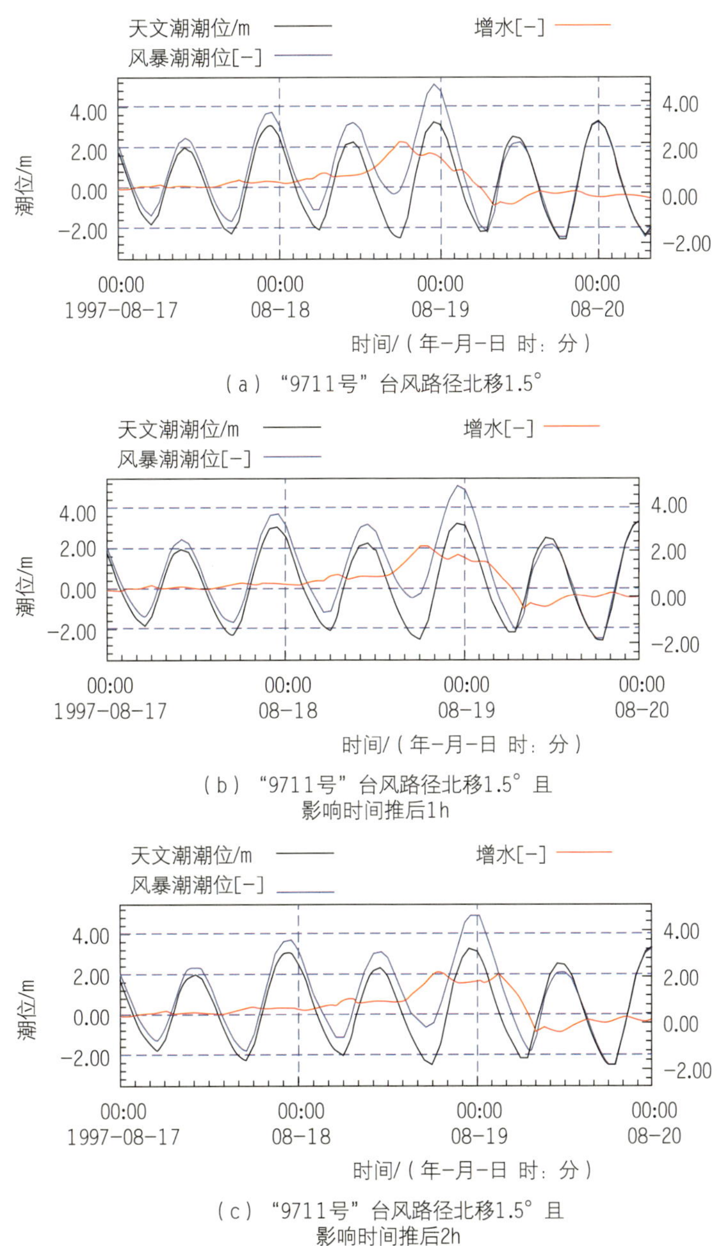

（a）“9711号”台风路径北移1.5°

（b）“9711号”台风路径北移1.5°且影响时间推后1h

（c）“9711号”台风路径北移1.5°且影响时间推后2h

图 5.12（一）　时间平移各方案风暴潮潮位、天文潮位和增水过程线对比

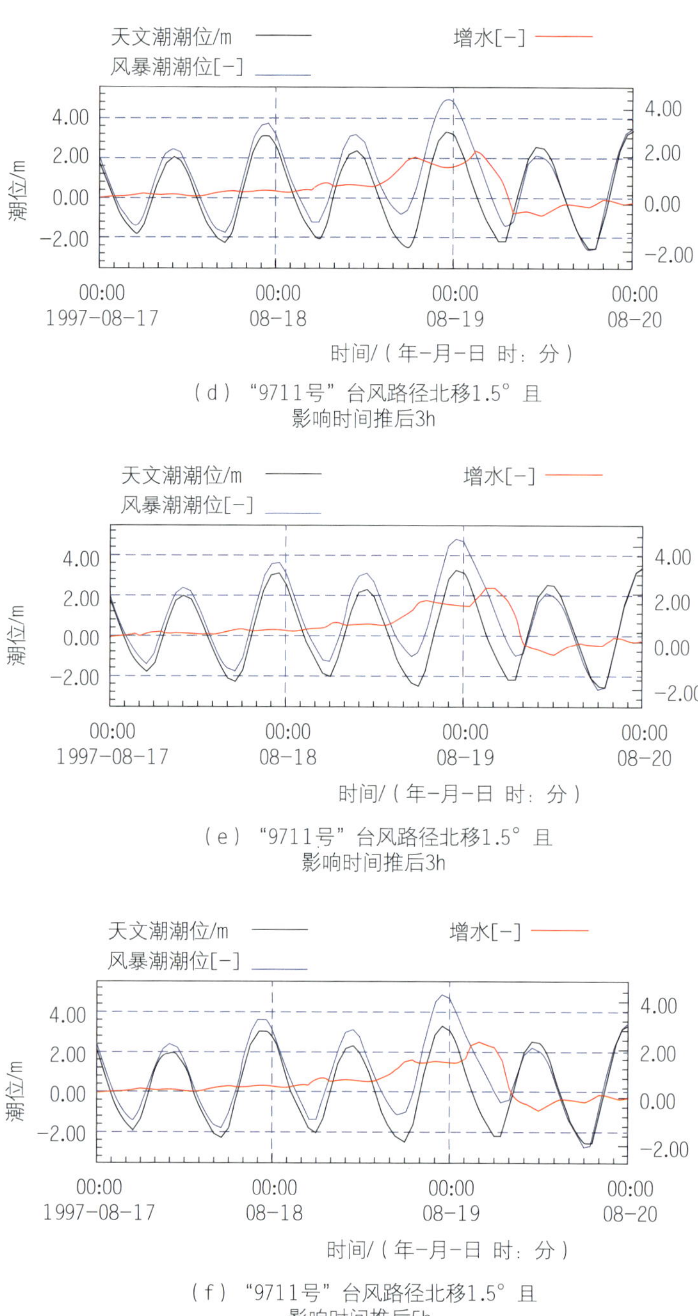

（d）“9711号”台风路径北移1.5°且影响时间推后3h

（e）“9711号”台风路径北移1.5°且影响时间推后3h

（f）“9711号”台风路径北移1.5°且影响时间推后5h

图 5.12（二） 时间平移各方案风暴潮潮位、天文潮位和增水过程线对比

（4）对上海影响较大的台风路径比较。根据《上海市地图集》（1997）统计，1966—1995 年间影响上海的台风路径主要有两条（图 5.13）。一条台风路径为从东海登陆浙江省，穿过杭州湾，在上海以西的杭州湾北沿再次登陆，绕过上海市进入江苏省；另外一条台风路径为不在陆地上登陆，直接从上海以东海面以顺时针方向绕过。根据资料统计，在近年的台风中没有直接从临港地区登陆的台风出现。北半球北上的台风主要路径在科氏力的影响下主要向右偏转，所以如果台风直接登陆上海杭州湾北岸，那么其必需先在舟山群岛附近登陆，这必将一定程度上减弱台风袭击上海的威力。

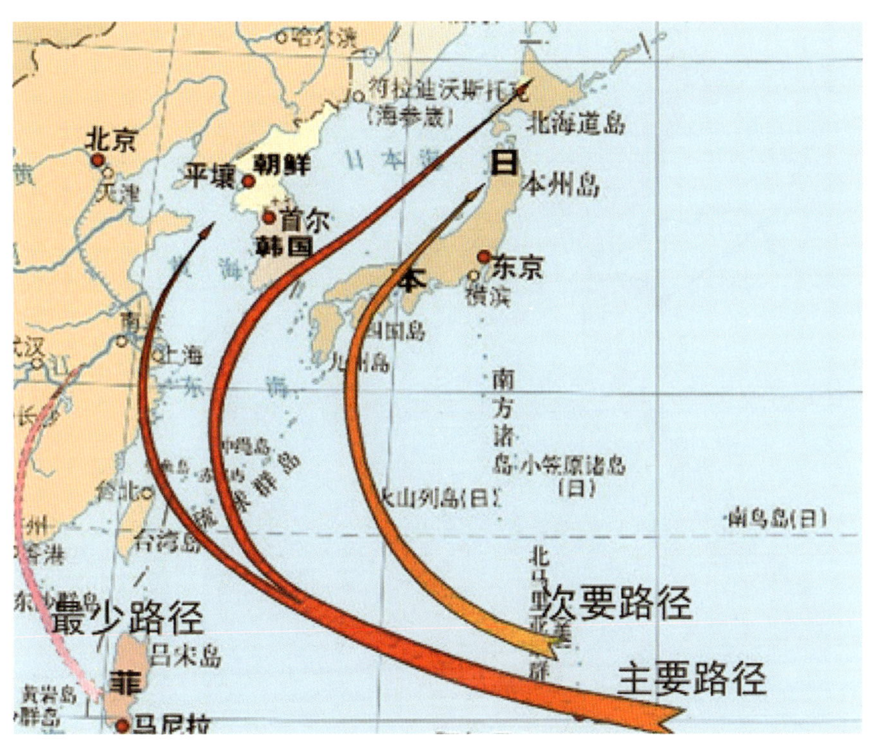

图 5.13　影响上海的主要台风路径统计图

为比较主要路径中哪条路经对上海更不利，本研究拟定了两种对比方案：①以“9711 号”台风北移 1.5° 作为经过上海西侧的主要路径；②构造了一条类似经过上海东侧海域的主要路径。其中，前者的台风强度与“9711 号”实际台风强度相同，后者的台风强度以“9711 号”台风强度为依据，基本保证在相同纬度附近台风强度相同，同时台风的最大风圈尽可能靠近临港地区。从上海两侧经过的台风设计路径图如图 5.14 所示。1997 年 8 月 17—20 日的台风参数见表 5.5。台风在杭州湾北沿登陆时，实测近中心风速为 40m/s，接近强台风标准，所以本研究中将“9711 号”台风北移 1.5° 的台风也按 40m/s 计算。

图 5.15 分别为两种台风路径下，芦潮港站增水过程，图中：黑色曲线为天文潮潮位；蓝色曲线为风暴潮潮位；红色曲线为增水过程线。其中图 5.15(a)为“9711 号”台风路径北移 1.5°，图 5.15(b)为从上海东侧海域经过的台风路线引起的水位和增水过程。从图 5.15 中可以明显看到，从上海西侧经过的台风引起的最高潮位相对较高，为 6.74m，而从上海东侧经过的同等强度的台风引起的最高潮位为

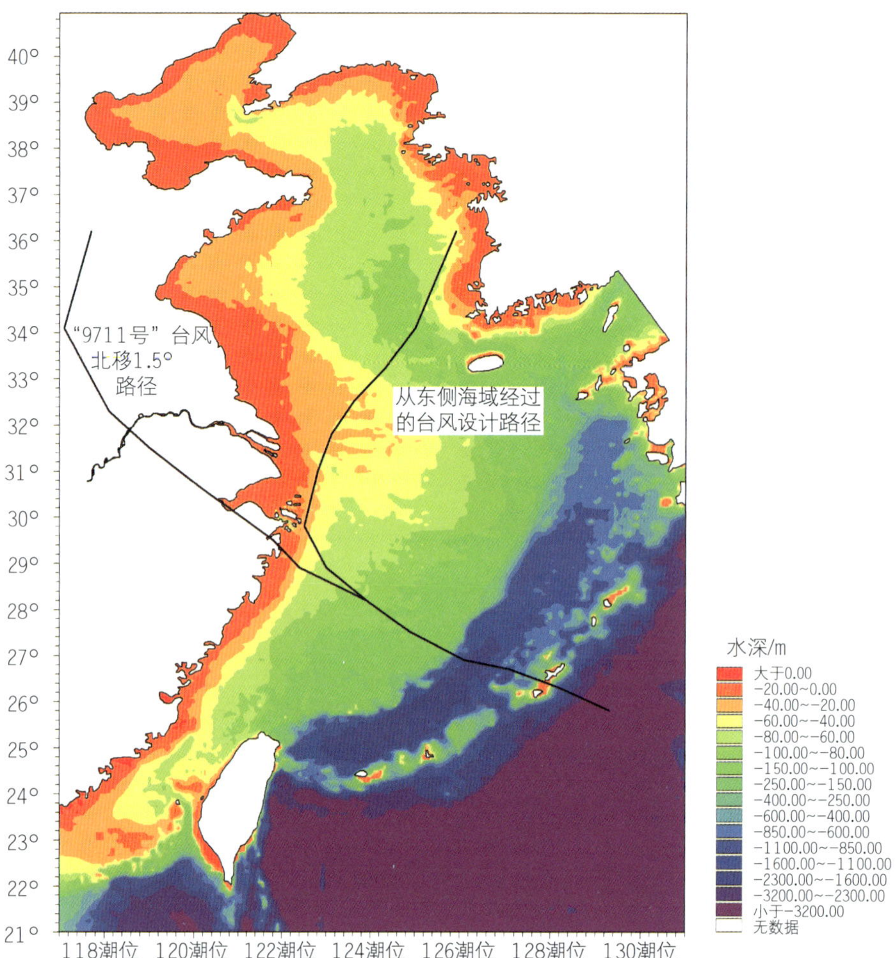

图 5.14 从上海两侧经过的台风设计路径图

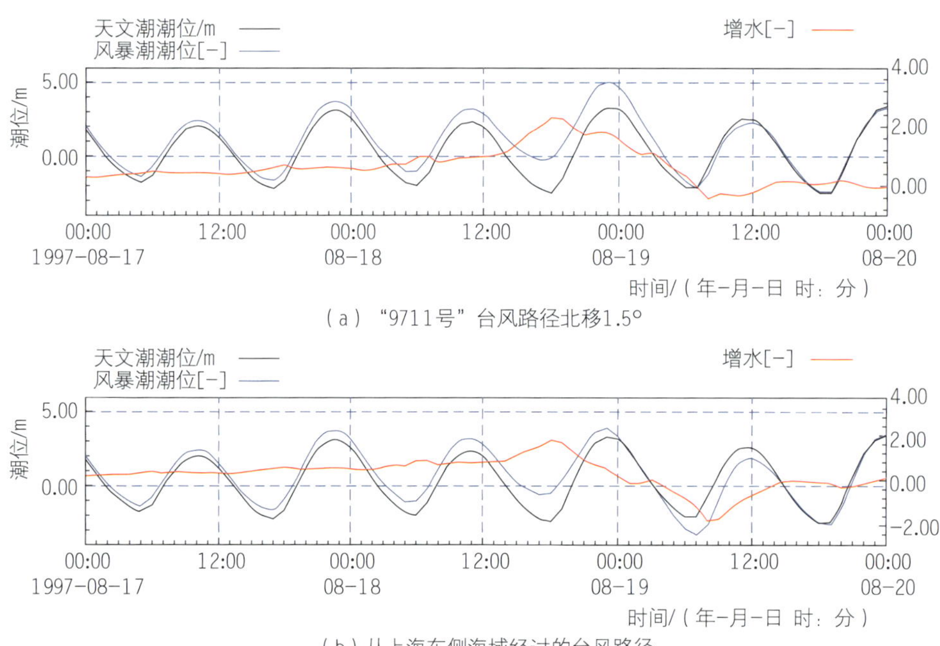

图 5.15 两条不同路径台风影响下芦潮港站的潮位和增水过程

表 5.5　　两个设计路径台风的参数

时间 /（年 – 月 – 日　时：分）	"9711 号"台风北移 1.5° 路径			经过上海东侧海域台风设计路径			风速 /（m/s）
	经度（东经）	纬度（北纬）	中心气压 / hPa	经度（东经）	纬度（北纬）	中心气压 / hPa	
1997-08-17 02:00	129.3°	25.8°	950	129.3°	25.8°	950	45
1997-08-17 08:00	128.2°	26.3°	960	128.2°	26.3°	960	40
1997-08-17 14:00	127.1°	26.7°	960	127.1°	26.7°	960	40
1997-08-17 20:00	126.1°	26.9°	960	126.1°	26.9°	960	40
1997-08-18 02:00	124.9°	27.5°	960	124.9°	27.5°	960	40
1997-08-18 08:00	123.9°	28.2°	960	123.9°	28.2°	960	40
1997-08-18 14:00	122.4°	28.9°	960	123°	28.9°	960	40
1997-08-18 20:00	121.8°	29.5°	960	122.5°	29.8°	960	40
1997-08-19 02:00	120.2°	30.6°	970	122.8°	31°	970	35
1997-08-19 08:00	119°	31.5°	980	123.1°	31.8°	980	30
1997-08-19 14:00	118.1°	32.3°	990	123.6°	32.5°	990	28
1997-08-19 20:00	117.6°	33.2°	990	124.3°	33.2°	990	20
1997-08-20 02:00	117.1°	34.1°	990	125°	34.1°	990	20
1997-08-20 08:00	117.7°	36.2°	994	125.9°	36.2°	994	20

5.54m，同时由上海西侧经过的台风引起的最大增水值也较高为 2.33m，从上海东侧经过的同等强度的台风引起的最大增水为 1.97m。计算结果表明，从上海西侧经过的台风对上海沿海地区特别是杭州湾北部沿海的潮位影响更为不利。

5.1.3 可能不利台风强度及影响

影响上海较多的台风通常是在上海以南、浙江或者福建沿海地区登陆的台风。浙江省有实测资料记录以来，登陆的超强台风为 1956 年的“5612 号”台风以及 2006 年的“桑美”台风。“5612 号”台风于 1956 年 8 月 1 日 24:00 在浙江象山县石浦镇附近登陆，登陆时中心气压 923hPa，近中心最大风速 65m/s，风力 17 级，6 级风圈半径超过 1000km，是 1949 年以来登陆我国的最强台风。由于“5612 号”台风低气压持续时间长，产生的高潮位较大，并且台风路径与前面讨论的对上海较为不利的路径相对接近，因此将“5612 号”台风强度移植至前面得到的对上海影响较大的台风路径上，作为本研究的设计台风。

设计台风于 1997 年 8 月 18 日 20:00 至 8 月 19 日 0:00 登陆浙江沿海，穿越杭州湾后于 19 日 2:00 左右登陆杭州湾北岸，登陆最大风速 56m/s，为标准的超强台风。台风主要数据见表 5.6。

表 5.6 设计台风基本参数（“9711 号”台风路径北偏 1.5°，“5612 号”台风强度）

时间 /（年 – 月 – 日 时: 分）	设计台风参数（部分）			
	经度（东经）	纬度（北纬）	中心气压 / hPa	最大风速 /（m/s）
1997-08-17 02:00	129.3°	25.8°	860	77
1997-08-17 08:00	128.2°	26.3°	870	74
1997-08-17 14:00	127.1°	26.7°	870	74
1997-08-17 20:00	126.1°	26.9°	878	71
1997-08-18 02:00	124.9°	27.5°	878	71
1997-08-18 08:00	123.9°	28.2°	885	69
1997-08-18 14:00	122.4°	28.9°	893	66
1997-08-18 20:00	121.8°	29.5°	893	66
1997-08-19 02:00	120.2°	30.6°	920	56
1997-08-19 08:00	119°	31.5°	968	35
1997-08-19 14:00	118.1°	32.3°	989	23
1997-08-19 20:00	117.6°	33.2°	990	20
1997-08-20 02:00	117.1°	34.1°	990	20
1997-08-20 08:00	117.7°	36.2°	994	20

图5.16为设计超强台风工况下长江口外芦潮港和连兴港站潮位和增水过程线。图5.17为设计台风工况下长江口内其余各站点的潮位过程线和增水曲线，图中黑色线段为天文潮潮位，蓝色线段为风暴潮潮位，红色线段为增水曲线，增水曲线的纵坐标在图的右侧。

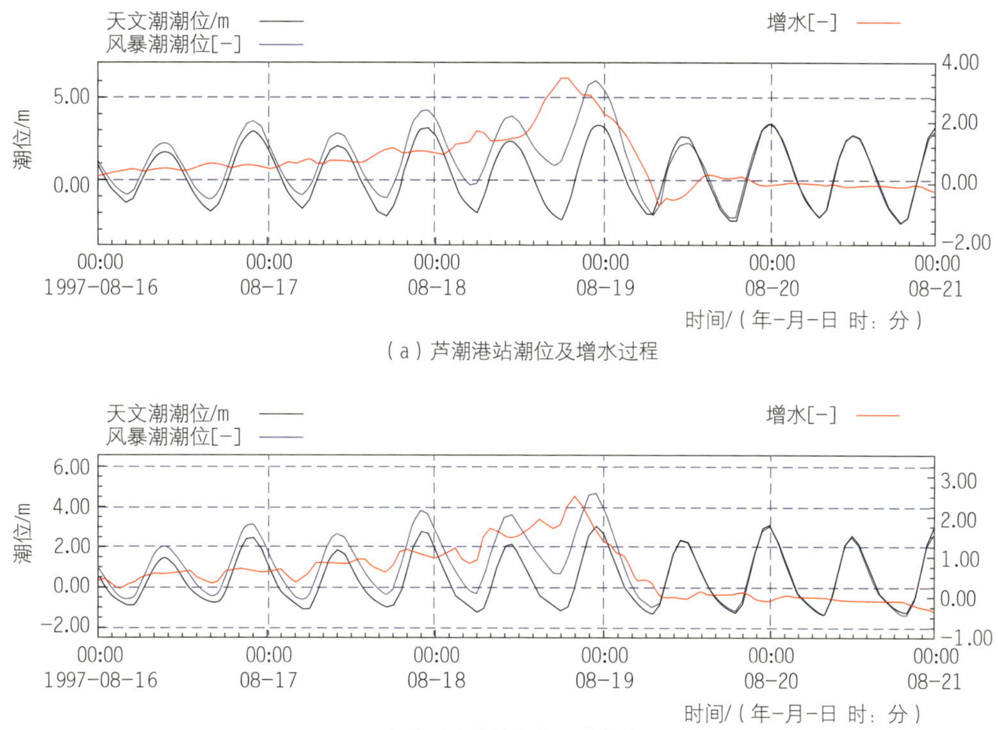

（a）芦潮港站潮位及增水过程

（b）连兴港站潮位及增水过程

图5.16　设计超强台风工况下长江口外芦潮港站和连兴港站潮位和增水过程线

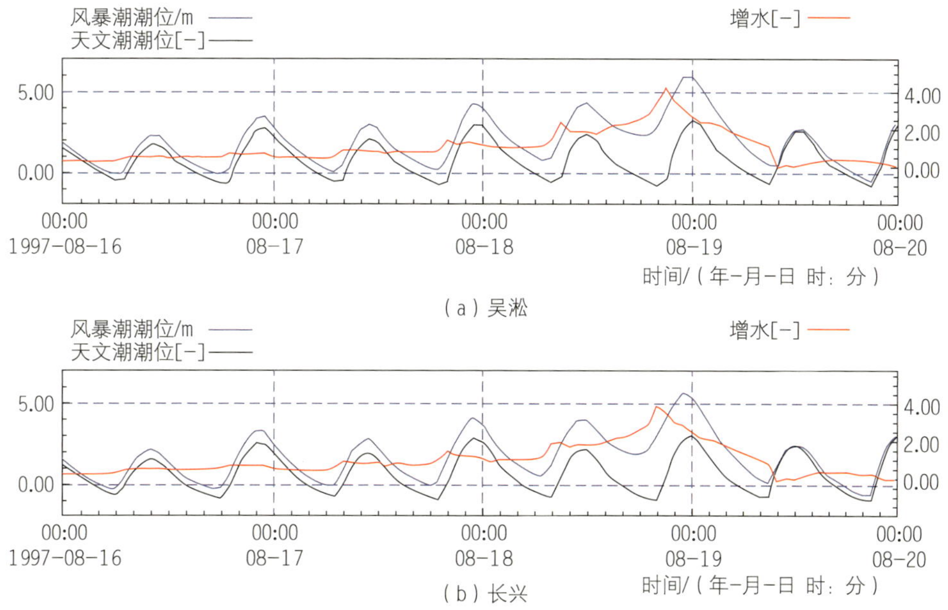

（a）吴淞

（b）长兴

图5.17（一）　设计台风工况下长江口内各港潮位站点位过程线和增水曲线

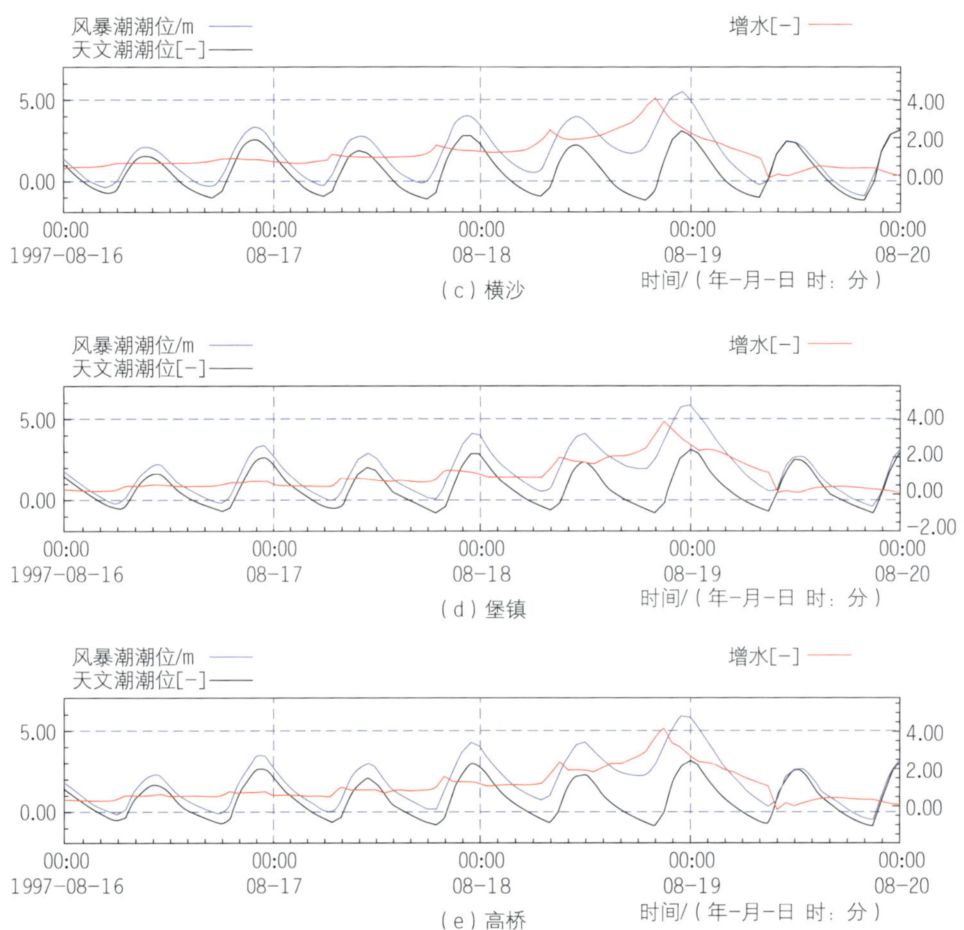

图 5.17（二） 设计台风工况长江口内各潮位站点位过程线和增水曲线

从图 5.16 中可以看出，设计超强台风作用下，芦潮港站点的过程最高潮位最大达到 7.68m（吴淞基面），过程最大增水值 3.57m。最大潮位发生在 8 月 18 日 22:00—8 月 19 日 0:00，最大增水值出现在涨潮过程中。从增水曲线可以看到，随着台风最大风圈逐渐靠近芦潮港，增水幅度逐渐增加，增水通常在最高水位时较之前的涨潮过程略微减小，随后在落潮过程中，增水继续增加，直到增水达到最大值，台风在经历了最大增水以后，增水开始减小，直至出现一定程度的减水，减水幅度不大，随后增水曲线基本稳定在 0，说明台风远离芦潮港站点，同时可以看到，天文潮潮位过程线与风暴潮潮位基本重合。对于连兴港站，最大增水出现的时间比芦潮港晚了大约 2h，最大增水为 2.53m，最高潮位达到 6.35m。

图 5.18 为设计超强台风登陆后 2 ~ 9h，长江口杭州湾水域潮位等值线变化。设计超强台风登陆浙江后 4h，长江口南岸及杭州湾北岸水位基本都超过 6.60m，登陆 5h 后包括长兴岛、横沙岛及崇明岛大部分地区水位均超过 6.60m，长江口南岸宝山区部分地区水位超过 7.60m。统计长江口内部分潮位站点的增水和最高水位见表 5.7。

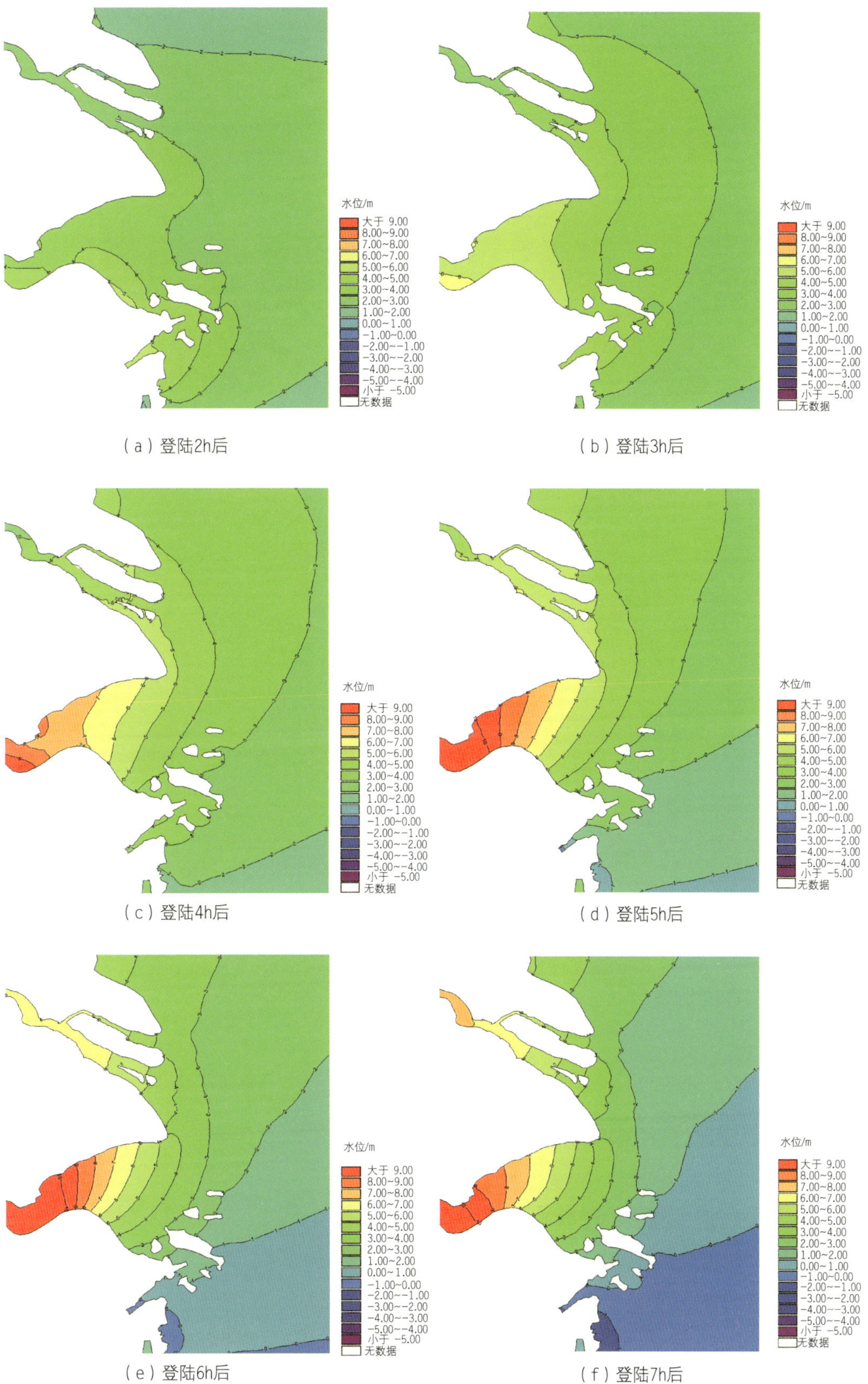

（a）登陆2h后

（b）登陆3h后

（c）登陆4h后

（d）登陆5h后

（e）登陆6h后

（f）登陆7h后

图 5.18（一）　设计台风登陆后长江口杭州湾水域潮位等值线变化

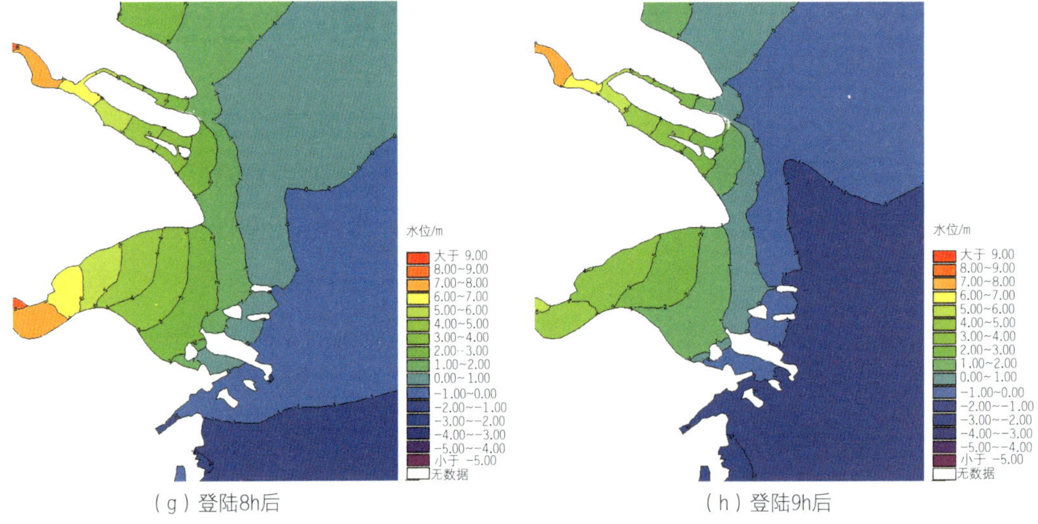

（g）登陆8h后　　（h）登陆9h后

图 5.18（二）　设计台风登陆后长江口杭州湾水域潮位等值线变化

表 5.7　部分站点最大增水和最高水位

站点名称	最大增水 / m	最大潮位 / m	历史潮位频率分析 0.1% 潮位
芦潮港	3.57	7.68	6.42
高桥	4.08	7.42	6.95
吴淞	4.36	7.53	7.02
堡镇	3.91	7.43	6.86
长兴	3.82	7.28	6.84
横沙	3.73	6.97	6.77
连兴港	3.53	6.35	6.21

从表 5.7 中数据可以看出，设计台风对长江口内的影响也很大，各站点过程最大增水均超过 3.5m，吴淞站最大值达到 4.36m。各站的最大潮位均大于历史频率分析的千年一遇潮位分析值，吴淞站的最大潮位达到 7.53m。

5.2　海堤防御风险能力评估

5.2.1　研究区域海堤现状及建设情况

上海称海堤为海塘，大规模建设是在 1997 年遭受“9711 号”台风袭击以后。上海市海堤主要由主海堤、一线海堤、备堤，以及保护海堤的保滩工程和内青坎工程。至 2010 年，上海市形成了较全面的海堤体系，使上海防汛能力得到了较大提高，有效防御了“派比安（0012 号）”“桑美（0014 号）”“麦莎（0509 号）”和“卡努（0515 号）”等多次台风、高潮位的袭击，保障了城乡经济社会的平稳运行。

根据最新海堤调查数据（表 5.8），目前上海市主海堤总长约 495.4km（其中大陆 211.4km，占 42.7%，三岛 284.0km，占 57.3%）。一线海堤总长约 523.0km（其中大陆 210.7km，占 40.3%，三岛 312.3km，占 59.2%；公用段 206.2km，占 39.4%，专用段 316.8km，占 60.6%）。一线海堤中已达到现 200 年一遇潮位加 12 级风（32.7m/s）设防标准的海堤 123.1km，占 23.5%，达到现 100 年一遇潮位加 12 级风或 11 级风设防标准的海堤 282.7km，占 54.1%，不足 100 年一遇加 11 级风的海堤 117.2km，占 22.4%。主要备堤总长约 201.5km，零星次要备堤总长约 305.9km。上海海堤前沿保滩工程（表 5.9）有丁坝 346 道，总长 39.0km，顺坝 151 条，总长 192.8km，保护着海堤前沿的安全。

表 5.8　　　　上海市现状海堤基本情况　　　　单位：km

<table>
<tr><th rowspan="5" colspan="2">区县</th><th colspan="8">一线海堤</th><th rowspan="5">主海堤</th><th rowspan="5">主要备堤</th><th rowspan="5">次要备堤</th></tr>
<tr><th rowspan="4">总长</th><th rowspan="4">公用岸段</th><th colspan="5">防御能力</th><th></th></tr>
<tr><th rowspan="3">专用岸段</th><th rowspan="3">0.5%潮+12级风</th><th colspan="2" rowspan="2">1%潮+</th><th colspan="2">1%潮+</th></tr>
<tr><th colspan="2"><11 级风</th></tr>
<tr><th>12 级风</th><th>11 级风</th><th>新围</th><th>其他</th></tr>
<tr><td colspan="2">金山区</td><td>23.4</td><td>4.3</td><td>19.1</td><td>5.7</td><td>13.3</td><td>4.3</td><td>—</td><td>—</td><td>23.4</td><td>8.4</td><td>10.2</td></tr>
<tr><td colspan="2">奉贤区</td><td>40.3</td><td>21.1</td><td>19.2</td><td>8.7</td><td>—</td><td>27.8</td><td>—</td><td>3.8</td><td>40.3</td><td>18.6</td><td>17.7</td></tr>
<tr><td rowspan="2">浦东</td><td>南片</td><td>61.7</td><td>3.8</td><td>57.9</td><td>39.7</td><td>—</td><td>2.7</td><td>16.7</td><td>2.6</td><td>61.7</td><td>38.6</td><td>75.1</td></tr>
<tr><td>北片</td><td>56.1</td><td>11.1</td><td>45.0</td><td>35.9</td><td>18.5</td><td>—</td><td>—</td><td>1.7</td><td>56.1</td><td>22.1</td><td>27.2</td></tr>
<tr><td colspan="2">宝山区</td><td>29.2</td><td>3.3</td><td>26.0</td><td>18.7</td><td>—</td><td>7.4</td><td>—</td><td>3.1</td><td>29.9</td><td>7.5</td><td>6.0</td></tr>
<tr><td rowspan="4">崇明县</td><td>崇明</td><td>198.5</td><td>123.3</td><td>75.2</td><td>5.6</td><td>—</td><td>125.0</td><td>17.7</td><td>50.3</td><td>192.1</td><td>81.4</td><td>148.0</td></tr>
<tr><td>长兴</td><td>77.3</td><td>16.7</td><td>60.6</td><td>8.8</td><td>—</td><td>55.1</td><td>—</td><td>13.4</td><td>60.4</td><td>14.5</td><td>19.7</td></tr>
<tr><td>横沙</td><td>36.5</td><td>22.6</td><td>13.9</td><td>—</td><td>—</td><td>28.6</td><td>—</td><td>7.9</td><td>31.5</td><td>10.3</td><td>2.0</td></tr>
<tr><td>小计</td><td>312.3</td><td>162.6</td><td>149.7</td><td>14.4</td><td>—</td><td>208.7</td><td>17.7</td><td>71.6</td><td>284.0</td><td>106.2</td><td>169.7</td></tr>
<tr><td colspan="2">合计</td><td>523.0</td><td>206.2</td><td>316.8</td><td>123.1</td><td>31.8</td><td>250.9</td><td>34.4</td><td>82.8</td><td>495.4</td><td>201.5</td><td>305.9</td></tr>
</table>

上海市海堤主要为土石结构，一般由堤身和外坡护面组成，断面型式以复合斜坡式为主，堤身多为泥土或充砂管袋，临海侧的外坡设置戗台（消浪平台），堤顶高程不高的海堤还设防浪墙。外坡面由浆砌石、栅栏板、翼型块体等结构保护，内坡一般为土坡，种植绿化(图 5.19～图 5.21)。崇明北沿和长兴岛还有少量单坡结构，外坡为浆砌石块斜坡，不设戗台。

表 5.9　　　　　　　　　　上海市保滩工程基本情况

区县		保滩工程			
		丁坝		顺坝	
		道数	长度 / km	条数	长度 / km
金山区		30	5.3	20	23.1
奉贤区		44	1.9	27	31.1
浦东	南片	20	1.4	5	55.9
	北片				
宝山区		18	1.1	1	0.2
崇明县	崇明岛	150	20.2	78	44.8
	长兴岛	45	5.0	12	27.7
	横沙岛	39	4.1	9	10.0
	小计	234	29.3	99	82.5
合计		346	39.0	151	192.8

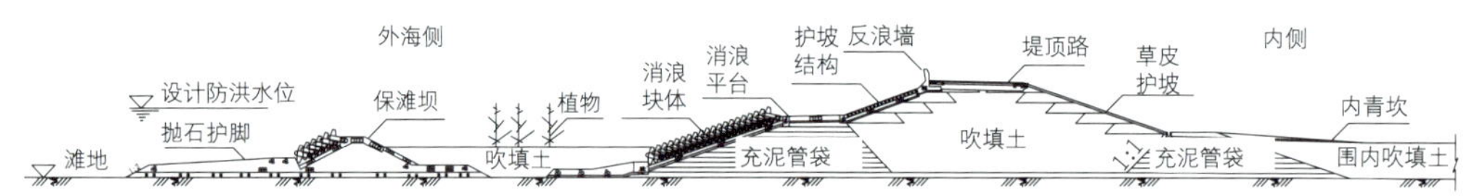

图 5.19　上海典型海堤断面结构示意图

图 5.20　上海典型海堤外侧护坡实景照

图 5.21　上海典型海堤内侧护坡实景照

5.2.2　典型海堤堤顶高程安全性评价

从海堤破坏模式及安全影响因素的分析得出，堤顶高程对防御风暴潮起决定性作用，所以需要对堤顶高程进行计算分析。

1. 堤顶高程计算工况

为比较《海堤工程设计规范》（SL 435—2008）规定的风潮同频设计标准与上

海市现行采用的一定频率潮位加定级风标准之间的差别，计算考虑了相同频率潮位下的两种工况。

（1）工况一：风潮同频，即设计波浪、设计风速与设计高潮位相同重现期，且重现期即为现状堤的设计潮位重现期。

（2）工况二：频率潮加定级风，即设计高潮位为现状重现期的潮位，而设计风速为现状标准规定的风速。

2. 典型海堤断面选择

研究区域海塘从大区域分布分析，主要可分为杭州湾北岸区域段、长江口口外区域段和长江口口内区域段等三大部分。根据位置，各区段海堤面临的风区长度有所区别，杭州湾北岸区域段和长江口口外区域段面临的主要为开敞式无限风区，而长江口内的区域段面临的是有限风区。因此，分别在上述三个区段选择典型海塘断面进行波浪要素、堤顶高程计算分析。

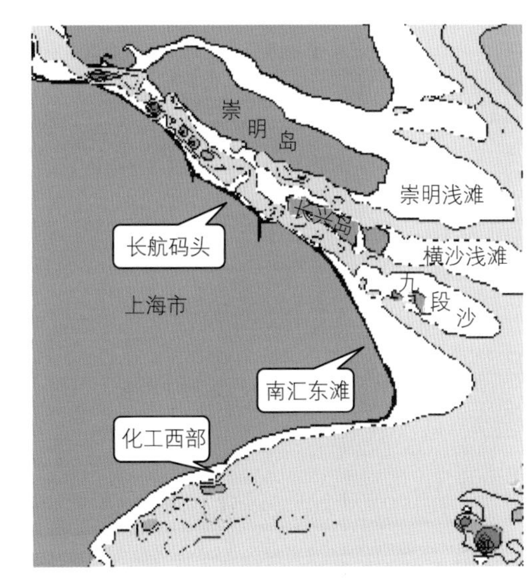

图 5.22 典型断面位置示意图

在杭州湾北岸区域段选择上海化学工业区西部围垦工程顺堤标准断面（以下简称“化工西部”）；在长江口口外区域段选择南汇东滩促淤圈围（四期）工程顺堤标准断面（以下简称“南汇东滩”）；在长江口口内区域段选择长江口南岸小沙背—长航码头圈围工程顺堤标准断面（以下简称“长航码头”）。各典型区段位置如图 5.22 所示，典型海堤断面如图 5.23 所示。

3. 堤顶高程计算原理及参数

由于《海堤工程设计规范》（SL 435—2008）与《堤防工程设计规范》（GB 50286—2013）采用方法不同，为比较两种方法的适用性，本研究均进行计算。

（1）GB 50286—2013 计算方法。GB 50286—2013 第 6.3.1 条规定，堤顶高程应按设计洪水位或设计高潮位加堤顶超高确定，即

$$Z_p=h_p+R+e+A \tag{5.14}$$

式中 Z_p——设计堤顶高程，m；

h_p——设计频率的高潮（水）位，m；

R——设计波浪爬高值，m；

e——设计风壅增水高度，m；

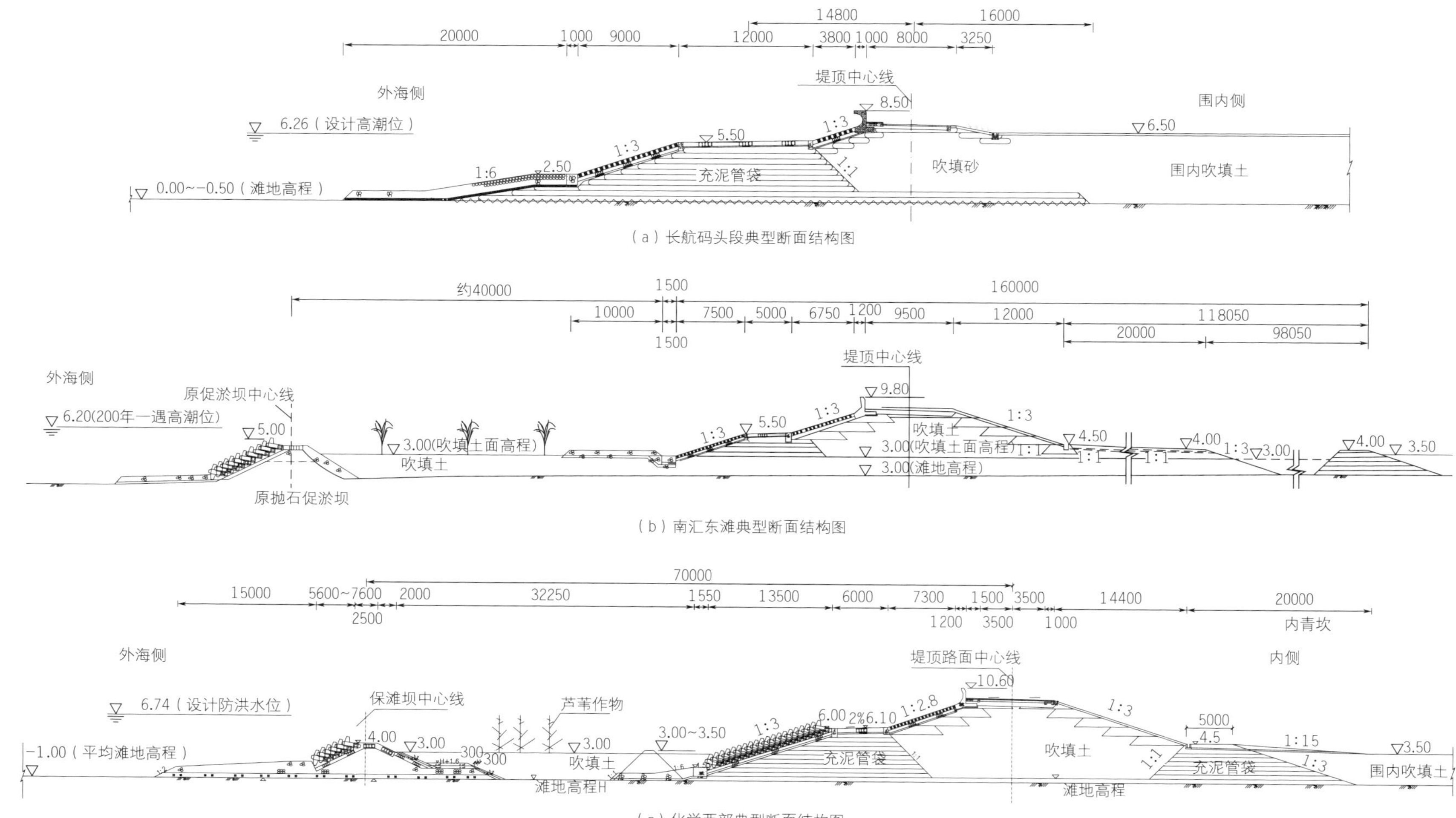

图 5.23 选择计算的不同位置海堤断面结构图（高程、水位单位为 m，其余尺寸为 mm）

A——安全加高，m。

设计潮位引用历史潮位统计分析成果。风壅增水已在设计潮位中统计进去，故计算不再另行考虑。安全加高值按堤防工程级别和是否允许越浪，按 GB 50286—2013 表 2.2.1 选用。由于研究区域海塘均为 1 级堤防，安全加高值取 1.0m（不允许越浪）。波浪爬高按 GB 50286—2013 附录 C.3 计算，其中深水波要素按风区长度、风区长度内水域平均水深和风速按莆田公式计算，再按《海港水文规范》（JTJ 213—1998）考虑折射系数、浅水系数以及海底摩阻系数后由深水波要素推算求得。根据 GB 50286—2013，在风作用下正向来波在单一斜坡上的波浪爬高按下列方法确定，即

当斜坡坡率 m=1.5 ~ 5.0 时，有

$$R_p=\frac{K_\Delta K_V K_p}{\sqrt{1+m^2}}\sqrt{\overline{H}L} \tag{5.15}$$

式中 R_p——累积频率为 p 的波浪爬高，m；

K_Δ——斜坡的糙率及渗透性系数；

K_V——经验系数，可根据风速 V（m/s）、堤前水深 d（m）、重力加速度 g（m/s^2）组成的无维量 $V/\sqrt{gd}$ 等，查表确定；

K_p——爬高累计频率换算系数，查表确定；

m——斜坡坡率；

$\overline{H}$——堤前波浪的平均波高，m；

L——堤前波浪的波长，m。

带有平台的复合斜坡堤的波浪爬高，可先确定该断面的折算坡度系数 m_e，再按坡度系数为 m_e 的单坡断面确定其爬高。折算坡度系数 m_e 计算公式为

当 $\Delta m=(m_下-m_上)=0$，平台以上、以下坡度一致时，有

$$m_e=m_上(1-4.0|d_w|/L)K_b$$

当 $\Delta m=(m_下-m_上)>0$，即下坡缓于上坡时，有

$$m_e=(m_上+0.3\Delta m-0.1\Delta m^2)(1-4.5d_w/L)K_b$$

当 $\Delta m=(m_下-m_上)<0$，即下坡陡于上坡时，有

$$m_e=(m_上+0.5\Delta m+0.08\Delta m^2)(1+3.0d_w/L)K_b$$

其中

$$K_b=1+3B/L$$

式中 $m_上$，$m_下$——平台以上、以下的斜坡坡率；

k_b——系数；

d_w——平台上的水深，m，当平台在静水位以下时取正值，在静水位

以上时取负值；

L——波长，m；

B——平台宽度，m。

适用条件：$m_{上}$=1.0 ~ 4.0，$m_{下}$=1.5 ~ 3，d_w/L=−0.067 ~ +0.067，$B/L \leqslant 0.25$。

（2）SL 435—2008 计算方法。SL 435—2008 第 8.3.1 条规定堤顶高程为设计高潮（水）位、波浪爬高及安全加高值之和，即

$$Z_P = h_p + R_F + A \tag{5.16}$$

式中 Z_p——设计频率的堤顶高程，m；

h_p——设计频率的高潮（水）位，m；

R_F——按设计波浪计算的累积频率为 F 的波浪爬高值（海堤按不允许越浪设计时 F=2%，按允许部分越浪设计时 F=13%），m；

A——安全加高值，m。

波浪爬高 R_F 按 SL 435—2008 附录 E 计算，其中深水波要素分别按《上海市滩涂促淤圈围造地工程设计规范》（DG/TJ08—2111—2012）和按莆田公式推算两种方式给出，浅水波要素按 JTJ 213—1998 考虑折射系数、浅水系数以及海底摩阻系数后由深水波要素推算求得。

安全加高值按海堤工程级别和是否允许越浪，按 SL 435—2008 表 8.3.1 选用。由于研究区域海塘均为 1 级堤防，安全加高值取 1.0m（不允许越浪）。

根据 SL 435—2008，在风直接作用下，单一坡度的斜坡式海堤正向不规则波的爬高计算为

$$R_{1\%} = K_\Delta K_V R_1 H_{1\%} \tag{5.17}$$

式中 $R_{1\%}$——累积频率为 1% 的爬高，m；

K_Δ——与斜坡护面结构型式有关的糙渗系数，查表确定；

K_v——与风速有关的系数，可根据风速（m/s）、堤前波长 L（m）、周期 T（s）组成的无维量 $v/(L/T)$ 查表确定；

R_1——K_Δ=1、H=1m 时的爬高，m，由 SL 435—2008 中式（E.0.1-2）确定，计算时波坦取为 $L/H_{1\%}$，L 为平均波周期对应的波长。

对于其他频率的 R_F 可查 SL 435—2008 附表中式（E.0.2-2）中 K_F 再进行调整。

带有平台的复合斜坡堤折算坡度系数 m_e 计算同 GB 50286—2013。

4. 堤顶高程计算结果与分析

（1）不同规范堤顶高程计算分析。针对选择不同区域典型断面，采用同地点、同潮位、同风速，但不同方法来计算堤顶高程。波浪要素均按照两本规范推荐的莆

田公式计算，波浪爬高分别按 GB 50286—2013 和 SL 435—2008 各自推荐的公式计算，结果见表 5.10。

计算结果显示，在同地点、同潮位、同风速、同波浪要素情况下，在有限风区内，无论滩地高程如何（即无论堤前波浪是否破碎），GB 50286—2013 计算的堤顶高程要高于 SL 435—2008 计算的堤顶高程，高差为 0.09 ~ 0.39m；在开敞式海域，当滩地高程较高，堤前波浪破碎，GB 50286—2013 计算的堤顶高程要高于 SL 435—2008 计算的堤顶高程，高差为 0.37 ~ 0.41m；当滩地高程较低，堤前波浪尚未破碎，SL 435—2008 计算的堤顶高程要高于 GB 50286—2013 计算的堤顶高程，高差为 0.28 ~ 0.31m。

由上述计算结果可初步得出结论：在有限风区或堤前波浪破碎的情况下，GB 50286—2013 计算的堤顶高程偏安全；在开敞式区域，堤前波浪破碎，SL 435—2008 计算的堤顶高程更安全。因此，为海塘安全计，推荐研究区域海塘堤顶高程计算方法如下：①长江口内有限风区采用 GB 50286—2013 推荐计算模式；②长江口外及杭州湾开敞式区域，当堤前波浪破碎时采用 GB 50286—2013 推荐计算模式，当堤前波浪未破碎时采用 SL 435—2008 推荐计算模式。

（2）不同防御标准堤顶高程计算分析。采用同地点、同潮位、同规范，但风浪分别按定级风与潮同频来计算不同区域典型断面堤顶高程。设计风速按照上海气象局《上海市沿海风速统计成果》，选择作用于海堤的最不利风向的多年一遇重现期风速作为设计风速。深波浪要素分别采用设计风速按规范推荐的莆田公式计算的波浪要素，以及采用 DG/TJ08—2111—2012 中最不利海堤的多年一遇重现期波浪要素。波浪爬高按 GB 50286—2013 推荐的公式计算。计算结果见表 5.11 ~ 表 5.13。

计算结果显示：①在有限风区区域（长航码头断面），依据频率潮加定级风标准计算的堤顶高程较风潮同频标准计算的堤顶高程略高，高差约 0.3m；②在开敞区域（南汇东滩和化工西部断面），依据频率潮加定级风标准计算的堤顶高程与风潮同频标准计算的堤顶高程基本接近，高差为 -0.09 ~ 0.13m；③海堤堤顶高程受风区及滩地高程影响较明显，局部地点主风方向最大风速较大，但按同频标准对海堤最不利方向的风速不一定大于定级风标准。

（3）遭遇可能不利风暴潮堤顶高程计算。根据第 5.1 节研究的上海地区可能遭遇的风暴潮的潮位和风速，对选定的典型计算断面的堤顶高程计算。计算结果（表 5.14）表明：遭遇可能不利风暴潮情况下，上海地区的海堤堤顶高程较原设计建设的 200 年一遇高潮位加 12 级风标准的海堤堤顶高程要高得多，所以上海地区海堤的安全性还可能存在较大不足。

表 5.10 不同规范堤顶高程计算比较表

岸段	标准	计算潮位/m	计算风速/(m/s)	滩地高程/m	平均波高 $\overline{H}$/m	波高 $H_{1\%}$/m	波周期 T/s	波长 L/m	计算爬高 $R_{2\%}$/m	计算堤顶高程/m	备注
南汇东滩，无限风区	GB 50286—2013	6.20	32.7	3.00	1.51*	1.92*	8.76	47.7	2.55	9.75	上下坡 1:3，栅栏板护坡，平台高程 5.50m，宽 5m
				−0.50	2.41	4.02*	8.76	66.85	4.09	11.29	
	SL 435—2008	6.20	32.7	3.00	1.51*	1.92*	8.76	47.7	2.14	9.34	
				−0.50	2.41	4.02*	8.76	66.85	4.40	11.60	
化工西部，无限风区	GB 50286—2013	6.74	32.7	3.00	1.78	2.40*	8.26	48.17	2.71	10.45	上坡 1:2.8，下坡 1:3，栅栏板护坡，平台高程 5.50m，宽 5m
				−1.00	2.52	4.70*	8.26	66.44	3.89	11.63	
	SL 435—2008	6.74	32.7	3.00	1.78	2.40*	8.26	48.17	2.34	10.08	
				−1.00	2.52	4.70*	8.26	66.44	4.17	11.91	
长航码头，有限风区	GB 50286—2013	6.26	32.7	3.00	1.60	2.01*	5.68	29.93	1.09	8.35	上坡、下坡 1:3，栅栏板护坡，平台高程 5.60m，宽 12m，表中斜杠后数据为一级堤防加 2m 超高后的数据
				−0.50	1.50	3.08	5.68	39.74	1.50	8.76	
	SL 435—2008	6.26	32.7	3.00	1.60	2.01*	5.68	29.93	0.76	8.02/8.26	
				−0.50	1.50	3.08	5.68	39.74	1.11	8.37	

注：波要素均由莆田公式计算，“*”为破碎波高。

表 5.11　长航码头不同标准情况下堤顶高程

岸段	计算标准	潮位 /m	风速 /(m/s)	滩地高程 /m	深水波要素来源	平均波高 $\overline{H}$/m	波高 $H_{1\%}$/m	波周期 T/s	波长 L/m	计算爬高 $R_{2\%}$/m		计算堤顶高程 /m		备注
										堤防	海堤	堤防	海堤	
长航码头	潮、风同频	6.26	23.4	3.00	莆田公式	0.85	1.69	4.255	21.15	0.83	0.52	8.09/8.26	7.78/8.26	上坡、下坡 1:3，栅栏板护坡，平台高程 5.60m，宽 12m，表中斜杠后数据为一级堤防加 2m 超高后的数据
				2.00		0.84	1.75		23.17	0.88	0.56	8.14/8.26	7.82/8.26	
				1.00		0.85	1.84		24.65	0.96	0.58	8.22/8.26	7.84/8.26	
	频率潮＋定级风		32.7	3.00	莆田公式	1.59	2.00*	5.67	29.89	1.22	1	8.48	8.26	
				2.00		1.54	2.40		33.4	1.33	1.19	8.59	8.45	
				1.00		1.51	2.49		36.26	1.56	1.30	8.82	8.56	

注：“*”表示破碎波高，当堤前波浪破碎时采用 GB 50286—2013 计算值，当堤前波浪未破碎时采用 SL 435—2008 计算值。

表 5.12　南汇东滩不同标准情况下堤顶高程

岸段	计算标准	潮位 /m	风速 /(m/s)	滩地高程 /m	深水波要素来源	平均波高 $\overline{H}$/m	波高 $H_{1\%}$/m	波周期 T/s	波长 L/m	计算爬高 $R_{2\%}$/m		计算堤顶高程 /m		备注
										堤防	海堤	堤防	海堤	
南汇东滩	潮、风同频	6.20	35.9	3.00	波要素研究	1.37	1.92*	10.31	56.60	2.74	2.04	9.94	9.24	上坡、下坡 1:3，栅栏板护坡，平台高程 5.50m，宽 5m
				2.00		1.31	2.50		64.42	2.92	2.85	10.12	10.05	
				1.00		1.26	2.56		71.22	3.41	3.20	10.61	10.40	
	潮、风同频		35.9	3.00	莆田公式	1.46	1.92*	9.07	49.49	2.57	2.13	9.77	9.33	
				2.00		1.49	2.52*		56.22	2.85	2.91	10.05	10.11	
				1.00		1.56	3.01		62.03	3.48	3.52	10.68	10.72	
	频率潮＋定级风		32.7	3.00	莆田公式	1.41	1.92*	8.72	47.48	2.45	2.15	9.65	9.35	
				2.00		1.45	2.52*		53.90	2.73	2.90	9.93	10.1	
				1.00		1.51	2.94		59.41	3.29	3.45	10.49	10.65	

注：“—”表示该方法计算的堤顶高程偏高。“*”表示破碎波高，当堤前波浪破碎时采用 GB 50286—2013 计算值，当堤前波浪未破碎时采用 SL 435—2008 计算值。

表 5.13　化工西部不同标准情况下堤顶高程

岸段	计算标准	潮位 /m	风速 /(m/s)	滩地高程 /m	深水波要素来源	平均波高 $\overline{H}$/m	波高 $H_{1\%}$/m	波周期 T/s	波长 L/m	计算爬高 R2%/m 堤防	计算爬高 R2%/m 海堤	计算堤顶高程 /m 堤防	计算堤顶高程 /m 海堤	备注
化工西部	潮、风同频	6.74	30.4	3.00	波要素研究	1.87*	2.37*	7.29	42.06	2.53	2.19	10.27	9.93	上坡 1:2.8，，栅栏板护坡，下坡 1:3，翼型块体护坡，平台高程 6.05m，宽 6m
				2.00		2.11	2.96*		46.73	2.86	2.64	10.60	10.38	
				1.00		2.06	3.43*		50.73	2.98	2.97	10.72	10.71	
	潮、风同频		30.4	3.00	莆田公式	1.87*	2.40*	8.01	46.62	2.71	2.31	10.45	10.05	
				2.00		2.21	2.96*		51.91	3.18	2.83	10.92	10.57	
				1.00		2.14	3.54*		56.49	3.29	3.28	11.03	11.02	
	频率潮 + 定级风		32.7	3.00	莆田公式	1.87*	2.40*	8.26	48.19	2.78	2.34	10.52	10.08	
				2.00		2.37	3.00*		53.7	3.35	2.93	11.09	10.67	
				1.00		2.29	3.59*		58.47	3.64	3.41	11.38	11.15	

注：“*”表示破碎波高，当堤前波浪破碎时采用 GB 50286—2013 计算值，当堤前波浪未破碎时采用 SL 435—2008 计算值。

表 5.14　可能不利风暴潮情况下堤顶高程计算结果表

岸段	规范	潮位 /m	风速 /(m/s)	滩地高程 /m	计算堤顶高程 /m	备注
南汇东滩无限风区	堤防规范	7.68/6.20	56/32.7	3.00	12.94/9.75	上下坡 1∶3，栅栏板护坡，平台高程 5.5m，宽 5m
				-0.50	13.20/11.29	
化工西部无限风区	海堤规范	8.00/6.74	56/32.7	3.00	13.37/10.08	上坡 1∶2.8，下坡 1∶3，栅栏板护坡，平台高程 5.5m，宽 5m
				-1.00	13.59/11.91	
长航码头有限风区	海堤规范	7.53/6.26	56/32.7	3.00	11.03/8.26	上坡、下坡 1∶3，栅栏板护坡，平台高程 5.5m，宽 12m
				-0.50	11.21/8.37	

注：“/”前为可能不利风暴潮潮位、风速和堤顶高程；“/”后为 200 年一遇的潮位、风速和堤顶高程。

5.2.3 典型海堤结构稳定安全性评价

迎潮面护面结构或块体受波浪的浮托及拖拽失稳、防浪墙受波浪冲击失稳、堤脚受潮浪冲刷坍塌失稳、背水坡护面受越浪水体冲塌及越浪水体对背水坡内侧护塘地的冲刷，进而危及背水坡。所以，需要对海堤护坡结构安全性进行评价。

1. 护坡结构计算工况

按一定标准修筑的海堤，当遇到强台风且在天文高潮位登录时，其风暴高潮位远大于设计防御标准，台风浪也超过设计标准，海堤迎坡面护面的受力和越浪量均增大，海堤各个部位均存在损坏的可能。所以，计算考虑了原设计标准：① 200年一遇潮位加12级风；②强台风标准：设计路径下的“9711号”强度的台风；③超强台风为设计路径下的“5612号”强度的台风。

2. 典型海堤断面选择

由于研究区域在杭州湾和长江口外风浪大且风区长，遭受风浪袭击的强度大，所以为了解不同工况下对海堤护面结构的影响，选取杭州湾内金山石化海堤、临港新城大堤和浦东国际机场大堤作为典型断面。

3. 护坡结构计算方法

（1）栅栏板护坡厚度计算方法。根据《滩涂治理工程技术规范》（SL 389—2008）附录C.4.3第4条，栅栏板厚度的计算为

$$h=0.235\frac{\gamma}{\gamma_b-\gamma}\frac{0.61+0.13d/H}{m^{0.27}}H \tag{5.18}$$

式中 γ——水的重度；

γ_b——材料重度；

d——堤前水深，m；

m——斜坡坡度；

H——计算波高，稳定厚度计算中取$H_{13\%}$。

（2）砌石护面厚度计算方法

按GB 50286—2013计算砌石护面，根据第D.3.1条，在波浪作用下斜坡堤干砌块石护坡的护面厚度t的计算为

$$t=k_1\frac{r}{\gamma_b-\gamma}\frac{H}{\sqrt{m}}\sqrt[3]{\frac{L}{H}} \tag{5.19}$$

式中 k_1——系数，对一般干砌石可取k_1=0.266，对砌方石、条石取k_1=0.225；

γ_b——块石的重度，kN/m^3；

γ——水的重度，kN/m^3；

H——计算波高，m，当$d/L\geqslant0.125$，取$H_{4\%}$，当$d/L<0.125$，取$H_{13\%}$；

d——堤前水深，m；

L——波长，m；

m——斜坡坡率。

（3）人工块体稳定重量的计算方法为

$$Q = 0.1\frac{\gamma_b H^3}{K_D\left(\frac{\gamma_b}{\gamma}-1\right)^3 m} \tag{5.20}$$

式中 Q——主要护面层的护面块体、块石个体质量，t，当护面由两层块石组成，则块石质量可在（0.75 ~ 1.25）Q 范围内，但应有 50% 以上的块石质量大于 Q；

γ_b——人工块体或块石的重度，kN/m^3；

γ——水的重度，kN/m^3；

H——设计波高，m，当平均波高与水深的比值 $\overline{H}/d < 0.3$ 时，宜采用 $H_{5\%}$，当 $\overline{H}/d \geqslant 0.3$ 时，宜采用取 $H_{13\%}$；

K_D——稳定系数；

t——块体或块石护面层厚度，m；

m——斜坡坡率。

4. 护坡结构计算结果与分析

不同位置的护坡结构形式和强度计算结果列于表 5.14。结果显示，在计算标准未达设防标准（金山）时，海堤护面结构均不能满足稳定要求，护面结构将发生损毁；在计算标准已达设防标准（临港、机场）时，海堤护面结构能满足稳定要求。在遭遇强台风及超强台风时，海堤护面结构达不到稳定要求，护面结构将发生严重损毁。

表 5.14　不同条件下护面结构计算

计算工况	断面位置	堤前水深 /m	堤前平均波高 /m	堤前波长 /m	现状护坡结构	护面结构计算结果	是否满足要求
设防标准	金山	6.18	2.15	46.90	35cm 浆砌石护坡	73cm 浆砌块石	不满足
	临港	7.49	2.50	66.86	下坡 2t 翼型块体，上坡 40cm 栅栏板	下坡 1.45t 翼型块体，上坡 37cm 栅栏板	满足
	机场	5.80	2.51	60.09	40cm 栅栏板	33cm 栅栏板	满足
强台风	金山	7.03	2.44	53.70	35cm 浆砌石	84cm 浆砌块石	不满足
	临港	8.24	2.57	70.74	下坡 2t 翼型块体，上坡 40cm 栅栏板	下坡 1.62t 翼型块体，上坡 39cm 栅栏板	满足
	机场	5.63	2.28	56.01	40cm 栅栏板	31cm 栅栏板	满足

续表

计算工况	断面位置	堤前水深/m	堤前平均波高/m	堤前波长/m	现状护坡结构	护面结构计算结果	是否满足要求
超强台风	金山	8.73	3.25	70.07	35cm 浆砌石	113cm 浆砌块石	不满足
	临港	9.18	3.07	82.25	下坡2t翼型块体，上坡 40cm 栅栏板	下坡 2.77t 翼型块体，上坡 45cm 栅栏板	不满足
	机场	6.43	2.72	65.73	40cm 栅栏板	36cm 栅栏板	满足

5.3 本章小结

（1）建立东中国海风暴潮数学模型，反演计算了实发台风风暴潮，并以“9711号”和“0215～0216号”期间多个测风站实测风速和多个潮位站实测潮位进行验证，验证结果较好，证明建立的模型可以用于风暴潮模拟计算。

（2）研究考虑“9711 号”台风空间向北平移若干角度、台风与高潮位遭遇时间后推两种情况，分析台风路径及时间差对研究区域高潮位和增水影响。结果表明，“9711 号”台风北移 1.5° 引起的高潮位最高，而北移 2.0° 引起的增水最大。研究同时表明，最大增水叠加最高潮位的几率非常低，最大增水通常出现在涨潮或落潮过程中。

（3）根据历年影响上海地区的台风路径统计，设计了两条不同台风路径。计算结果表明，台风从上海西侧经过对芦潮港潮位影响更大，最高潮位和最大增水均大于从上海东侧海域经过的同等强度台风。

（4）将“5612 号”台风强度移植到“9711 号”台风北移 1.5° 的设计路径上，作为超强台风的设计台风代表。计算结果表明，研究区域最高高潮位均超过千年一遇，芦潮港站最大增水达到 3.57m，最高潮位达到 7.68m；连兴港站最大增水达到 2.53m，最高潮位达到 6.35m。

（5）利用计算所得可能遭遇的风暴潮潮位和风速， 依据 GB 50286—2013 和 SL 435—2008 两种方法，选择典型计算断面并考虑不同滩地高程，评价堤顶高程安全性和护坡结构稳定性。结果表明：遭遇可能不利风暴潮情况下，海堤堤顶高程较原建设时的堤顶高程要高得多，护面结构也达不到稳定要求，将发生严重损毁。所以，研究区域海堤在遭遇可能最不利风暴潮情况下，安全性存在较大不足。

第 6 章

基于超越概率的海堤防御标准研究

海堤防御标准是综合反映海堤防御各灾害风险因素总体能力的指标，不仅与海堤前沿潮位、风浪及滩势有关，还与海堤保护区域的社会经济发展状况及国民经济可承受的能力密切相关。经调研国内外海堤防御标准及确定方法后，研究认为应根据灾害风险理论，用风暴潮灾害发生的概率与其导致后果（损失，可以转换为经济指标表示）的乘积表示的经济最优方法来研究海堤防御标准。风暴潮发生概率是台风（可以“风速”表示）与天文高潮位组合的结果，需要研究天文高潮位与台风的组合发生概率；风暴潮导致的后果，即溃堤淹没损失，需要根据淹没范围和淹没区内经济指标共同确定。因此，本文采用理论推导方法研究双灾害因素的组合超越概率，并利用溃堤数值模拟方法研究了海堤溃堤淹没范围和淹没损失，进而利用经济均衡和费用损失最小理论研究了海堤经济最优防御标准。实际运用中，海堤设防标准还需综合考虑工程、经济、社会、政治、环境等各方面因素，同时根据海堤所在位置及防护区内防护对象，分区域确定不同的适宜防御标准。

6.1　海堤防御标准确定方法

6.1.1　国内外海堤防御标准

我国 1994 年颁布的《防洪标准》（GB 50201—1994）规定，海堤工程设防标准按堤防工程的防洪标准确定，并且在“条文说明”中指出，防潮和防洪相似，且又常有联系，所以将防洪、防潮统称为防洪，以潮位的重现期表示。但是，海堤工程不仅受到高潮位影响，还受到波浪影响，而该标准未对波浪或风的设防标准作相关规定。因此，为有效抵御潮（洪）水，沿海各省（自治区、直辖市），总结多年海堤工程建设经验，结合当地潮位和波浪、风速情况，相继出台了海堤工程建设技术标准或相关规定，如《浙江省海塘工程技术规定》（1999 年）、《福建省围垦工程设计技术规程》（试行 1992 年）、《广东省海堤工程设计导则（试行）》（DB44/T 182—2004）等。

2008 年，我国首部关于海堤的行业设计规范《海堤工程设计规范》（SL 435—2008）出台，其中规定“海堤工程防护对象的防潮（洪）标准应以国家标准《防洪标准》为依据”，但同时规定“设计波浪和风速的重现期均采用与设计高潮（水）位相同的重现期”，即指出了海堤工程的设防标准不但包括潮位设计标准，还包括波浪和风速的设计标准，并规定潮位设计重现期与波浪、风速的设计重现期一致，即风潮同频。但是，实际操作中沿海各省市对波浪设计标准和风速设计标准却大有不同。根据调研及查阅相关文献，国内主要沿海城市海堤设防标准见表 6.1。由表可以看出，国内沿海主要城市有采用风、潮同频标准的，主要集中在上海以南，包括浙江、福建、广东、广西等；也有采用一定重现期的高潮位（简称“频率潮”）加一定级别的风速（简称“定级风”），主要集中在上海以北，包括上海、江苏、山东、天津等。国内大城市的防潮标准一般在 50 ~ 100 年重现期。国内部分地区海堤设防标准见表 6.1。

表 6.1　　国内部分地区海堤设防标准

地　区	主城区	一般市区	其　他
辽宁	2%+ 同频风	5%+ 同频风	10%+ 同频风
河北秦皇岛	—	2%+ 同频风	5%+ 同频风
天津	1%+7 级风	5%+7 级风	
山东烟台、日照	2%+10 级风	5%+10 级风	5%+8 级风
山东青岛	1%+12 级风		
江苏连云港、盐城、南通	1%+11 ~ 12 级风	2%+10 级风	
上海	0.5%+12 级风	1%+11 级风	1%+10 级风
浙江杭州、宁波等	0.5%+ 同频风	1%+ 同频风	2%+ 同频风
福建福州、厦门等	1% ~ 2% 或历史高潮 +2% 风	2% ~ 3.3%+3.3% 风	3.3% ~ 10%+10% 风
广东广州、深圳等	0.5%+ 同频风	1%+ 同频风	2%+ 同频风
广西	2%+ 同频风	5%+ 同频风	—
海南	—	5%+ 同频风	—

另外，根据调研，国外主要发达国家沿海城市海堤设防标准主要集中在 100 ~ 200 年重现期，并且大多数风潮同频（表 6.2）。个别国家，如荷兰采用万年一遇高潮位加 33m/s 风设计标准。有些重要城市采用 100 ~ 200 年重现期防御标准的同时考虑其他措施确保安全，如美国新奥尔良采取快速撤退方案，日本东京、大阪则将风浪等不确定性因素统一计入 3m 的安全加高。

6.1.2　国内海堤主要技术标准相关规定

我国国内技术标准主要有国家技术标准、行业技术标准和地方技术标准。一般，国家技术标准规定了最低技术要求，行业技术标准和地方技术标准不应低于国家技术标准。

1. 主要技术标准

与海堤防御标准有关的国家技术标准主要有《防洪标准》（GB 50201—1994）

和《堤防工程设计规范》（GB 50286—2013）、《城市防洪设计规范》（GB/T 50805—2012）；行业标准主要有《海堤工程设计规范》（SL 435—2008）、《滩涂治理工程技术规范》（SL 389—2008）、《海港水文规范》（JTJ 213—1998）；相关地方技术标准有《浙江省海塘工程技术规定》（1999 年）、《福建省围垦工程设计技术规程》（试行 1992 年）、《广东省海堤工程设计导则（试行）》（DB44/T 182—2004）、《江苏省江海堤防达标建设修订设计标准》（苏水管〔1997〕80 号）、《上海海塘规划》（1996 年）。国外部分地区防洪（潮）标准见表 6.2。

表 6.2　国外部分地区防洪（潮）标准

国　家	地　区	防洪（潮）重现期/年	其　他
美国	密西西比河流域	150 ~ 500	含防潮
	一般城市	100 ~ 500	
加拿大	哥伦比亚	200	
奥地利	维也纳	1000	
	一般城市	100	
英国	伦敦	1000	防洪
	泰晤士河口	100	防潮
苏联	一般城市	100 ~ 1000	
波兰	一般城市	500 ~ 1000	
捷克、斯洛伐克	工业及运输	100	农业为 50
荷兰	挡潮闸	10000	+33m/s 风
日本	东京、大阪	200	+3m 防浪墙
	重要城市	100	
	一般城市	50	
澳大利亚	一般城市	150	
印度	重要城镇	50	
巴基斯坦	印度河段	50	
	古都闸、萨卡尔闸	200 ~ 300	
土耳其	工业及城市	100 ~ 500	要求优化确定

2. 相关条文规定

GB 50201—1994 依据城市的重要性、非农业人口等确定海堤标准（表 6.3），同时还规定：①城市可以分为几部分单独进行防护的，各防护区的防洪标准，应根据其重要性、洪水危害程度和防护区非农业人口的数量分别确定；②位于平原、湖洼地区的城市，当需要防御持续时间较长的江河洪水或湖泊高水位时，其防洪标准可取表中较高者。

表 6.3　　GB　50201—1994 规定的海堤标准

等　级	重要性	非农业人口 / 万人	防洪标准（重现期 / 年）
Ⅰ	特别重要的城市	≥ 150	≥ 200
Ⅱ	重要的城市	150 ~ 50	200 ~ 100
Ⅲ	中等城市	50 ~ 20	100 ~ 50
Ⅳ	一般城市	≤ 20	50 ~ 20

GB 50286—2013 规定按照现行国家标准 GB 50201—1994 确定防护对象的防洪标准。GB/T 50805—2012 规定依据城市级别和灾害类型确定防洪标准（表 6.4），防御海潮的设计标准为高潮位的重现期。同时还规定：①根据受灾后的影响、造成的经济损失、抢险难易程度及资金筹措等因素合力确定；②对于遭受洪灾或失事后损失巨大、影响十分严重的城市，或遭受洪灾或失事后损失和影响较小的城市，经论证并报请上级主管部门批准，防洪标准可以适当提高或降低；③城市分区设防时，可根据各防护区的重要性选用不同的防洪标准。

表 6.4　　GB/T 50805—2012 规定的海堤标准

城市防洪工程等别	防洪标准（重现期 / 年）			
	洪水	海潮	山洪	涝水
Ⅰ	≥ 200	≥ 200	≥ 50	≥ 20
Ⅱ	200 ~ 100	200 ~ 100	50 ~ 30	20 ~ 10
Ⅲ	100 ~ 50	100 ~ 50	30 ~ 20	20 ~ 10
Ⅳ	50 ~ 20	50 ~ 20	20 ~ 10	10 ~ 5

SL 435—2008 涉及防御标准有：①海堤工程防潮（洪）标准应根据防护区内防潮（洪）标准较高的防护对象的防潮（洪）标准确定；②海堤工程防护对象的防潮（洪）标准应以国家标准 GB 50201—1994 为依据；③当海堤保护区为人口密集、乡镇企业集中且产值高或经济作物、水产养殖产值较高的特殊防护区时，其海堤的防潮（洪）标准可按“特殊防护区海堤的防潮（洪）标准表”选取；④对遭受潮（洪）水灾害或失事后损失巨大，影响十分严重的海堤工程，其防潮（洪）标准可适当提高；对遭受潮（洪）水灾害或失事后损失和影响较小的海堤工程，其防潮（洪）标准可适当降低；⑤采用高于或低于规定防潮（洪）标准进行海堤工程设计时，其使用标准应经充分论证后，报行业主管部门批准；⑥设计波浪和风速的重现期均采用与设计高潮（水）位相同的重现期。

6.1.3 国内外海堤防御标准确定方法

海堤防御标准实际是防洪标准的一种类型，所以研究海堤防御标准确定方法首先研究国内外防洪标准的确定方法，其次再考虑其特殊性。

1. 防洪标准确定方法

海堤防御标准实际是防洪标准的一种类型。关于城市防洪标准确定一般应考虑工程、经济、社会、政治、环境等各方面因素。国内外在这方面的处理措施和确定方法不一。目前采用和研究较多、理论体系相对健全的防洪标准确定方法主要有等级划分法、经济分析方法、风险分析方法和综合评价模型法。其中：美国、菲律宾、印度等许多国家要求采用益本比经济评价方法；巴基斯坦、埃及等国不论益本比如何，只要工程在保护人民生命财产安全防范方面起主要作用的就认为合理；加拿大则重点考虑整个国家利益，并不把缓减洪灾作为论证工程合理性的唯一标准。

（1）等级划分法。关于防洪标准确定，我国主要是采用等级划分法，综合分析保护对象重要性和淹没损失影响的严重性进行等级划分，辅以经济、人口、重要性等指标分析，综合选定防洪标准。这种方法在等级划分方法基础上，辅以一些指标进行综合分析，使得确定的防洪标准能够基本适应不同保护对象的具体情况。

等级划分法已经在我国经过了较长时间实践，为各类保护对象制定防洪标准提供了直接依据，实际应用中比较好操作和界定，基本实现了经验上的安全性和经济性统一。但是，该方法在划分等级时，忽略了一些影响防洪标准的其他因素。

（2）经济分析方法。防洪标准确定需要合理处理防洪安全与经济投入的关系。一般通过不同防洪标准的防洪效益（或减免的洪灾经济损失）计算，并与投入的防洪费用（包括建设投资和年运行费）进行对比分析。国内许多学者对防洪工程及沿海防潮工程的防御标准方面工作做了研究，采用经济分析方法来推荐防洪标准。经济分析法是选定经济防洪标准相对合理的方法之一，该方法的评价指标主要包括经济净现值、内部收益率、效益费用比、边际效益费用比等，当经济净现值大于零、内部收益率大于规范要求的社会折现率、边际效益费用比大于 1 时，就可以认为建设该工程项目是经济合理的（指标越大方案越优）；当边际效益费用比为 1 时，对应的防洪标准为最优经济防洪标准。

我国在进行流域防洪规划或某项防洪工程建设论证时，要求广泛开展防洪工程经济评价工作。所以，在我国采用经济分析方法确定防洪标准具有一定的理论基础和应用基础。经济分析方法也有局限性，主要体现在：①防护区调研和实物分类统计的工作量很大；②估算各级频率洪水的洪灾损失率与经济损失较困难；③估算结果可能存在较大偏差，难以准确定量；④社会、政治、环境等方面的影响很难定量。实际工作中，主要将经济分析方法应用于社会、政治、环境等影响占次要地位的防护对象的工程中。

（3）风险分析方法。基于风险分析方法确定防洪安全标准，主要依据个体或社会可承受的风险水平，即社会将承担该水平以下的风险。这种方法是目前国内外研究较多的方法，通过分析计算得出一些风险指标，并根据风险大小或可接受风险水平确定防洪标准，考虑的主要风险指标为经济风险和生命风险。以美国为代表的一些国家在确定大坝和洪泛区防洪标准时引入了洪水风险分析方法，通过风险—效益—费用的研究，根据当地社会允许承受的风险水平（或可接受风险），寻求适当的防洪标准。

1998年世界大坝委员会（ICOLD）总结全球各国水库防洪安全设计的研究进展，推荐以风险评价为基础的第三代设计标准，替代过去两代标准粗略分级查表的方法。欧洲在洪水管理方面也逐渐采用这种方法。但是，由于防洪减灾系统具有复杂性，风险影响因素众多，关系复杂，各种不确定因素和定性指标的广泛存在，使得风险本身也具有不确定性，风险的可接受程度（允许风险阈值）任意性较大，在应用层面上存在一定困难。

（4）综合评价模型法。采用综合评价方法确定防洪标准时，需要综合考虑政治、经济、社会、环境等各方面的因素。首先，建立防洪标准影响评价指标体系；然后利用层次分析、模糊数学等工具，对各种定性指标进行量化，确定各层指标间的权重；最后利用优选模型，对由多个防洪标准方案组成的方案集进行综合评价，得到各个方案的综合评价指标值。最大的综合评价指标值对应的防洪标准为最优防洪标准。关于海堤工程防御标准，国内外也有学者开始建立指标体系，并利用综合评价模型法进行防洪标准优选。

综合评价模型法与等级划分方法相比，综合考虑了经济、社会、环境等各方面影响，反映了同一规模防护对象之间的差异，但是在定性指标量化和各种指标权重的确定方面还是比较困难的。在防洪效益和建设费用等经济指标量化方面，与经济分析方法存在相似的问题，即一方面对社会、政治、环境等影响指标虽有所考虑，但定量化主观任意性较大，另一方面在确定不同类型指标之间的权重时，一般也是采用人为决策方式，使得该方法应用受到了影响。

综合以上分析结果，等级划分法应用时间长、范围广、基础好，今后长时期内仍将是确定防洪标准的一种方法。其余方法虽然在理论概念上较好且考虑了不同保护对象的不同特点，实现了防洪标准确定方法的统一，但由于存在基础数据较难获得、指标定量化困难、人为因素对结果影响大、操作性较差等问题，实际运用难度还是很大。

2. 防洪标准表达方法

关于防洪标准的洪水表达方法，世界各国主要有典型年法、频率分析法、物理成因法和风险分析法等 4 种。

（1）典型年法。用某次典型历史大洪水或辅以断面控制水位或行洪流量作为防洪标准。我国的长江、黄河、海河的防洪标准就采用这种方法。长江以防御 1954 年型洪水作为长江中下游总体的防洪目标，若以年最大 30 天洪量分析，在宜昌约为 80 年一遇，在城陵矶约为 180 年一遇，在汉口和湖口约为 200 年一遇。黄河下游大堤建设标准为防御花园口 1949 年以来，1958 年实测最大流量 22000m^3/s 洪水，东平湖以下 11000m^3/s，相当于 60 ~ 70 年一遇标准。海河流域，漳卫河防洪标准为 1963 年型洪水，相当于 50 年一遇洪水标准；大清河防洪标准为 1963 年型洪水，相当于 50 年一遇洪水标准；永定河下游防洪标准近期采用 1939 年型洪水，相当于 50 年一遇洪水标准。表 6.5 为历次长江大洪水规划水位及实测水位。规划水位高于实测，是采用了规划洪水量推算现状河道的水位，由于河道变化（缩窄、淤积等），导致规划水位高于实测水位。

表 6.5　　历次长江大洪水规划水位及实测水位　　单位：m

站　名	沙市	城陵矶	汉口	湖口	大通	南京	镇江	江阴
规划水位	45.00	34.40	29.73	22.50	17.10	10.60	8.85	7.25
1954 年实测水位	44.67	33.95	29.73	21.68	16.64	10.22	8.38	6.66
1983 年实测水位	43.67	33.96	28.11	21.71	15.69	9.99	8.30	6.65
1998 年实测水位	45.22	35.8	22.58	22.58	16.31	10.14		

典型年法表示的防洪标准，基本上用断面控制流量及控制水位表达，洪水大小、水位高低，与调查、实测期的长短和该时期洪水状况有关，任意性较大。同时，随着上游水土保持情况、防洪工程建设，洪量和水位变化比较大。随着水文、气象资料的累积和洪水分析计算技术水平提高，这种方式的使用将会减少。

（2）频率分析法。频率分析法采用统计分析方法对历史洪水（洪量、水位）进行频率分析，以洪（潮）重现期（频率）作为度量指标。此方法在 20 世纪初就已在欧美开始采用，从水文现象具有偶然性随机性概念出发，根据历史资料直接或间接求出一定频率的洪（潮）水位。该方法需要较长年份的实测资料序列，一般工程要求至少 20 年，重大工程要求 50 年以上。该方法在计算过程中影响其精度的因素很多，如具体的计算和处理方法选择合适与否、资料的充分性和可靠性，以及推算外延是否合理等。我国很大部分工程采用洪水（洪量、水位）频率分析成果作为防洪标准。

关于频率分析法，历来争论较多的是外延问题。一部分人认为在频率曲线上频率很小的部分精度最无保证，美国土木工程学会提出频率曲线只允许外延至重现期为记录长度的 4 倍左右。由于参数在时空上具有不均匀性和不稳定性，历史上使用此法曾发生成果不可靠、设计标准偏低的情况。但在欧洲大陆，大外延的频率分析法得到了广泛采用。我国已颁布的防洪（潮）国家标准和行业标准，以 200 年重现期为最大数值，但提到重现期可超过 200 年。在实际应用中采用的重现期并不限于此，1984 年水利电力部批准的上海市防洪墙设防水位即采用千年一遇标准。

（3）物理成因法。物理成因法以水文气象成因分析为途径，推求可能最大洪水（PMF）或可能最高潮位（PMT）。这种方法强调洪水是降水和流域自然条件的综合产物，认为防洪设计标准的计算应从洪水形成的物理机制入手。与统计方法相比，此法能够较好地解释水循环运动的物理上限，解释了频率分析法对实际发生的水文现象反映不正确的原因。美国在 20 世纪 30 年代进行的大规模水利工程建设时普遍采用频率洪水标准，后经多次非常洪水发现频率计算的局限性，检验核实原定标准普遍偏低，美国土木工程学会 1964 年提出 PMF 防洪设计标准，这种标准目前已在全美和加拿大广泛采用。

相对而言，物理成因法在内陆地区河流推求暴雨洪水的计算方面比较成熟。沿海地区受风暴潮的影响，形成洪潮的物理机制与内陆地区截然不同，曾有人采用异地物理移置方法解释风暴潮灾害，并未获得一定认同。因此，物理成因法主要在内陆地区应用，在沿海地区应用仍受很大限制。

（4）风险分析法。随着风险理论的发展，基于风险理论的风险损失最小法得到研究和应用尝试。风险分析法以风险评价为基础，估算提高安全标准所需费用（即边际费用），综合考虑低于和超过标准的洪水引发事故和洪灾风险（即边际损失或边际效益），包括事故发生概率和可能造成的危害，并考虑当地社会可能承受的风险水平，再确定防洪设计标准的方法。

荷兰国家防洪技术顾问委员会（TAW）认为，采用一次指定频率洪水（或可能最大洪水 PMF）作为确定性的设计标准，并不能正确反映实际的防洪安全程度。例如，比较滨海地区构筑圩垸方案和河口建闸方案时，如果采用同一设计标准，两者的失事风险有很大的差别。圩垸的堤防承担风险能力较低，不管在常遇潮位还是超标准潮位情况下，只要在任何堤段出现漫溢、管涌、滑坡等破坏事故，就可能造成毁灭性灾难；而河口涵闸建筑物，在常遇潮位情况下出现事故的风险相对要低，即使遭遇超标准潮位，建筑物未必损毁，也未必会造成大面积灾难。

以上四种方式，前三种应用较多，特别是频率分析法仍被多数国家采用；物理成因法主要应用于美国和加拿大等国的内陆地区；风险分析法，是近年来防洪安全领域的新方法，欧洲国家在此方面做出了努力，但仍处于发展阶段。

3. **海堤防御标准确定方法**

海堤设防标准涉及潮与浪（或风）两个方面，较内陆地区单一水位（或流量）标准要复杂得多，而且潮位与浪（或风）同步实测资料稀少，所以确定海堤设防标准的难度较大。实际上，海堤受外来灾害因素和内在因素综合影响，其设防标准的确定就是海堤防御各种风险而采取何种应对措施的决策过程，是海堤工程风险管理和应对的过程。

对灾害风险更为常用的理解是指事件发生状态超过（或小于）某一临界状态而形成灾害事件的可能性， 常用超越概率表达，并用灾害发生的概率与灾害导致后果（损失，可以转换为经济指标表示）的乘积表示。因此，海堤防御标准确定就需要估计灾害发生的概率和估计灾害导致的损失，并研究乘积的最优值，即采用基于超越概率的最优经济设防标准。由超越概率定义可知，超越概率也是以重现期或频率为基础，所以海堤防御标准也可以采用重现期或频率表达。

因为海堤设防标准中确定主要考虑潮位与风浪两方面灾害因素，所以海堤设防标准确定需要研究这两灾害因素组合超越概率，并分析海堤遭遇双灾害因素的风险及保护区的损失，利用经济均衡理论或费用损失最小理论，研究组合超越概率与灾害发生后损失乘积的最优值，从而得到海堤经济最优设防标准。

6.2 双灾害因素组合超越概率理论推导

海堤遭受风暴潮破坏，实际是天文高潮位与台风相互作用的结果。所以，要确定海堤防御风暴潮的标准，就需要研究两个因素组合遭遇的概率，即组合超越概率。

6.2.1 组合概率基本理论及应用

组合概率是分析随机现象遭遇的一种方法，其原理是基于多元分布，目前对两个变量的情形研究得比较多。

对于任意两个随机事件，根据概率性质，有

事件 A 与事件 B 独立，则

$$P(A\cap B)=P(A)\cdot P(B) \tag{6.1}$$

事件 A 与事件不 B 独立，则

$$P(A\cap B)=P(A)\cdot P(B|A) \tag{6.2}$$

又，设 x 为事件 A 的随机变量，y 为 B 事件的随机变量，z 为随机变量 x 和 y 组合后的随机变量，其关系可表示为

$$z=z(x, y) \tag{6.3}$$

式（6.3）的反函数为

$$y=y(z, x) \quad x=x(z, y) \tag{6.4}$$

由二元分布可知，z 的分布函数为

$$F(z)=\int_{-\infty}^{\infty}\int_{y(z, x)}^{\infty} f_1(x) f_2(y|x)\,\mathrm{d}x\mathrm{d}y \tag{6.5}$$

式（6.5）可用近似积分方法计算。设 P_x 为 x 系列的概率分布函数，$P_{y|x}$ 为 y 倚 x 的条件概率分布函数，则

$$P_{y|x}=F_2(y|x)=\int_{y(z, x)}^{\infty} f_z(y|x)\,\mathrm{d}x\mathrm{d}y$$

$$P_x=F_1(x)=\int_{x}^{\infty} f_1(x)\,\mathrm{d}x$$

$$\mathrm{d}P_x=-f_1(x)\,\mathrm{d}x$$

$\mathrm{d}P_x$ 及 $f_2(y|x)$ 各为 $F_1(x)$ 及 $F_2(y|x)$ 的密度函数，故式（6.5）可写为

$$\begin{aligned} F(z)&=\int_{-\infty}^{\infty} f_1(x)\,\mathrm{d}x\int_{y(z, x)}^{\infty} f_2(y|x)\,\mathrm{d}y \\ &=\int_{-\infty}^{\infty} P_{y|x} f_1(x)\,\mathrm{d}x \end{aligned} \tag{6.6}$$

由概率分布特性可知：$x\to-\infty$，$P_x\to1$；$x\to\infty$，$P_x\to0$，故

$$F(z)=\int_0^1 P_{y|x}\,\mathrm{d}P_x \tag{6.7}$$

同理可推导出

$$F(z)=\int_0^1 P_{x|y}\,\mathrm{d}P_y \tag{6.8}$$

根据积分法为求和法原理，式（6.7）、式（6.8）可以采用图解法求解，并近似写成

$$F(z)=\sum P_{y|x}\Delta P_x \tag{6.9}$$

$$F(z)=\sum P_{x|y}\Delta P_y \tag{6.10}$$

对于二元独立事件，即若 x 和 y 相互独立，则有

$$f(x, y)=f_1(x) f_2(y) \tag{6.11}$$

式中　$f_1(x)$，$f_2(y)$——随机变量 x 和 y 的密度函数。

将式（6.11）代入式（6.6），可得

$$
\begin{aligned}
P\{Z \geqslant z\} &= \iint_{Z \geqslant z(x,y)} f_1(x) f_2(y)\,\mathrm{d}x\mathrm{d}y \\
&= \int_0^{\infty} f_1(x)\left[\int_0^{p=w(z,x)} f_2(y)\,\mathrm{d}y\right]\mathrm{d}x \\
&= \int_0^{\infty} f_1(x)\,\mathrm{d}F_2[w(z,x)] \\
&= \int_0^{\infty} F_2[w(z,x)]\,\mathrm{d}F_1(x)
\end{aligned} \qquad (6.12)
$$

式中　$w(z, x)$——从 $z=z(x, y)$ 中解出的 y 值；

$F_1(x)$，$F_2(y)$——随机变量 x 和 y 的分布函数。

式（6.12）的离散化形式为

$$
P\{Z \geqslant z\}=\sum_{i=1}^{n} F_2[w(z, x_i)]\,\Delta F_1(x_i) \qquad (6.13)
$$

组合概率研究可以在风险投资、产品销售等经济领域，以及海洋和水利等领域的洪（枯）水遭遇、干支流洪水遭遇、洪水与高潮位遭遇、洪水与暴雨遭遇、洪水与台风遭遇、波浪与潮流共同作用等方面运用。

6.2.2　超越概率基本理论及推广应用

一般自然灾害破坏概率分析需要得到的是使用期限内自然灾害发生的概率，即超越概率。为此，可以将灾害重现期通过公式转化为使用期限内该灾害的发生概率。

根据风险概率理论，如果灾害事件设计重现期为 T 年，则灾害事件在任何一年中出现的概率为 $1/T$，不出现的概率为 $1-1/T$。若合理使用年限为 L 年，由于同一种灾害事件在各年内属于彼此无关的独立事件（即贝努里试验），因而重现期为 T 年的灾害事件在 L 年中不出现的概率（即可靠度）为 $P=(1-1/T)^L$，出现的概率或危险性（即超越概率）则为

$$
P=1-(1-1/T)^L \qquad (6.14)
$$

式中　P——使用期内某重现期灾害的发生概率；

T——重现期，年；

L——使用期限，年。

对式（6.14）进行变换，

$$
P=1-\left[\left(1+\frac{1}{-T}\right)^{-T}\right]^{-L/T} \qquad (6.15)
$$

依据极限原理 $\lim\limits_{x\to\infty}(1+1/x)^x=\mathrm{e}$，则当 T 较大时式（6.15）可以近似为

$$
P=1-\mathrm{e}^{-L/T} \qquad (6.16)
$$

单灾害因素的超越概率理论在国内外的灾害评估中应用较多，如火灾、气象、地震等，尤其是在地震设防标准确定方面已得到较成熟的运用。如果在设计使用期 L 年内灾害发生，且使用期与重现期相等（即 $L=T$），则随机事件出现的最大概率为 $P=1-1/e=0.6321$。

建筑物一般使用期超过 50 年，若按使用期 50 年计算，即 $L=50$，分别计算 50 年、100 年、200 年、475 年、1000 年重现期情况下的超越概率（表 6.6）。结果显示，建筑物在 50 年使用期内，遭遇 50 年重现期的单因素自然灾害（包括地震、高潮、风暴等）的概率最大为 63.21%，遭遇 100 年重现期的自然灾害概率最大为 39.50%，遭遇 475 年重现期的自然灾害概率最大为 10%，遭遇 1000 年重现期的自然灾害概率最大为 4.88%。由于海堤或防波堤一般为土堤，在其使用期降低要求，所以根据《水利建设项目经济评价规范》（SL 72—1994）相关条文规定，可按使用期为 30 年的计算（表 6.6），遭遇高潮位或风等单因素的概率要小于上述值。

表 6.6　50 年和 30 年寿命期内遭遇不同重现期灾害的超越概率及可靠度

使用期 L/年	重现期 T/年	超越概率 P/%	可靠度 $(1-P)\times100$/%	使用期 L/年	重现期 T/年	超越概率 P/%	可靠度 $(1-P)\times100$/%
50	50	63.21	36.79	30	50	45.12	54.88
50	100	39.50	60.50	30	100	25.92	74.08
50	200	22.17	77.83	30	200	13.93	86.07
50	475	10.00	90.00	30	285	9.99	90.01
50	1000	4.88	95.12	30	1000	2.96	97.04

6.2.3　双灾害因素组合超越概率理论推导

1. 双灾害因素组合超越概率理论

根据超越概率理论和概率性质，对任意两个独立随机事件，即

$$P(A\cap B)=P(A)P(B)=\left[\left(1-\frac{1}{T_i}\right)^{L_1}\right]\left[\left(1-\frac{1}{T_2}\right)^{L_2}\right] \tag{6.17}$$

在同样使用期年内，分别计算不同重现期组合事件 A 和 B 同时出现的概率，50 年使用期计算结果见表 6.7，50 年使用期不同重现期组合双灾害因素同时出现的概率分布如图 6.1 所示。计算结果显示，建筑物遭遇双灾害因素作用，若考虑采用 90% 的可靠度，可采用表 6.7 中下划线部分多种重现期组合方式满足。

2. 双灾害因素组合重现期关系理论推导

根据概率性质，对任意两个随机事件，有

$$P(A\cup B)=P(A)+P(B)-P(A\cap B) \tag{6.18}$$

表 6.7　　50 年使用期不同重现期组合双灾害因素同时出现的超越概率

重现期 / 年	50	100	200	300	500	1000
50	0.404	0.251	0.141	0.098	0.061	0.031
100	0.251	0.156	0.088	0.061	0.038	0.019
200	0.141	0.088	0.049	0.034	0.021	0.011
300	0.098	0.061	0.034	0.024	0.015	0.008
500	0.061	0.038	0.021	0.015	0.009	0.005
1000	0.031	0.019	0.011	0.008	0.005	0.002

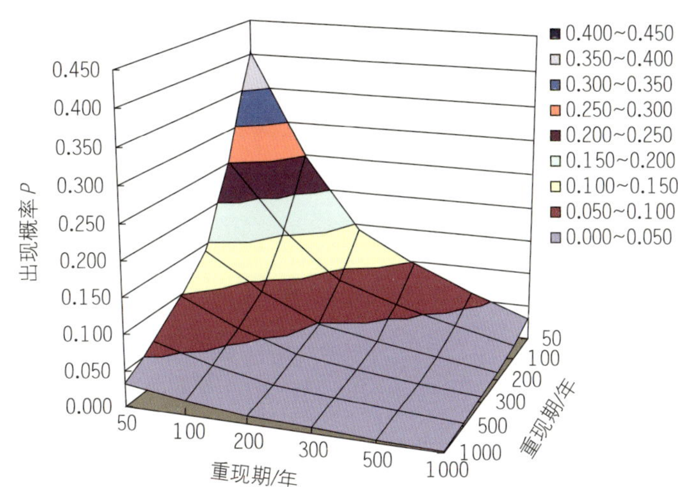

图 6.1　50 年使用期不同重现期组合双灾害因素同时出现的概率分布图

如果事件 A 或 B 中一事件超越设计重现期（记为 T_s），$T_s \geqslant L=T$，即事件 A 或事件 B 必有一件发生，则 $P(A \cup B)=1$，$P(A)$ 或 $P(B)=1-1/\mathrm{e}$，而 $0 \leqslant P(A \cap B) \leqslant 1-2/\mathrm{e}$，利用式（6.16）、式（6.18）可得

$$\begin{aligned} 0 \leqslant P(A \cap B) &= \left(1-\frac{1}{\mathrm{e}}\right)+\left(1-\mathrm{e}^{-L/T_s}\right)-1 \\ &= \left(1-\frac{1}{\mathrm{e}}\right)+\left(1-\mathrm{e}^{-T/T_s}\right)-1 \leqslant 1-\frac{2}{\mathrm{e}} \end{aligned} \tag{6.19}$$

$$\frac{1}{\mathrm{e}} \leqslant \mathrm{e}^{-T/T_s} \leqslant 1-\frac{1}{\mathrm{e}} \tag{6.20}$$

两边取自然对数，由此得到 A 和 B 的重现期关系为

$$T \leqslant T_s \leqslant \frac{1}{\ln\left(1-\mathrm{e}^{-1}\right)^{-1}} T=2.18T \tag{6.21}$$

式（6.21）表明，建筑物遭遇双灾害因素事件，即当一事件重现期大于另一事件重现期、倍比关系为 2.18 时，同时发生的概率最大（见表 6.7 中对角线数据）。但是，实际工程中哪种灾害重现期取高值，必须视灾害因素对费用及灾害的影响大小具体确定。

6.3 风潮组合重现期关系分析与探讨

6.3.1 台风与天文高潮位相互关系分析

对于两个事件的组合概率分析，首先要确定是两个事件的相互关系。若两个事件的概率分布可分别用某种数学关系表达，则可通过分析两者之间联合概率密度来判断其相互关系。但自然界中很多事件较难用数学关系式表达，其相互关系可通过分析其物理关系来判断。

关于天文潮与台风之间的相互关系，董吉田曾根据渤、黄、东、南等四个海区代表台站潮位和波浪资料的统计分析，得出这样的结论：①大风浪过程与天文潮无明显的依赖关系，大风浪过程在朔望日及上、下弦日期的分布基本是均匀的，并且大风浪过程极值发生在高潮时的概率并不多于发生在低潮时的概率；②高潮位时的增水与天文潮的关系十分散乱，而且呈一种微弱负相关趋向，即大潮时风暴增水反而小，适中增水出现的概率较大。由此可以看出，天文潮与台风之间无相关性。王超也认为，形成天文潮的主要因素是朔望月中月球和地球相对位置的改变，而风暴潮的产生却根本与此无关，因此风暴潮增水出现的时间对应于天文潮位的变化是随机的。

另外，可根据各自物理成因来分析它们之间的关系。天文潮与地球、月亮及太阳的相对位置有关，更主要与月亮位置有关，忽略次要因素后，可以认为天文潮与地月关系有关，是以 18.6 年为周期的非随机事件。台风（非季风）产生主要是由于太阳直射海面，水汽上升形成负压，进而产生气旋。由于直射点是随机的，因此台风是太阳直射而产生的随机事件（图 6.2）。虽然天文潮是周期性的非随机事件，在 18.6 年长周期内共有 18.6×365×2=13578 次天文高潮，但在此期间内每次随机的台风都与如此多的天文高潮相遇，所以认为 18.6 年为周期是随机的。因为地月关系与太阳直射两个事件是相互独立的，所以可简化认为天文高潮与台风两个事件也是相互独立的随机事件。

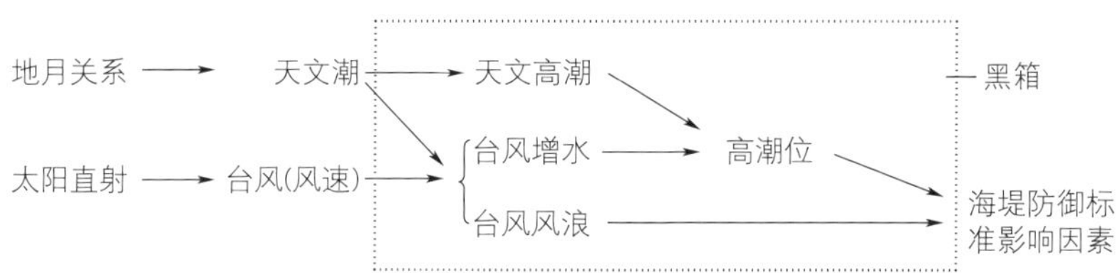

图 6.2 海堤防御标准影响因素相互关系分析图

6.3.2 风潮组合重现期关系的物理探讨

1. 风潮遭遇组合概率分析

由上述分析可知，既然天文高潮与台风两个事件是相互独立的随机事件，则它们遭遇的组合超越概率就可以采用前述双灾害因素组合超越概率计算结果。即，海堤遭遇台风与天文高潮位双灾害因素作用，若考虑采用 90% 的设防可靠度，可采用表 6.7 中下划线部分多种重现期组合方式来满足设防可靠度要求。

2. 风潮组合重现期关系的物理探讨

对风潮组合重现期的关系，相关学者有两种典型观点：一是认为海堤防御标准设计的风速标准与潮位标准均采用年台风最大风速与年最大高潮位频率分析，均是一年一个值，可根据影响的重要性确定重现期关系；二是认为对海堤安全来说，风速标准与潮位标准应同等重要，应采用同等重现期表示同等的安全度。所以，笔者依据前述理论分析，从台风、天文高潮产生的物理原因来分析探讨其组合重现期的关系，以供参考。

根据天体运动理论，潮汐主要是海水在天体（主要为月球和太阳）引潮力作用下所产生，在地球表面不同位置呈现为日潮和半日潮，即高潮位出现 1 次或 2 次。海堤发生最强破坏时，总是移动的台风与天文高潮位遭遇，如图 6.3 所示。因此海堤风潮组合设防标准，可以考虑采用潮位的重现期（记为 T_t）大于等于风的重现期（记为 T_w），即 T_t=（1 ~ 2）T_w。此物理现象与前述理论推导的组合概率分析结果（表 6.2）非常吻合。

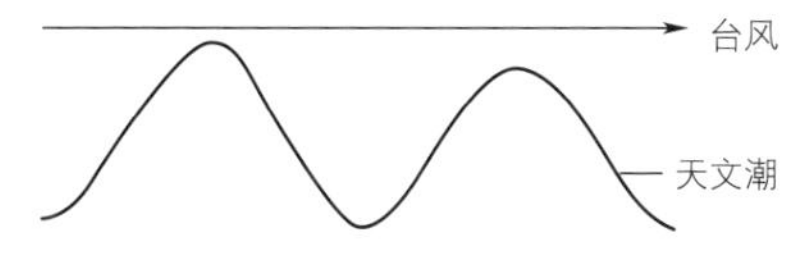

图 6.3 台风与天文高潮位遭遇示意图

由此，当在全日潮地区，可以考虑采用重现期相同的风与潮组合；在正规半日潮地区可以考虑采用潮位的重现期是风的重现期 2 倍进行组合；介于两者之间的非正规半日潮地区，潮位的重现期与风的重现期组合关系可以根据实际情况分析采用。

6.4 海堤经济最优及适宜的防御标准研究

6.4.1 海堤经济最优防御标准分析方法

为确定海堤经济最优防御标准，在研究海堤遭遇潮位与风浪两灾害因素组合超越概率之后，就要与海堤遭遇风险后的损失（或海堤保护效益）挂钩，利用经济分析方法建立模型并计算，最终求得适宜的经济最优防御标准。研究海堤经济最优防御标准的方法可以根据经济学中的供需均衡原理（简称“供需均衡法”），也可以根据费用与损失之和最小原理（简称“费用损失最小法”）。

1. 供需均衡法

利用经济学中生产规模最优原则，可以推导出海堤防风暴潮标准的优化准则，即市场供给与需求相等（即供需均衡）时市场处于最佳状态。引入海堤工程，供给即防风暴潮产生的费用，需求即为防风暴潮产生的效益。供需均衡引入海堤防风暴潮标准可以描述为海堤防风暴潮的边际费用曲线与边际效益曲线[边际值表示为设计频率（或重现期）的函数]的交点，即为海堤的最优防御标准。

防风暴潮费用主要为海堤建造和维护费用，包括大堤工程、保滩工程及内青坎等建设投资、运行维护等费用。防风暴潮经济效益主要指免除防风暴潮灾害或减轻风暴潮灾害损失效益，可以分为直接效益和间接效益、有形效益和无形效益。防御标准越高，建造和维护费用越高，相应遭遇超标准灾害的损失越小（减灾效益越高）。

由此，按供需均衡原理确定海堤经济最优防御标准确定的基本方法可以简述为：拟定不同设防标准的工程方案，计算出不同防御标准下的费用和效益，建立海堤费用—标准（频率或重现期）及海堤效益—标准的关系（曲线）；通过求边际值或微分、增量建立海堤边际费用—标准（频率或重现期）及海堤边际效益—标准的关系（曲线）；当边际费用与边际效益相等时对应的防御标准即为海堤经济最优设防标准。

2. **费用损失最小法**

根据费用与损失之和最小原理，即海堤建造与维护费用，加上使用期内可能的灾害损失，当总值最小时对应的防御标准即为海堤最优经济防御标准。

确定的基本方法可以简述为：拟定不同设防标准的工程方案，计算出不同防御标准下的海堤建设和维护费用，并计算遭遇可能的灾害损失（不同标准下的灾害与发生概率之积）；将费用和可能的损失相加后，建立费用损失总值—标准的关系（曲线），当总值最小时（即曲线最低点）对应的防御标准即为海堤经济最优设防标准。

6.4.2 不同防御标准海堤断面方案拟订

1. **防御标准组合方案拟订**

由前述，海堤主要受高潮及风浪袭击而破坏，因浪由潮和风而生，并可由潮和风推导，所以海堤防御标准研究可以简化为潮和风组合标准研究。

根据实际情况和风潮组合重现期关系，拟定几种可能的防御标准。用频率形式表达潮与风组合，再进行组合超越概率计算，见表6.8。用频率形式表达防御标准，再考虑组合超越概率，体现了风险水平，是科学发展的趋势，但考虑使用方便及与原研究区域使用定级风标准对应，将不同重现期的风速级别也列入表6.8中。

2. **不同防御标准海堤断面方案拟订**

以杭州湾北岸上海化学工业区位置的海堤为例，拟订不同防御标准下海堤断面形式，具体见表6.9和图6.4。

表 6.8　　不同防御标准组合方案拟订

潮位重现期 / 年	50	100	100	100	200	200	300	500	1000
风速级别 / 重现期 /（级 / 年）	10/25	10/50	11/100	11/150	11/150	12/200	12/200	13/250	15/500
风潮组合超越概率 /%	55.32	25.11	15.6	11.22	6.3	4.91	3.41	1.73	0.46

注： 选定计算区域 E 和 SE 向 10 级风接近 50 年一遇重现期，11 级风接近 100 ~ 150 年一遇重现期，12 级风接近 150 ~ 200 年一遇重现期，考虑定级风上下限，组合计算时重现期区别对待。

表 6.9　　不同标准情况下海堤结构断面尺寸

设计标准（年 + 级 / 年）	潮位 / m	风速 /（m/s）	采用规范	堤顶高 /m	差值（堤防—海堤）/m	滩地高 /m	工程级别	设计断面参数 /m				护坡型式
								平台宽	平台高	堤顶宽	堤顶高	
50+10/25	6.29	24.5	堤防规范	9.686	0.352	3	2	4	5.64	8	9.7	上坡 1∶2.8，栅栏板； 下坡 1∶4，翼型块体
			海堤规范	9.334								
100+10/50	6.52	24.5	堤防规范	9.966	0.346	3	1	5	5.85	9	10	上坡 1∶2.8，栅栏板； 下坡 1∶5，翼型块体
			海堤规范	9.619								
100+11/100	6.52	28.5	堤防规范	10.115	0.392	3	1	5	5.85	9	10.2	上坡 1∶2.8，栅栏板； 下坡 1∶6，翼型块体
			海堤规范	9.723								

续表

设计标准（年＋级/年）	潮位/m	风速/（m/s）	采用规范	堤顶高/m	差值（堤防—海堤）/m	滩地高/m	工程级别	设计断面参数/m				护坡型式
								平台宽	平台高	堤顶宽	堤顶高	
100+11/150	6.52	32.6	堤防规范	10.231	0.456	3	1	5	5.85	9	10.3	上坡 1：2.8，栅栏板；下坡 1：7，翼型块体
			海堤规范	9.776								
200+11/150	6.74	28.5	堤防规范	10.381	0.373	3	1	6	6.06	9.5	10.4	上坡 1：2.8，栅栏板；下坡 1：8，翼型块体
			海堤规范	10.007								
200+12/200	6.74	32.6	堤防规范	10.511	0.439	3	1	6	6.06	9.5	10.6	上坡 1：2.8，栅栏板；下坡 1：9，翼型块体
			海堤规范	10.072								
300+12/200	7.03	32.6	堤防规范	10.987	0.440	3	1	6	6.26	11	11	上坡 1：2.8，栅栏板；下坡 1：10，翼型块体
			海堤规范	10.547								
500+13/250	7.03	37	堤防规范	11.097	0.487	3	1	6	6.26	11	11.1	上坡 1：2.8，栅栏板；下坡 1：11，翼型块体
			海堤规范	10.610								
1000+15/500	7.25	46.2	堤防规范	11.648	0.636	3	1	6	6.46	12	11.7	上坡 1：2.8，栅栏板；下坡 1：12，翼型块体
			海堤规范	11.012								

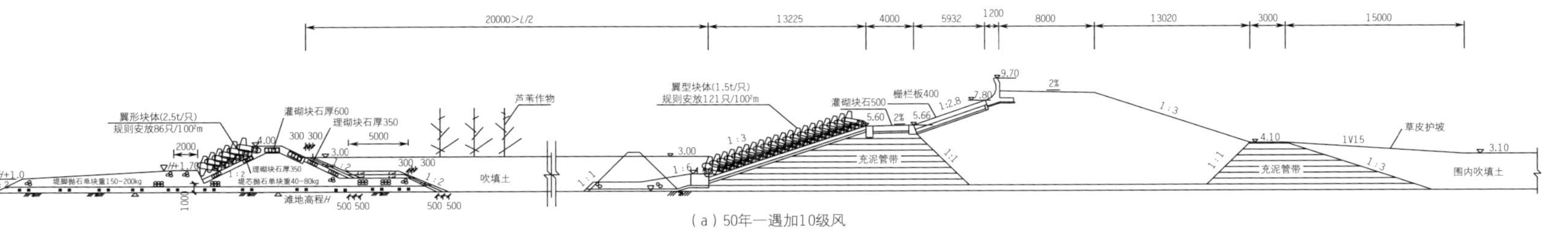

（a）50年一遇加10级风

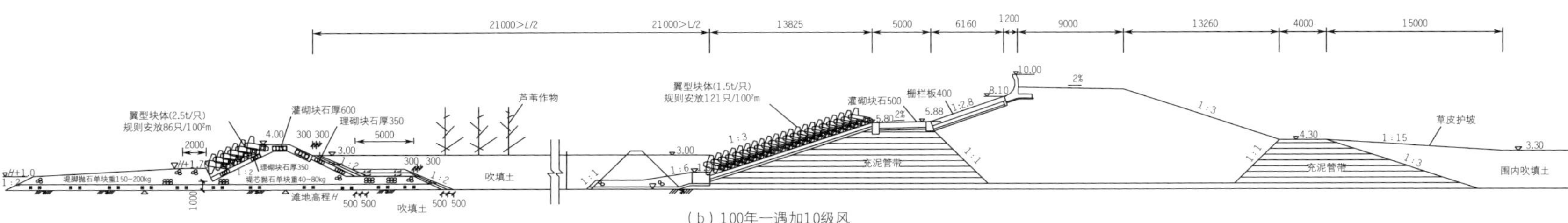

（b）100年一遇加10级风

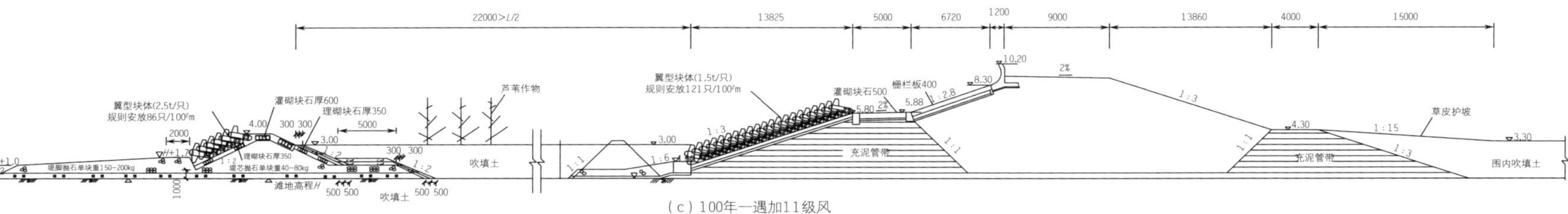

（c）100年一遇加11级风

图 6.4（一）　不同防御标准海堤断面方案（高程、水位单位为 m，其余尺寸为 mm）

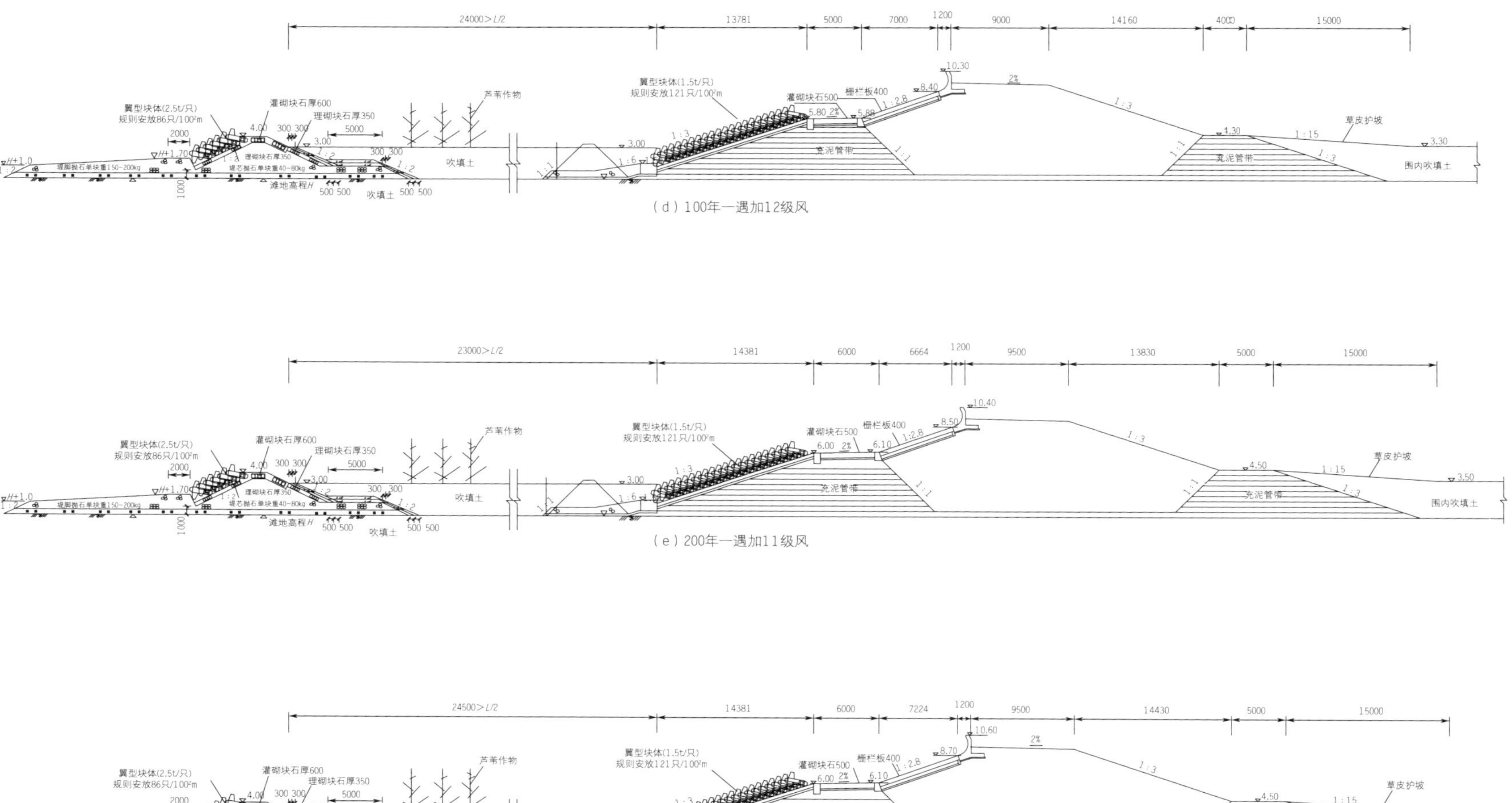

图 6.4（二） 不同防御标准海堤断面方案（高程、水位单位为 m，其余尺寸为 mm）

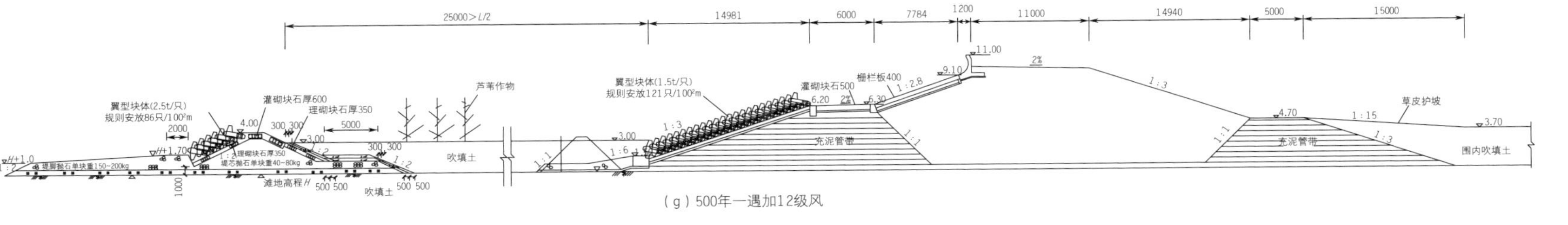

（g）500年一遇加12级风

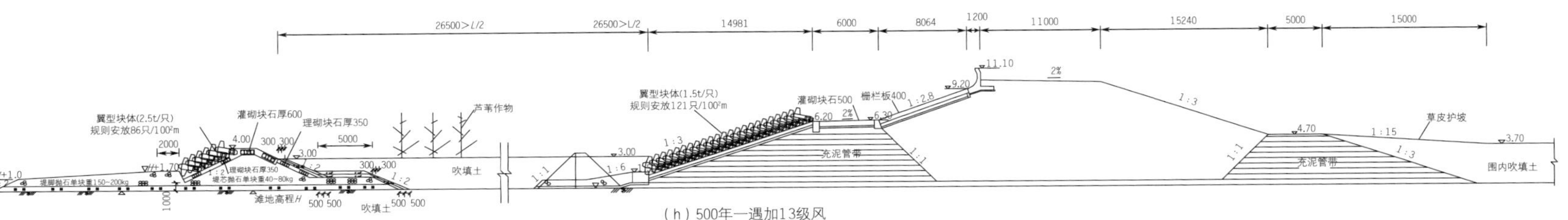

（h）500年一遇加13级风

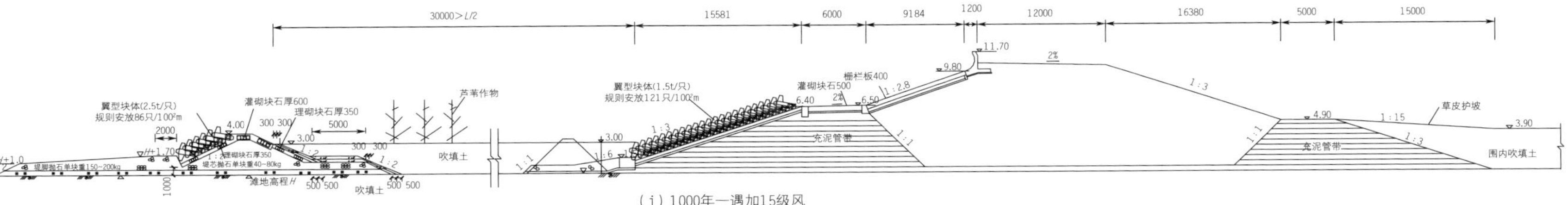

（i）1000年一遇加15级风

图 6.4（三） 不同防御标准海堤断面方案（高程、水位单位为 m，其余尺寸为 mm）

6.4.3 海堤工程投资及年运行费用分析

海堤工程的费用应包括工程投资及年运行维护费用两部分。海堤的工程投资费用与防御标准直接相关，且随防御标准不同而变化，即防御标准越高，投资就越大；反之则越少。海堤工程的年运行管理费用随防御标准变化的趋势则与工程投资相反。

根据上述工程结构方案，利用 2012 年 12 月材料价格，估算海堤工程投资。年运行管理费用考虑小修、经常性维护及管理费用，按照工程投资的 3% 计算。大修费用，与防御标准呈相反趋势，按损坏修复的费用计入经济效益部分。社会基准收益率采用 7%。计算结果见表 6.10。

表 6.10　　海堤工程投资及年运行费用估算表

设计标准（年＋级/年）	建设费用/（千元/m）	运行管理费/[千元/(年·m)]	运行费现值/（千元/m）	费用现值/(千元/m)	总费用现值/（千元/14km）①	总费用现值差/（千元/14km）
50+10/25	54.954	1.649	22.752	77.706	1087886.609	0.000
100+10/50	57.277	1.718	23.714	80.991	1133873.445	45986.836
100+11/100	58.794	1.764	24.342	83.136	1163904.453	76017.844
100+11/150	60.057	1.802	24.865	84.922	1188907.196	101020.588
200+11/150	61.066	1.832	25.283	86.349	1208881.677	120995.068
200+12/200	62.051	1.862	25.691	87.742	1228381.045	140494.437
300+12/200	63.293	1.899	26.205	89.498	1252968.067	165081.458
500+13/250	65.204	1.956	26.996	92.200	1290798.822	202912.213
1000+15/500	68.445	2.053	28.338	96.783	1354958.674	267072.065

① 化学工业区海堤总长 14km。

6.4.4 海堤工程投资效益计算分析

1. **投资效益计算方法**

一般防洪工程的效益是以修建工程后所减少的灾害损失作为经济效益的，因此海堤工程同样以修建海堤工程后所减少的灾害损失作为经济效益。

风暴潮灾害损失包括生命损失、经济损失和社会环境影响。生命损失应是最严重的损失，除无辜失去的生命外，还会造成幸存者心理恐慌、社会不安，但难以用经济指标来衡量。国外许多学者进行了这方面的研究，往往将其纳入综合评价指标来进行综合研究。我国在这方面研究很少，更多的是针对经济损失进行评估，本研究同样仅考虑经济方面，在间接经济损失中以一定比例体现。

淹没经济损失一般包括直接经济损失和间接经济损失。直接经济损失包括防洪工程自身损毁造成的损失和洪水淹没造成的可用货币计量的各类损失。间接损失是指直接经济损失以外可用货币计量的损失，主要包括由于采取各种措施（如防洪、抢险、避难、开辟临时交通线路等）而增加的费用、因交通等中断造成的工矿企业停产及产品积压损失费用、抢险人员投入而造成停产停业损失费用、灾后恢复生产费用等。间接费用计算涉及面更广、内容更复杂，计算范围无明显界限，精确定量困难。一般可采用直接估算法和系数估算法。

由于风暴潮灾害损失包含自然界本身的不确定性和社会现象的不确定性，同时各种不确定因素对工程效益的影响不同，所以海堤工程经济效益理应按不确定方法分析，并应按影响大小、出现概率等分别分析。鉴于海堤工程受经济、社会、环境、政治等众多不确定因素影响，精细进行海堤工程经济效益计算分析意义不大，因此本研究仅针对海堤工程经济效益影响较大的不确定因素进行分析及讨论。

淹没损失计算的首要条件是确定淹没范围，国际上主要采用实际调查、地形测量、物理模型和数学模型等方法估算，目前研究较多的是采用数学模型计算，也有采用基于 GIS 的实际地形数学模拟方法。溃堤主要包括溃口发展过程及潮水演进过程，溃口发展模拟现在发展较好的是建立的无黏性土溃堤模式，洪潮水演进主要采用平面二维数值模拟方法。

采用供需均衡法和费用损失最小法分析最优经济防御标准时，灾害损失（经济效益）计算需要的参数和处理不确定因素的方法不同。

（1）供需均衡方法采用遭遇可包含可能发生的特大风暴潮灾害，拟定不同设防标准海堤，计算不同标准海堤抵御特大风暴潮时发生的损失，然后根据供需均衡确定费用与效益的交点。处理的不确定因素主要为特大风暴潮出现的强度及时间。

（2）费用损失最小方法的计算：首先，分别计算遭遇不同强度风暴潮灾害情况下，有不同标准的工程时的灾害损失；其次，将损失与灾害发生的概率相乘，得到不同强度灾害不同标准大堤情况下发生的可能损失；最后，根据费用损失最小来确定费用与损失之和的最低点。处理的不确定因素主要为不同强度的风暴潮出现的概率及损失。

2. 海堤溃堤淹没范围确定

（1）特大风暴潮出现强度及时间。研究区域大部分海堤已经达到 100 年一遇重现期高潮位加 11 级以上风力的标准，随着经济社会的发展海堤设防标准可能提高，另外特大风暴潮可能发生，因此为有效分析和科学确定海堤设防标准，经济分析计算的特大风暴潮标准宜采用较高值，以包络可能发生的特大风暴潮。

根据第 5.1 节研究，登陆研究区域可能最不利台风为“5612 号”台风强度（登陆时最大风速 56m/s，相当于 16 级）按“9711 号”台风北移 1.5° 的路径登陆。根据计算，设计超强台风影响下，研究位置的最大高潮位达 7.60m。因此，本次供需均衡法分析计算拟定特大风暴潮标准采用大于1000年一遇高潮位（7.60m）加16级风力（按上限56 m/s考虑）。

实际上，国际上已经发生的特大风暴潮均较大，美国的“卡特里娜”飓风在佛罗里达登陆时风速约36m/s，相当于13级风力，新奥尔良登陆时风速约62.5m/s，相当于17级风力；正面登陆我国大陆陆地最强台风“桑美”，登陆时最大风力达到17级，约60m/s；登陆海南岛的“7314号”台风中心风力18级，约70m/s；浙江象山县附近登陆的“5612号”台风，登陆时近中心最大风速65m/s，风力17级。所以，拟定的可能最不利风暴潮有一定合理性。

特大风暴潮出现的时间具有不确定性，但可以认为发生设定防御的风暴潮在每年发生的概率相等。根据经济分析方法，发生特大风暴潮的损失可以按概率分摊至每年，按年值计算，也可以计算至基准年按现值计算。本研究考虑按现值计算，根据发生概率相等特性，特大风暴潮的发生时间可以假定在设计寿命期的中间点，以社会折现率计算基准年现值。

（2）海堤溃堤地点。海堤失事的主要形式为溃堤和漫顶两种，而漫顶在土堤上最终结果还是导致溃堤，所以本研究淹没计算分析以溃堤分析为例。

海堤溃堤的地点涉及海堤堤顶高程、护坡强度、堤身结构及材料等多种因素，同时淹没范围、淹没指标等均影响淹没损失的计算。本研究以化学工业区的海堤为例计算海堤，所以对溃堤的地点不再详细分析。

海堤溃堤淹没范围同样涉及诸多因素，包括风暴潮强度、海堤防御标准、堤身结构、溃口大小、淹没区地形地貌等。在同一地点、同一风暴强度情况下，淹没范围主要决定于溃口进水量和潮水演进过程，而溃口进水量主要取决于堤身结构与材料，潮水演进过程主要取决于进水量与地形地貌。

（3）溃堤宽度与流量计算。溃堤流量 Q_b 按宽顶堰公式计算为

$$Q_b = c_v k_s [1.6 b_i (h-h_b)^{1.5} + 2.45m (h-h_b)^{2.5}] \tag{6.22}$$

式中 c_v——对行进流速的修正系数，由于海堤较长，可以近似考虑 c_v=1；

k_s——淹没系数，本研究按堤后无限宽阔自由出流考虑，取 k_s=1；

h——外海水位；

m——溃口堤防纵向边坡，与材料有关，一般为0～2，本研究为简化计算取 m=1.0；

b_i——溃口瞬时底宽；

h_b——溃口瞬时底高程。

一般溃堤在溃决时间范围 τ 内以线性或非线性速度增长，直到最终的溃口宽度 b 和最终溃口底高程 h_{bm}。研究区域的海堤绝大部分为充填砂土筑堤，属无黏性土堤。

所以，根据 Visser 研究的无土土堤的溃口口门模式计算，展开溃堤至最终溃决堤前瞬时高程 h_b 和溃堤瞬时底宽 b 的计算，即

$$\frac{\Delta b}{\Delta t}=2mf\frac{S_s}{(1-p)L} \tag{6.23}$$

$$h_b=h_d-(h_d-h_{bm})\left(\frac{t_b}{\tau}\right)\rho_0 \qquad 0<t_b<\tau \tag{6.24}$$

$$b_i=b\left(\frac{t_b}{\tau}\right)\rho_0 \qquad 0<t_b<\tau \tag{6.25}$$

$$S_s=5.14\frac{(U-U_c)^{1.58}}{R^{0.64}D^{0.16}\omega^{0.33}} \tag{6.26}$$

$$L=\ln(1+\kappa b) \tag{6.27}$$

式中 S_s——水流单宽挟沙力；

p——堤身土粒孔隙率，本研究参考地勘资料取 p=0.455；

L——悬移质输移掺混长度；

κ——卡门常数，取 κ=0.4；

h_d——堤防高；

h_{bm}——最终溃口底高程，本研究流量计算不考虑冲刷坑深度，即最终底高程为内陆地面高程；

t_b——溃口形成时间；

ρ_0——非线性参数，变化范围为 $1 \leqslant \rho_0 \leqslant 4$，当为线性扩展率时，通常取 1；

τ——溃口垂向形成历时，与堤高、材料有关，一般为几分钟至几小时，根据 12m 高以内土坝溃堤统计时间，取 τ=0.5h；

U——平均流速；

U_c——挟动流速；

R——水力半径；

D——泥沙粒径，本研究按中值粒径取 D=0.07mm；

ω——泥沙沉速。

其余同上。

给定初始口门宽 b_0 和初始流量 Q_0，时间步长为 0.1h，计算口门展开过程及稳定宽度，以及溃堤流量过程，如图 6.5、图 6.6 所示。

计算结果显示，遭遇高潮位 7.50m 时（大于 1000 年一遇 7.35m），海堤溃口稳定最大宽度约为 168m，最大流量达 1641m^3/s，总水量 2039 万 m^3。

（4）洪水演进模拟。溃堤洪水演进采用平面二维水流数学模型计算分析，模型已经在研究区域多个工程应用。洪水演进模拟的边界条件为上述计算分析所得的

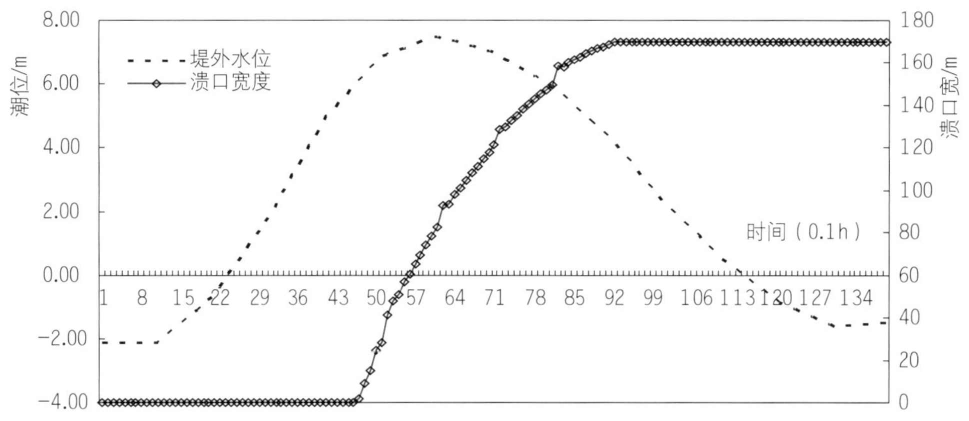

图 6.5　溃口随潮位展开过程

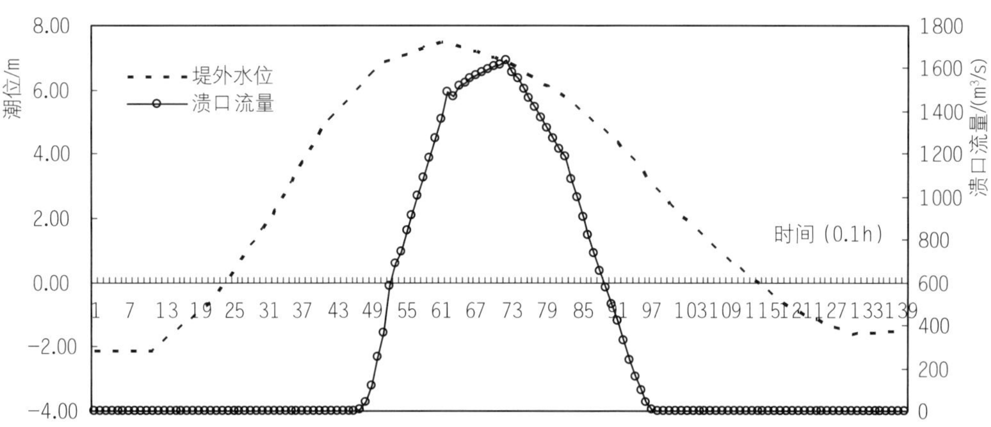

图 6.6　溃堤流量随潮位过程

溃口流量过程 Q_{bi}，淹没区地面高程按实际地面平均值 3.1m；考虑植物等作用，根据经验取糙率系数 n=0.05，但不考虑地面建筑物阻水作用时，为

$$\frac{\partial h}{\partial t}+h\left(\frac{\partial u}{\partial x}+\frac{\partial v}{\partial y}\right)+u\frac{\partial h}{\partial x}+v\frac{\partial h}{\partial y}=0$$

$$h\frac{\partial u}{\partial t}+hu\frac{\partial u}{\partial x}+hv\frac{\partial u}{\partial y}-\frac{h}{\rho}\left(E_{xx}\frac{\partial^2 u}{\partial x^2}+E_{xy}\frac{\partial^2 u}{\partial y^2}\right)+gh\left(\frac{\partial a}{\partial x}+\frac{\partial h}{\partial x}\right)+\frac{gun^2}{\left(h^{1/6}\right)^2}\left(u^2+v^2\right)^{1/2}+2h\omega v\sin\phi=0$$

$$h\frac{\partial v}{\partial t}+hu\frac{\partial v}{\partial x}+hv\frac{\partial v}{\partial y}-\frac{h}{\rho}\left(E_{yx}\frac{\partial^2 v}{\partial x^2}+E_{xy}\frac{\partial^2 v}{\partial y^2}\right)+gh\left(\frac{\partial a}{\partial y}+\frac{\partial h}{\partial y}\right)+\frac{gvn^2}{\left(h^{1/6}\right)^2}\left(u^2+v^2\right)^{1/2}+2h\omega u\sin\phi=0 \tag{6.28}$$

式中　h——水深，m；

x、y——坐标，m；

u、v——x 和 y 方向的流速，m/s；

t——时间步长，s；

E——紊动黏滞系数；

g——重力加速度，取 g=9.81m/s^2；

n——糙率系数；

ω——地球偏转角；

ϕ——当地纬度，（°）。

溃堤不同历时淹没范围计算结果如图 6.7 所示。淹没水深及淹没范围计算结果见表 6.11，在一次涨落潮过程中潮水淹没波及最大范围半径约 20km，最大淹没 20cm 水深的范围半径约 15km，最大淹没 40cm 水深的范围半径约 10km，最大淹没 60cm 水深的范围半径约 5.0km，最大淹没 80cm 水深的范围半径约 3.8km，最大淹没 100cm 水深的范围半径约 2.5km。

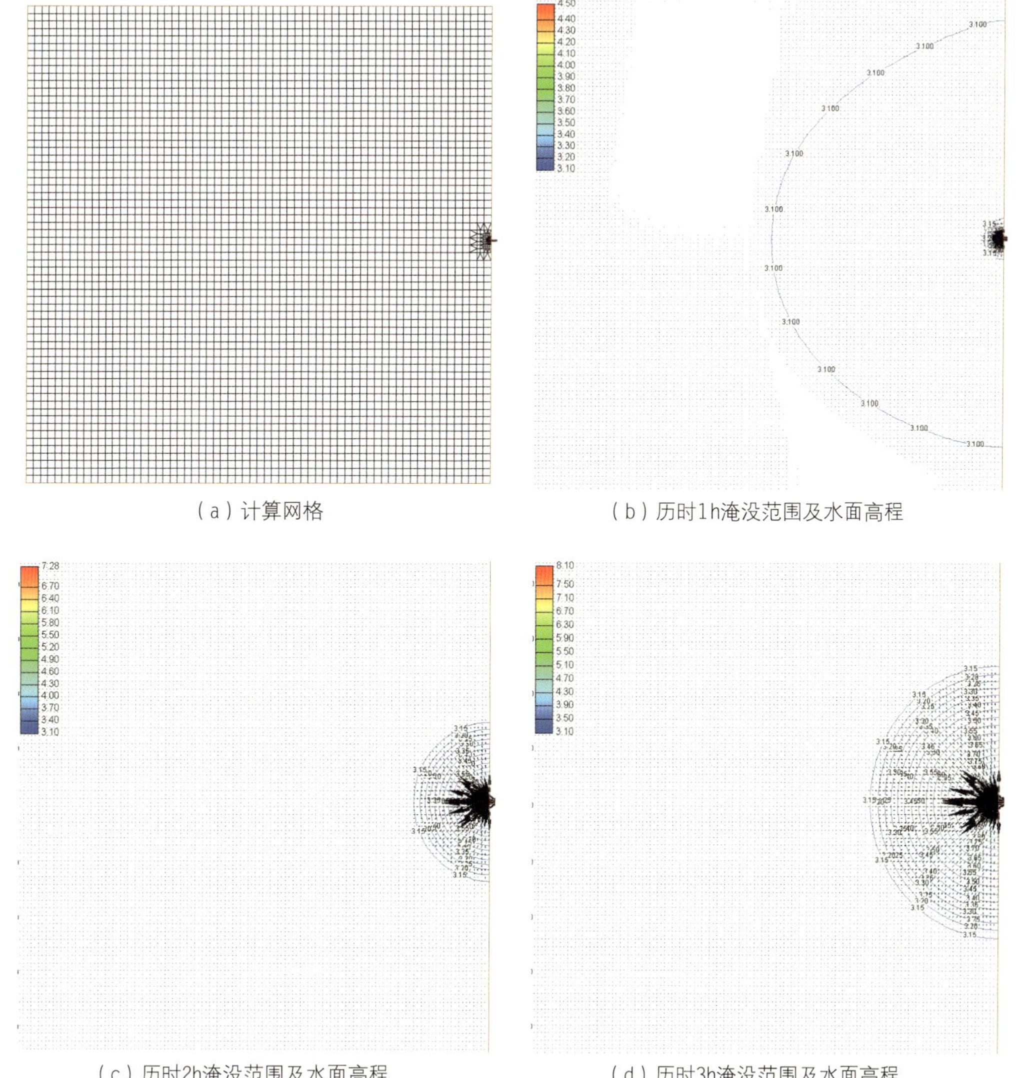
（a）计算网格　（b）历时1h淹没范围及水面高程

（c）历时2h淹没范围及水面高程　（d）历时3h淹没范围及水面高程

图 6.7（一）　溃堤不同历时淹没范围计算结果

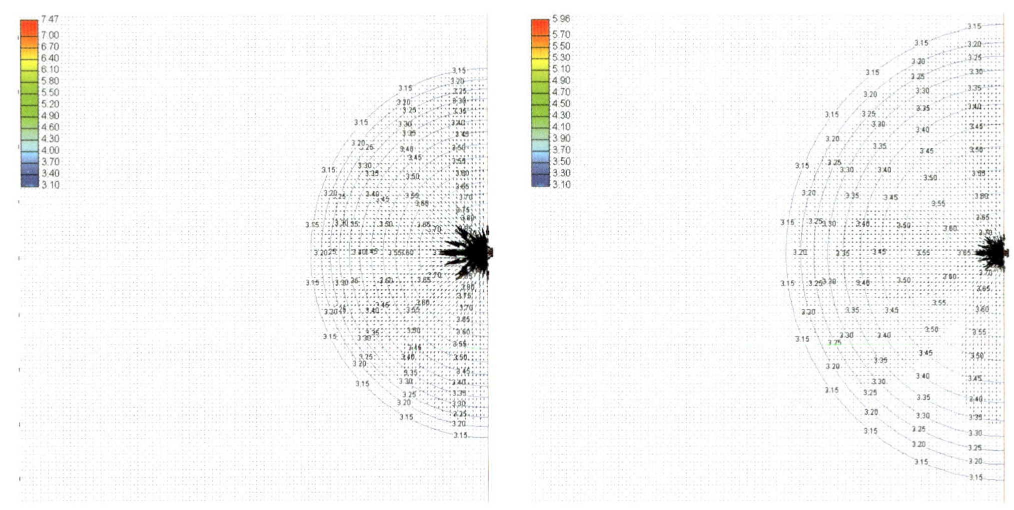

（e）历时4h淹没范围及水面高程　　（f）历时5h淹没范围及水面高程

图 6.7（二）　溃堤不同历时淹没范围计算结果

表 6.11　　淹没水深及淹没范围计算结果

淹没水深 /cm	范围半径 /km	淹没面积 /km^2
20	15	253.3
40	10	157
50	7.0	76.9
60	5.0	39.3
80	3.8	22.7
100	2.5	9.8

（5）溃口计算结果合理性分析。1953 年 2 月 1 日，荷兰的 Noord 堤溃决，堤身为沙性土，堤基为黏土，抗冲性能良好，堤顶高程为 NAP+3.80m，堤顶宽 7.0m，圩内平均地面高程为 NAP+1.50m。溃堤后最终底宽 85m，口宽 110m（受辅助溢洪道限制，否则可能更宽），底部高程 NAP−0.50m。由溃口宽度分析，该溃口宽度与本研究计算结果在数量级上接近，由于本研究计算的堤身高度较该堤高，且遭遇的风暴潮重现期大，所以本研究计算溃口宽度较该堤溃口宽度大属合理的。

1956 年 8 月 1 日，浙江省南岸萧山境内海堤遭遇“5612 号”台风，统计资料显示，决口 166 处，决口总计 6km 以上，计算平均决口 36m 以上。1974 年 8 月 19 日，浙江临海海堤遭遇“7413 号”台风，统计资料显示，缺口 200 余处，长度达 56km。按 250 处计，平均决口 224m。1997 年 8 月 18 日，不完全统计，浙江省海堤遭遇“9711 号”号台风，决口 5955 处，决口总长度 550km，平均决口宽达 92m。由此分析，本研究计算的海堤缺口位于浙江省历史海堤决口宽度统计范围之内，同样说明本研究溃口计算结果基本合理。

（6）淹没范围计算结果合理性分析。上海市防汛信息中心与河海大学联合编制的《上海市防汛风险图研究》指出“根据上海市地形和风暴潮特性分析以及历史灾情数据的统计，风暴潮洪水威胁区域大致在沿海 5km 范围以内”，同时报告“将沿海岸线向内陆方向 5km 区域范围定义为受风暴潮影响的沿海区域”。一般淹没水深达 50cm 以上可认为受淹较严重区域，本研究计算结果淹没 50cm 水深最远距离达 7.0km。由于本研究未考虑内陆河道的调蓄及道路的部分阻水，所以本研究计算的淹没范围与上海市历史灾害统计数据接近，与《上海市防汛风险图研究》确定的淹没范围也接近。

浙江省钱塘江管理局等单位联合编制的《钱塘江北岸海堤塘后淹没计算》报告，对钱塘江两岸按三种台风路径进行全域淹没计算。“5612 号”与“9711 号”之间台风路径情况下，拟定溃口总长约 3200m（不考虑部分挡墙顶溃决），计算平均淹没水深 0.72m，大于 0.5m 的淹没面积约 510km^2，平均每百米口宽淹没 16 km^2；“9711 号”台风路径情况下，拟定溃口宽 2400m（不考虑部分挡墙顶溃决），平均淹没水深 0.54m，大于 0.5m 的淹没面积约 42.5km^2，平均每百米口宽淹没 1.8 km^2。上述计算的淹没平均水深与本研究结果基本接近，但由于两种计算潮位重现期均小于本研究工况，同时该研究考虑了高速公路等阻水作用，所以单位计算淹没面积均小于本研究结果。

本书计算的淹没面积主要用于淹没经济效益的计算分析，范围应包括可能的最大范围为佳，所以淹没效益以本书淹没 0.5m 的计算范围计算，沿堤长度约 14km。

3. 淹没指标及经济增长率

溃堤淹没损失包括生命损失、经济损失和社会环境影响。溃堤生命损失是最严重的损失，除死者无辜失去生命外，还会造成幸存者心理恐慌、社会不安，但难以用经济指标来衡量。我国在这方面研究很少，更多主要针对经济损失进行评估。本次研究同样仅考虑经济方面。

溃堤淹没经济损失一般包括直接经济损失和间接经济损失。直接经济损失包括防洪工程自身损毁造成的损失和洪水淹没造成的可用货币计量的各类损失。工程损毁费用根据工程经验，按前述工程投资费用的 1.5 倍计算。淹没损失一般应进行详细社会调查，分类分解计算，计算复杂且工作量巨大。为简化计算，本研究根据 1962 年上海市区遭受风暴潮袭击直接淹没损失统计数据 5 亿元进行粗略估算。按当时市中心城区面积约 60km^2 计算，每平方公里直接淹没损失约为 833.3 万元，按 6% 经济增长至 2008 年约每平方公里淹没损失为 6789.1 万元。

间接损失是指直接经济损失以外可用货币计量的损失，主要包括由于采取各种措施（如防洪、抢险、避难、开辟临时交通线路等）而增加的费用、因交通等中断造成的工矿企业停产及产品积压损失费用、抢险人员投入而造成停产停业损失费用、灾后恢复生产费用等。由此看出，间接费用计算设计面更广、内容更复杂，计算范围无明显界限，精确定量困难。一般可采用直接估算法和系数估算法，实际运用中因直接估算太困难，常采用系数估算法。关于间接损失估算系数一般取 0.15 ~ 0.30。考虑研究区域已建部分海堤，同时海堤保护区又非常重要，所以本研究综合各方面因素，并参考三峡工程经济分析数据，间接损失按直接损失的 0.25 倍估算。

经济增长率根据国际著名咨询公司普华永道预测，2008—2025 年间上海每年增长率预期会保持在 6% ~ 7%，所以本次研究按其预测低值 6% 计算。

4. **海堤工程经济效益估算**

按照遭遇大于 1000 年一遇高潮位加 16 级风的计算条件；溃堤按上述计算范围 76.9km^2；漫顶长度按淹没影响范围 14km 计；溃堤直接工程损失按原工程费的 1.5 倍计；漫顶破坏修复费用在“50+10”（50 年一遇潮位 +10 级风）设计标准情况下按工程费 50% 计，以后每级减少比例按原工程费用增加比例考虑；工程修复费用物价上涨按 4% 计；直接损失每级减少比例按费用增加比例考虑，即认为在相同频率增加值情况下损失增加值相等，$\frac{\Delta S/S}{\Delta P}=\frac{\Delta C/C}{\Delta P}$（$\Delta P$ 为频率或重现期变化值，$\Delta S/S$ 为损失变化率，$\Delta C/C$ 为费用变化率）；间接损失按总直接损失 25% 计；计算期按 50 年考虑。不同标准海堤溃堤淹没损失见表 6.12。

6.4.5 海堤经济最优经济防御标准分析

1. **供需均衡法分析**

根据供需均衡理论和上述费用及损失计算结果，计算边际费用及边际效益（损失），并计算效益增加或减少 10% 后的益本比（表 6.13）。根据计算结果，绘制标准—边际费用及标准—边际损失曲线如图 6.8 所示。

计算结果显示，当边际效益与边际费用相等时，海堤设防为 200 ~ 300 年一遇高潮位加 200 年重现期风（12 级左右）。同时，计算结果还表明，经济最优防御标准对边际效益与边际费用敏感性较小。

表 6.12　海堤工程经济效益（淹没损失）估算表

设计标准（年 + 级 / 年）	溃堤损失 /（千元 /m）	溃堤损失 /（千元 / 168m）	漫顶破坏 /（千元 / 14km）	直接工程 /（千元 / 14km）	修复费用 /（千元 / 14km）	淹没直接 /（千元 / 14km）	直接损失 /（千元 / 14km）	间接损失 /（千元 / 14km）	总损失 /（千元 / 14km）	损失现值 /（千元 / 14km）	损失现值差 /（千元 / 14km）
50+10/25	54.954	13848	384678	398526	1710424	22407075	24117499	6029375	30146874	5554537	282163
100+10/50	57.277	14434	344808	359241	1541817	22407075	23948893	5987223	29936116	5515705	243331
100+11/100	58.794	14816	321015	335831	1441345	22407075	23848420	5962105	29810525	5492565	220191
100+11/150	60.057	15134	294279	309414	1327963	22407075	23735039	5933760	29668799	5466452	194078
200+11/150	61.066	15389	273576	288964	1240197	22407075	23647273	5911818	29559091	5446238	173865
200+12/200	62.051	15637	251927	267564	1148350	22407075	23555425	5888856	29444281	5425085	152711
300+12/200	63.293	15950	221526	237475	1019213	22407075	23426289	5856572	29282861	5395343	122969
500+13/250	65.204	16431	173443	189874	814915	22407075	23221990	5805498	29027488	5348291	75917
1000+15/500	68.445	17248	95823	113071	485287	22407075	22892362	5723091	28615453	5272374	0

表 6.13　不同防御标准海堤经济评价表　单位：千元

设计标准（年 + 级 / 年）	费用现值	边际费用	效益现值（损失）	边际效益（损失）	效益现值’（+10%）	效益现值”（−10%）	益本比	益本比’	益本比”
50+10/25	1087887	0	5554537	282163	6109990	4999083	5.11	5.62	4.60
100+10/50	1133873	45987	5515705	243331	6067275	4964134	4.86	5.35	4.38
100+11/100	1163904	76018	5492565	220191	6041821	4943308	4.72	5.19	4.25
100+11150	1188907	101021	5466452	194078	6013097	4919807	4.60	5.06	4.14
200+11/150	1208882	120995	5446238	173865	5990862	4901614	4.51	4.96	4.05
200+12/200	1228381	140494	5425085	152711	5967593	4882576	4.42	4.86	3.97
300+12/200	1252968	165081	5395343	122969	5934877	4855809	4.31	4.74	3.88
500+13/250	1290799	202912	5348291	75917	5883120	4813462	4.14	4.56	3.73
1000+15/500	1354959	267072	5272374	0	5799611	4745136	3.89	4.28	3.50

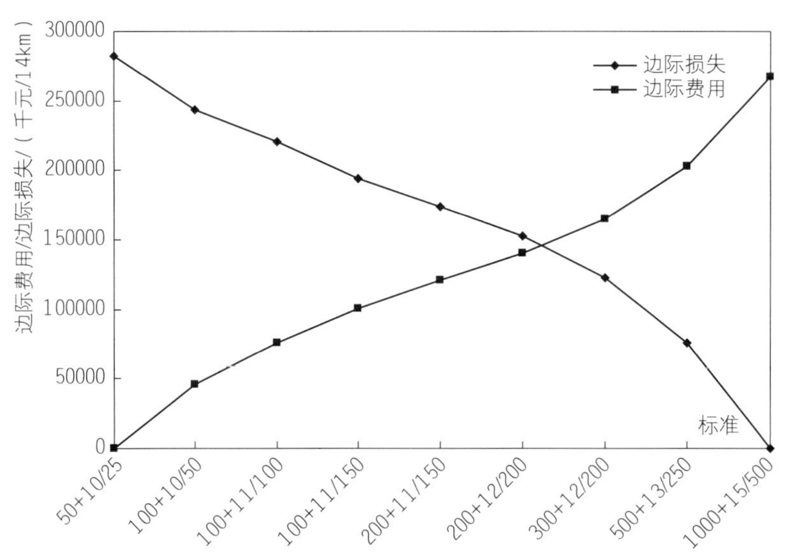

图 6.8　标准—边际费用及标准唯一边际损失曲线图（供需均衡法）

2. 费用损失最小法分析

与供需均衡法分析不同的是采用费用损失最小法需要计算不同强度灾害不同防御标准情况下的灾害损失，因此需要计算不同灾害强度下的淹没面积。根据前述平面二位水流数学模型，计算不同强度灾害情况下淹没面积，并统计淹没水深 0.5m 范围。利用前述计算参数及基准年（2008 年）淹没指标 6789.1 万元 /km^2，分别计算基准年可能淹没损失，结果见表 6.14。

现值系数按增长率 6%、通货膨胀率 4%、社会折现率 7% 计算，得 1.387。因可能损失的不确定性，研究又计算了损失各增加或减少 10% 费用损失的总值，借以分析对防御标准的影响。海堤建设运行费用与损失总值计算结果见表 6.15。

由表 6.15 和图 6.9 可以看出，按本研究假定的计算方法，海堤设防采用 200 年一遇高潮位加 150 年重现期风（11 级左右）至 500 年一遇高潮位加 250 年重现期风（13 级左右）范围的防御标准，费用损失变化趋势逐渐平缓，在 500 年一遇高潮位加 250 年重现期风（约 13 级）标准时费用与损之总值达到最小。

3. 海堤经济最优防御标准分析结果

按照历史发生情况及已建工程经验，利用经济学中供需均衡法和费用损失最小法，粗略估算了海堤经济最优的防御标准。初步比较说明，研究区域海堤适宜的防御标准介于 200 ~ 500 年一遇高潮位加 150 ~ 250 年重现期风速（11 ~ 13 级左右）标准之间。当高潮位标准增加时，费用与损失和的变化不明显。由于研究未考虑生命损失等因素，所以实际取用防御标准宜高于该范围。

表 6.14　　海堤工程淹没损失估算表　　单位：千元

设计标准	超越	级差	有工程（50+10/25）		有工程（100+10/50）		有工程（100+11/100）		有工程（100+11/200）		有工程（200+11/200）	
（年+级/年）	概率 /%	概率 /%	总损失	可能损失	总损失	可能损失	总损失	可能损失	总损失	可能损失	总损失	可能损失
50+10/25	55.32	–	0.00									
100+10/50	25.11	30.21	6397639	966363	0							
100+11/100	15.60	9.51	6421682	609559	6100597	290083	0					
100+11/150	11.22	4.38	6445724	281796	6123438	267706	5939735	130080	0			
200+11/150	6.30	4.92	6572186	320241	6243577	304229	6056270	295102	5874581	144515	0	
200+12/200	4.91	1.39	6576995	91387	6248145	86817	6060701	84213	5878879	81687	5761302	40041
300+12/200	3.41	1.50	6669317	99347	6335851	94380	6145775	91549	5961402	88802	5842174	87026
500+13/250	1.73	1.68	6800587	113147	6460558	107490	6266741	104265	6078739	101137	5957164	99114
1000+15/500	0.46	1.27	7024180	87787	6672971	83398	6472782	80896	6278599	78469	6153027	76900
合计				2569627		1234104		786105		494610		303081

设计标准	超越	级差	有工程（200+12/200）		有工程（300+12/200）		有工程（500+13/300）		有工程（1000+15/500）			
（年+级/年）	概率 /%	概率 /%	总损失	可能损失	总损失	可能损失	总损失	可能损失	总损失	可能损失		
50+10/25	55.32	–										
100+10/50	25.11	30.21										
100+11/100	15.60	9.51										
100+11/150	11.22	4.38										
200+11/150	6.30	4.92										
200+12/200	4.91	1.39	0									
300+12/200	3.41	1.50	5725331	42940	0							
500+13/250	1.73	1.68	5838021	97132	5721261	98978	0					
1000+15/500	0.46	1.27	6029966	75362	5909367	27183	5791180	26639	0	0		
合计				215434		126161		26639		0		

注：计算海堤长度范围时供需均衡法，漫顶长度按 14km 计算。

表 6.15　　海堤工程费用及损失估算表　　单位：千元

标准										
标准	潮位（年）	50	100	100	100	200	200	300	500	1000
	风速（级/年）	10/25	10/50	11/100	11/150	11/150	12/200	12/200	13/250	15/500
可能损失现值		2569627	1234104	786105	494610	303081	215434	126161	26639	0
可能损失现值 +10%		2826590	1357514	864715	544071	333389	236977	138777	29303	0
可能损失现值 -10%		2312665	1110693	707494	445149	272773	193890	113545	23975	0
建设及运行费		1087887	1133873	1163904	1188907	1208882	1228381	1252968	1290799	1354959
费用损失合计		3657514	2367977	1950009	1683517	1511963	1443815	1379129	1317438	1354959
费用损失合计'		3914477	2491387	2028619	1732978	1542271	1465358	1391745	1320102	1354959
费用损失合计"		3400551	2244567	1871399	1634056	1481655	1422272	1366513	1314774	1354959

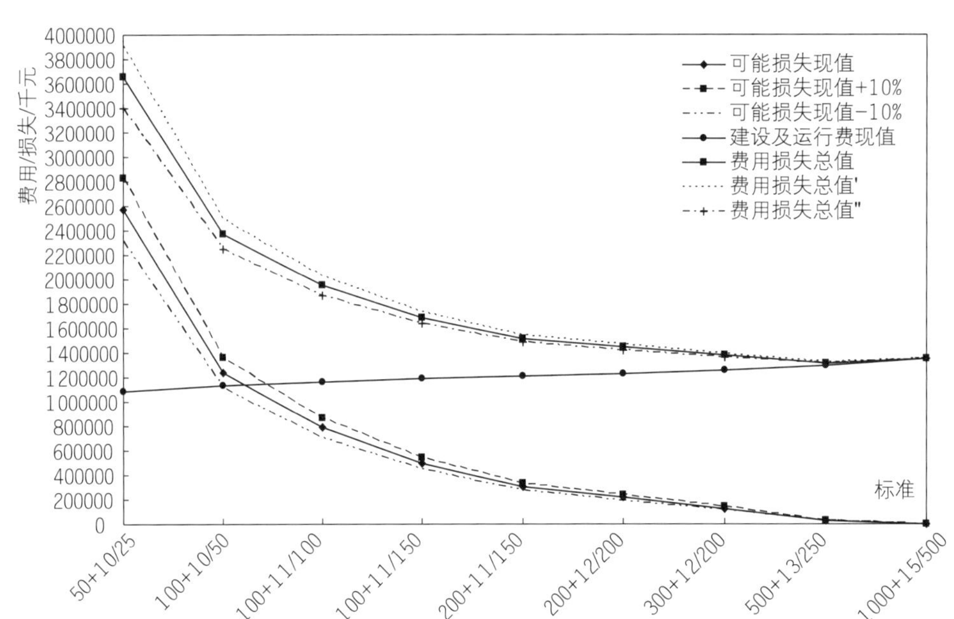

图 6.9　标准—费用及损失曲线图（费用损失最小法）

6.4.6　研究区域适宜的设防标准分析

确定海堤适宜的防御标准应综合考虑工程、经济、社会、政治、环境等各方面因素，同时应根据海堤所在位置及防护区内防护对象确定各自防御标准。

1. 经济最优标准分析结果

根据前述海堤经济最优标准分析结果，研究区域海堤适宜的标准介于

200 ~ 500 年一遇高潮位加 150 ~ 250 年重现期风速（11 ~ 13 级）标准之间。若考虑生命损失，在经济条件允许情况下防御标准应适当提高。

2. **社会经济及相关规定要求**

研究区域海堤沿线主要包括金山、奉贤、浦东（2009 年南汇并入浦东）、宝山、崇明等主要区县，其中崇明包括崇明、长兴和横沙三岛。

研究区域的陆域根据城市总体规划，自杭州湾北岸至长江口南岸将形成一大包围经济产业带，包括金山石化、化学工业区、奉贤旅游度假区、临港重装备产业区、临港新城、浦东国际机场、外高桥港区、吴淞宝钢及罗泾港区等，经济发展呈现快速发展态势。所以，根据大陆地区非农业人口规模，属于特别重要城市，社会经济地位特殊，城市等级为一等。因此，根据国家 GB 50201—1994 和 SL 435—2008 等行业技术标准，陆域海堤防潮标准可以确定不应低于 200 年一遇重现期。

崇明县（包括崇明、长兴及横沙三岛）按非农业人口规模属重要城市。但是，长兴岛定位于海洋装备岛和生态水源岛，北沿已经建设为上海市远期供水的青草沙水库，南岸沿线已相继建设大型港口码头、船舶基地等，可以按特别重要的城市确定设防标准。所以，根据国家和行业技术标准，长兴岛地区海堤防潮标准不应低于 200年一遇重现期。崇明岛定位于生态绿色农业岛，横沙岛定位于生态休闲岛。所以，崇明岛和横沙岛防潮标准不应低于 100 年一遇重现期。

SL 435—2008 规定，波浪或风速标准取与防潮标准一致。

3. **研究区域分区自然条件**

影响海堤设防标准的还有海堤前沿自然因素，主要包括滩地高程、高潮位、风速风向（波浪由潮与风表示）等，其中影响海堤分区的最主要的是风速风向。

由于杭州湾和长江口水沙条件和水动力条件变化，海堤前沿滩地虽有一定趋势但变化经常受到改变。在杭州湾北岸（金山、奉贤及原南汇部分地区），海堤前沿滩地主要处于微冲并有风浪剥蚀状态；在长江口南岸至五号沟以上岸段，海堤前沿滩地基本处于基本稳定并有水流冲蚀状态，五号沟以下则处于淤涨状态；在三岛地区，海堤前沿滩地因位置不同而呈现不同的冲淤变化，总体上是“南冲北淤”（岛的南面滩地冲刷，北面滩地淤涨）。另外，随着大面积促淤圈围工程的推进，一线海堤向深水推进，诸多岸段的海堤前沿滩地较低，水深较深。

受全球气候变化，海平面上升及地面沉降，海堤前沿的高潮位有抬高趋势。上海市沿海高潮位均处于同一抬高趋势状态。

对海堤产生重大影响的主要是风速风向及风区长度。根据工程所在位置，各区段海堤所受风的风速风向及风区长度不同。杭州湾北岸区域段和长江口口外区域段主要为开敞式无限风区岸段，而长江口口内区域段则是有限风区岸段。

4. 研究区域分区情况

根据对研究区域海堤从行政区域、地理位置及社会经济状况的分析，可以总体分为大陆区域和三岛区域；从海堤前沿自然条件，主要可分为杭州湾北岸区域、长江口口外区域和长江口口内区域等三大部分。具体分区见表 6.16。

表 6.16 研究区域海堤设防分区

区域名称		包含岸段
大陆区域	杭州湾北岸	金山、奉贤、原南汇杭州湾内部分
	长江口口外	南汇东滩
	长江口口内	原浦东、宝山
三岛区域	长兴岛	长兴岛
	崇明岛	崇明岛
	横沙岛	横沙岛

5. 研究区域分区适宜防御标准

不同影响因素的分析结果对海堤防潮标准和防风浪标准提出了不同要求：①风潮组合重现期关系推导结果表明，防潮标准宜高于防风浪标准；②考虑防御灾害风险水平的一致性，防潮标准与防风浪标准宜一致；③按相关国家规定，应考虑防潮标准与防风浪标准一致；④考虑实际应用，由于风速统计困难，最好按定级风表示防御标准；⑤海堤实际破坏结果显示，风浪对护坡结构破坏巨大，应重视防风浪标准。

综合上述设防标准分析、保护对象重要性分析、前沿自然条件分析等成果，考虑研究区域既有社会经济水平，结合研究区域遭遇风暴潮特点，根据“保障安全、标准适宜、新老衔接、便于管理”的原则，提出研究区域海堤采用风潮防御标准一致，防潮标准按重现期表示，防风浪标准按定级风表示。

近期，大陆及长兴岛区域达到防御 200 年一遇高潮位加 200 年一遇左右重现期风速（12 级），长江口外及杭州湾取 12 级风速上限，长江口内取 12 级风速下限；崇明岛及横沙岛区域达到防御 100 年一遇高潮位加 100 年一遇左右重现期风速（11 级下限）；有条件区域可根据需要适当提高标准。远期，根据经济发展水平，逐步提高防御标准。研究区域海堤分区设防标准见表 6.17。

表 6.17 研究区域海堤分区设防标准

标准分类	适用区域	标准取值说明
200 年一遇	大陆、长兴岛	大陆主海塘三甲港～芦潮港为 200 年一遇高潮位 +12 级风速上限，大陆其余部分及长兴岛为 200 年一遇高潮位 +12 级风速下限
100 年一遇	崇明岛、横沙岛	崇明岛北沿及横沙岛北沿主海塘为 100 年一遇高潮位 +11 级风速上限，其余部分为 100 年一遇高潮位 +11 级风速下限

注：11 级风速为 28.5 ~ 32.6m/s；12 级风速为 32.7 ~ 36.9m/s。

6.5 本章小结

（1）海堤防御标准是防洪标准的一种，可以采用防洪标准确定方法研究其防御灾害的标准。国际上关于防洪标准确定方法目前采用和研究较多、理论体系相对健全的防御标准确定方法主要有：等级划分法、经济分析方法、风险分析方法和综合评价模型法，对洪水表达方法大致有典型年法、频率分析法、物理成因法和风险分析法等四种。基于风险分析的防洪标准确定方法是目前国际上研究和推荐的主要方法。根据调研，目前国外主要发达国家沿海城市海堤防御标准较国内的更高。

（2）按照风险管理和灾害防御理论，引入超越概率理论，对建筑物遭遇双灾害因素，从理论层面研究了组合超越概率分析方法，推导了双灾害因素组合重现期关系。研究结果表明：遭遇双灾害因素事件，对确定的可靠度可采取多种重现期组合方式满足；当重现期组合关系满足 1∶2.18 时，双灾害因素同时出现的概率最大。在对海堤破坏因素进行物理分解分析，以及引用实测西太平洋四个海域实测天文潮与台风增水关系，得出天文高潮与台风的遭遇是相互独立的结论，进而提出了海堤遭遇风暴潮组合的重现期组合关系。

（3）按照风险即为超越概率与损失之积的定义，采用经济学中供需均衡法和费用损失最小法，根据历史发生情况及已建工程经验数据，粗略估算了不同标准情况下海堤边际投入与边际效益。结果表明，海堤经济最优防御标准介于 200 ~ 500 年一遇高潮位加 150 ~ 250 年一遇的风速（11 ~ 13 级）标准之间。

（4）海堤适宜的防御标准确定应综合考虑工程、经济、社会、政治、环境等各方面因素，同时应根据海堤所在位置及防护区内防护对象确定各自防御标准。综合理论推导结论、风险水平一致性、国家相关规定、海堤破坏形态、保护对象重要性、前沿自然条件等分析成果，并考虑遭遇风暴潮特点、既有社会经济水平，提出研究区域海堤采用风潮防御标准一致，防潮标准按重现期表示，防风浪标准按定级风表示。

（5）根据行政区域、地理位置及社会经济状况分析，研究区域总体可分为大陆区域和三岛区域；根据海堤前沿自然条件，又可分为杭州湾北岸区域、长江口口外区域和长江口口内区域等三大部分。根据“保障安全、标准适宜、新老衔接、便于管理”的原则，研究区域海堤各分区适宜的防御标准为：近期，大陆及长兴岛区域达到防御 200 年一遇高潮位加 200 年一遇的风速（12 级），长江口外及杭州湾取 12 级风速上限，长江口内取 12 级风下限；崇明及横沙岛区域达到防御 100 年一遇高潮位加 100 年一遇的风速（11 级下限）；有条件区域可根据需要适当提高标准。远期，根据经济发展水平，逐步提高防御标准。

第7章

海堤应对风暴潮风险策略研究

海堤风险管理的最终目的是制定出一套比较完善的风险应对策略。由于海堤风险贯穿于海堤规划、设计、建设和管理的全过程，所以海堤风险应对策略制定需要从灾前、灾中和灾后三个环节制订系统的应对策略。海堤风险应对措施包括工程措施和非工程措施。海堤工程建设总体布局、新建或既有海堤加高加固是最主要的工程性措施。海堤管理信息系统、监测与预警系统及风暴潮信息系统等建设是主要的非工程性措施。在遭遇极端情况下的超标准风暴潮，还需要考虑采取应急管理措施防灾减灾，把风险控制在合理的范围内。

7.1 海堤风险应对总体策略研究

7.1.1 决策者态度对风险应对的影响

根据风险管理理论，风险应对措施因决策人对风险态度、决策目标、掌握信息、决策准则、决策方法的不同而不同。一般的风险应对措施主要从改变风险后果的性质、风险发生的概率或风险后果大小三个方面提出，包括风险减轻、风险预防、风险转移、风险回避、风险接受和后备措施等。每一种都有侧重点，具体采取哪一种或几种取决于项目的风险形势和态度。

根据效用理论的研究 （图 7.1），保守型的人对风险结果较为敏感（曲线斜率较大），当风险小有增加，就有较高的效用值。当增加到某一值后就已经很满足了，对追求更高收益的兴趣很小，即对于利益的反应比较迟缓，而对损失的反应很敏感，不求大利，但要避免风险；反之，冒险型的人对可能出现较大的利益比较感兴趣，而对损失反应迟缓，对小的风险给以小效用值，只有当风险增加到一定程度后，冒险型的人才开始给以大效用值；中间型的人的行为介于两者之间，对风险保持中立态度。

在海堤规划、设计、建设和管理过程中不同的参与者对风险有着不同的态度，因此对风险的应对措施也会有不同的方法。对于政府投资部门，希望用最少的钱满足基本要求（或上级部门要求）；对于行业主管部门，希望建设满足一定防御标准的海堤，达到安全可靠目的；对于规划设计人员主要从保证设计方案的可行性和安

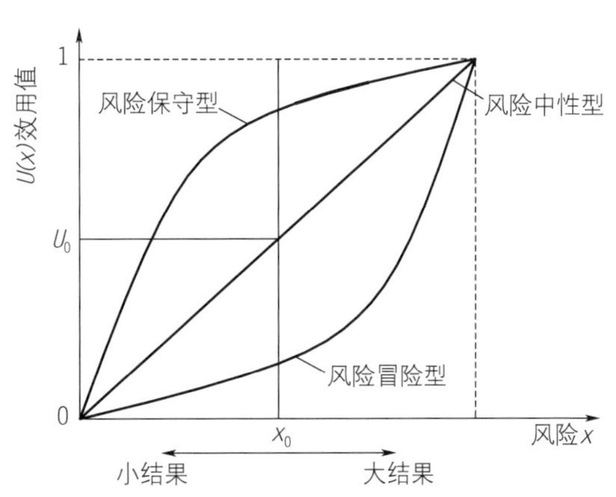

图 7.1　效用曲线的比较图

全性考虑；对于运行管理人员，希望越安全越好。所以，风暴潮风险应对策略制定应从不同角度制定总体防御策略。以研究区域海堤应对风暴潮为例，提出风险预防、风险减轻、风险转移、风险回避等方面的措施，以供借鉴。

7.1.2　海堤风险应对总体策略制定

国内外学者不仅对沿海风暴潮灾害进行了大量研究，而且对风暴潮防御对策进行了研究，提出了应对措施建议和应急管理建议。海堤应对风暴潮属于自然灾害应对一种，可以按照自然灾害风险管理提出应对策略。海堤风险应对策略制定应是一个考虑灾前、灾中和灾后三个维度的系统工程，需从灾前防灾减灾体系、灾中应急管理体系以及灾后损失评估和赔偿体系三个环节入手。

1. 灾前防灾减灾体系建设

灾前防灾减灾体系建设可以提高海堤防御风暴潮的能力，减轻风暴潮灾害损失，降低风暴潮风险。虽然，防灾减灾体系建设本身不能直接创造效益，但防灾减灾不仅可以保证人民生命财产安全，减少直接灾害损失，而且还可以保证生产安全进行，减少因灾害导致的生产损失，产生间接效益。风暴潮灾前防灾减灾体系主要包括一定标准的海堤工程建设、海堤管理信息系统建设、风暴潮信息系统建设、风暴潮数值预报与预警等。

采取工程性防护措施——建造合理标准的海堤，并辅以丁坝群和离岸堤等工程措施，是预防和减轻风暴潮风险最直接的方式。除兴建海堤和防护系统外，植物防护等生态工程也是一种工程性措施。海堤管理信息系统、监测与预警系统及风暴潮信息系统等非工程措施是海堤应对风暴潮风险的有效手段。海堤工程实时监测和管理信息系统建设，可以为及时准确掌握海堤工程的状态，做好维护管理，减轻海堤破坏而导致的风暴潮风险损失。风暴潮信息系统建设，可利用历史风暴潮及其灾害信息，并和动态监测系统接口，通过台风、海浪、潮汐等子系统进行综合分析，依据风暴潮灾害发生理论与数学模型，对今后可能发生的风暴潮灾害作出较精确预报。通过监测信息、预报模型建立和研究，完善预测方法，可以为工程防护提供理论依据，也可为风暴潮风险管理和海堤管理提供依据。

2. 灾中应急管理体系建设

灾中应急管理体系是直面风暴潮灾害发生的环节，有效的应急抢险管理体系可将风暴潮灾害降到最低程度。从历史灾情分析，风暴潮灾害给整个社会造成了巨大影响，政府具有迅速应对风暴潮的应急管理能力，可有效降低风暴潮的损失。因此，建立高效的风暴潮灾中应急管理体系，是风暴潮灾害防御体系建设的核心环节。

风暴潮灾中应急管理体系主要包括风暴潮灾害应对措施规划、风暴潮灾害应急指挥平台、应急抢险专业队伍组建、配备专业的应急抢险救灾设备、风暴潮防灾教育和演练等。政府风暴潮应急管理体系建设是政府针对潜在的或突发的风暴潮危机事件的事前预警、中间应急处理和事后恢复的一种管理手段。通过实施各种行之有效的、具有前瞻性、预见性的措施，及时有效消除危机萌芽和处理发生危机，恢复社会正常生活，转危为机，是政府管理能力和管理水平的体现。因此，应对风暴潮的应急管理能力的提高，是政府构建和谐社会、维护政府形象的必要条件和要求。

3. 灾后损失评估和赔偿体系建设

灾后损失评估及赔偿体系是整个风暴潮防御系统的善后环节，也是恢复经济、重建家园的重要保障。目前，关于风暴潮灾害造成的经济损失尚缺乏科学的测评体系，无法做到快速有效地评估台风灾害损失，灾后相应的赔偿体系也不能及时建立，影响到受灾地区重建工作的有效开展。因此，建立科学的损失评估体系和完善的赔偿体系，不仅可以为未来的防御工作提供科学依据，也可以将社会大众的损失降到最低，有效维护政府威信，保障社会安定团结。

灾后损失评估及赔偿体系主要包括风暴潮灾害等级划分、风暴潮灾害风险区划图制定、风暴潮灾害防治政策、灾害损失调查原则、灾害损失评估指标体系、灾害赔偿标准等。在建立了灾后损失评估及赔偿体系后，应对沿海地区工农业及渔业生产考虑引入保险机制，改事后救助为事前保险，逐步建立风暴潮灾害风险分担的长效机制。

7.2 海堤风险应对工程性措施

建造合理标准的海堤，并辅以丁坝群和离岸堤等工程措施，是预防和减轻风暴潮风险最直接的方式。因此，根据保护对象、海堤前沿水情风情和社会经济能力，规划建设一定标准的海堤防御系统非常重要。以研究区域上海市的海堤工程总体布局和工程方案进行说明。

7.2.1 研究区域海堤工程总体布局

1. 海堤现状及存在问题

据最新调查数据，研究区域存在具有防御风暴潮能力的三类海堤，其中：第一类主海堤是达到国家防御标准，对大陆和三岛陆域起主要防御作用的堤防工程，总长约 495.4km；第二类一线海堤是直接面临长江口、东海、杭州湾的前沿堤防工程，总长约 523.0km；第三类备塘指有主海堤保护的内陆原海堤，其中主要备塘总长约 201.5km，零星次要备塘总长约 305.9km。

通过历年海堤工程和保滩工程建设，研究区域的海堤防御能力得到较大提高，保障了城乡防汛安全。在上海新一轮城市转型发展中，目前海堤还存在如下主要问题：一是风情水情工情发生较大变化，海堤安全风险有增无减；二是沿江沿海经济社会快速发展，海堤整体防御能力不足；三是海堤重建设轻管理，长效常态管理有待加强。

2. 海堤总体目标及标准

海堤建设总体目标是：坚持“以人为本、安全为先、城乡统筹、建管并举、人水和谐”的原则，到规划期末，基本建成与上海“四个中心”和社会主义现代化国际大都市建设目标相适应，城乡一体、标准适宜、布局优化、安全可靠、绿色生态的海堤综合防御体系。

规划具体目标是：海堤全面达到新的规划标准：大陆及长兴岛主海塘防御能力达到 200 年一遇高潮位 12 级风速（长江口外取上限，长江口内取下限），崇明岛及横沙岛主海塘防御能力达到 100 年一遇高潮位 11 级风速。明确海塘管理和控制范围，推进网格化、信息化建设、精细化管理，海堤长效常态管理体系基本形成，海堤防汛抗灾能力进一步提高。

3. 海堤规划总体布局

海堤规划总体布局与城市总体规划相衔接，按照“全线封闭、保障安全，城乡一体、整体防御，确保主堤、分类指导”的布局原则，将大陆和崇明岛、长兴岛、横沙岛的主海堤分别形成四个独立的防御体。

在现状海堤基础上，形成“一弧、三环”海堤总体布局（图 7.2），适应浦东国际机场、罗泾港区、长兴岛船舶基地、临港重装备基地等滨江临海经济发展，重点调整宝山区、浦东新区、崇明县等区县主海堤布局；合理布置青草沙水库、东风西沙水库、陈行水库、崇明北沿、横沙东滩、南汇东滩等区域的一线海堤；因地制宜、有序稳妥处置退居二线备堤，在保证防汛安全前提下，逐步调整二线备堤功能。

一弧：形成与江、浙两省海堤及黄浦江防汛墙相衔接的标准适宜大陆弧形主海堤线，总长约 209.9km。

三环：形成崇明、长兴、横沙三岛封闭环形岛域主海堤线，总长约 285.6km，其中崇明岛主海堤长约 191.9km（不包括江苏省新隆沙和永隆沙主海堤 29.3km），长兴岛主海堤长约 62.6km，横沙岛主海堤长约 31.1km。

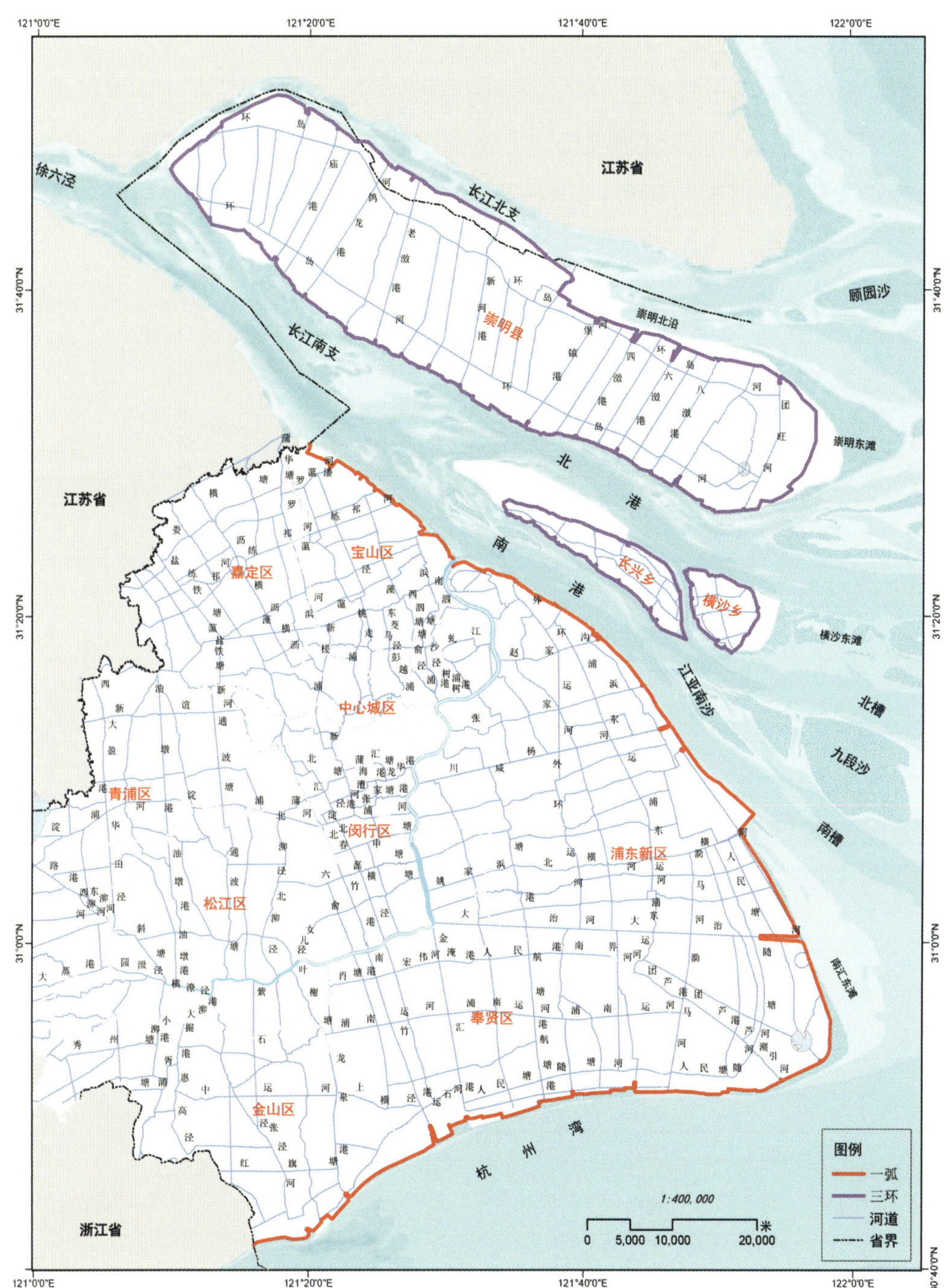

图 7.2 “一弧、三环”海堤总体布局图

7.2.2 典型海堤加高加固方案拟订

研究区域全线建有不同标准的海堤，因此海堤工程建设主要是按照规划确定的防御标准，对未达标的海堤断面进行加高加固。海堤遭受风暴潮灾害影响，相关研究均表明，通过护坡消浪措施和降低堤前水深较为经济，所以加高加固措施采用的顺序为：加设消浪块体（原无块体护面）→增设或加宽消浪平台（原为单坡或平台较窄）→增设防浪墙（原无防浪墙）→增设消浪顺坝（冲刷段）或几种方案组合，

典型断面加固方案如图 7.3 所示。不同区域采用不同组合加固后的计算成果见表 7.1。

根据调查资料和计算复核，对应于新的海堤规划标准，通过对不同岸段海堤综合分析，共有 153.1km 海堤需要通过加高加固等工程措施提高防御能力，主要分布在金山、奉贤、浦东、宝山、崇明、长兴、横沙等未达标的海堤薄弱段。

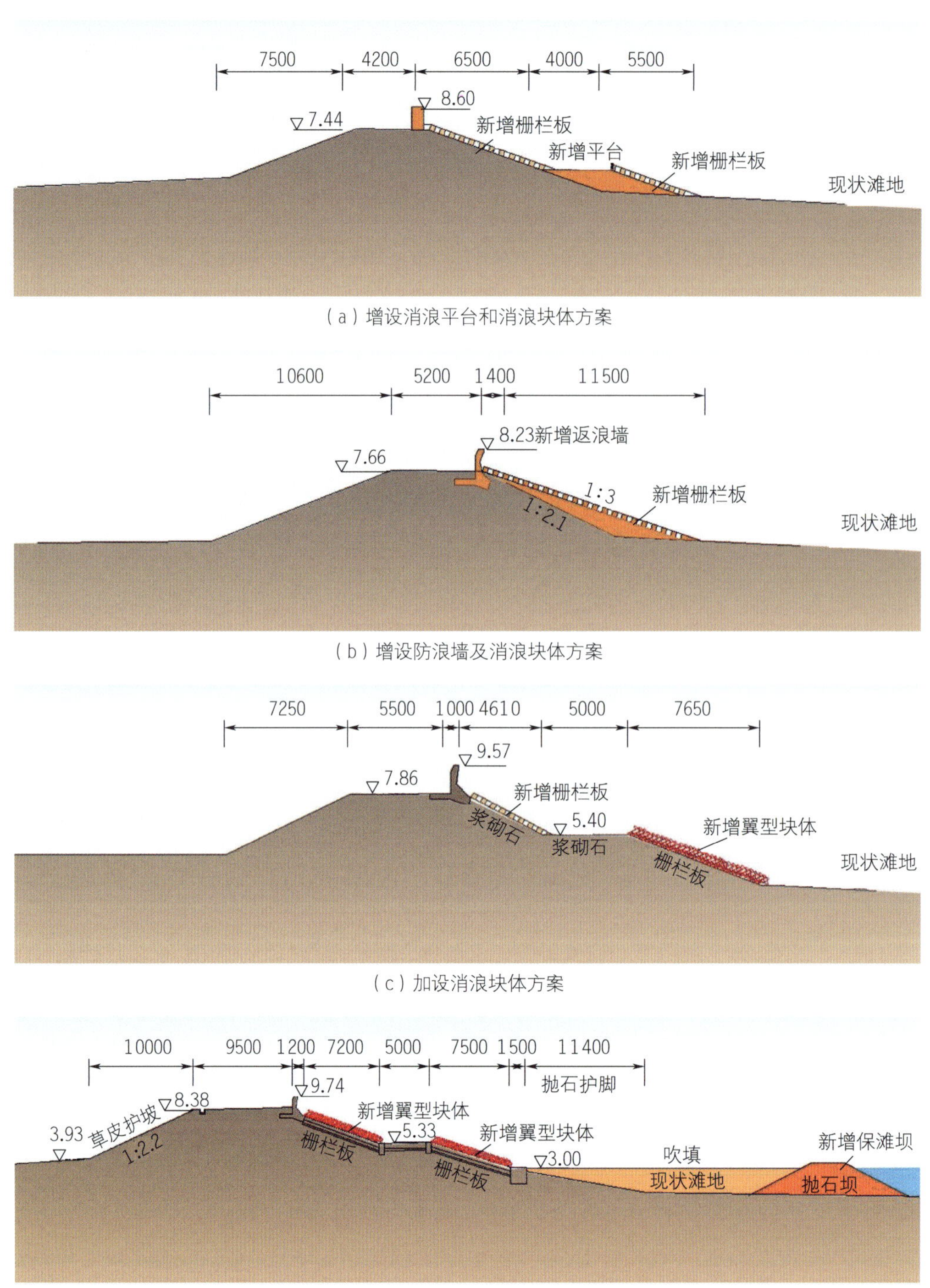

图 7.3　典型断面加固方案（高程、水位单位为 m，其余尺寸为 mm）

表 7.1　　　不同区域典型断面加高加固方案及计算成果表

区域	断面号	防御标准	原设计标准	堤顶高程 /m			加高加固方案
				现状	复核	加高加固后	
金山	金山石化	200 年一遇 +12 级风	100 年一遇 +12 级风	10.40	12.04	10.4	上下坡砌石护坡上设置翼型块体
	娘娘庙		100 年一遇 +11 级风	9.67	10.43	9.65	上坡砌石设置翼型块体，加宽平台
	化工塘		100 年一遇 +11 级风	9.74	10.98	9.64	吹高堤前滩地，上坡设置翼型块体
奉贤	灰坝东圈围大堤	200 年一遇 +12 级风	200 年一遇 +12 级风	10.33	10.20	—	—
	金汇塘		100 年一遇 +11 级风	9.20	9.96	9.20	现状外平台宽 1m，加宽至 5m
南汇	临港大堤	200 年一遇 +12 级风	200 年一遇 +12 级风	9.50	9.49	—	—
	芦潮港镇政府围垦		100 年一遇 +11 级风	9.20	11.43	9.20	在 1：2.2 浆砌石单坡上设置翼型块体
浦东新区	机场大堤	200 年一遇 +12 级风	200 年一遇 +12 级风	10.80	10.71	—	—
	芦潮港镇政府围垦		100 年一遇 +12 级风	100.00	10.05	—	—
	海滨防汛堤		100 年一遇 +12 级风	9.57	9.85	9.44	上坡浆砌石护坡上设置栅栏板
宝山	宝山东门	200 年一遇 +12 级风	100 年一遇 +11 级风	8.58	10.77	8.54	上下护坡上设置翼型块体，加宽平台
	华能二电厂		100 年一遇 +11 级风	8.19	10.05	8.59	上下护坡上设置翼型块体，加宽平台
长兴岛	北：先进圩	200 年一遇 +12 级风	100 年一遇 +11 级风	8.57	9.86	8.5	浆砌石护坡上设置翼型块体
	东：冰库圩		100 年一遇 +10 级风	8.16	9.00	8.04	浆砌石护坡上设置翼型块体
	南：西仁字圩		100 年一遇 +11 级风	7.84	11.10	9.11	设复式坡后加高挡墙至 9.2m
	南：四圩		100 年一遇 +11 级风	8.07	10.89	9.44	上坡浆砌石护坡上设置栅栏板，挡墙加高至 9.2m

续表

区域	断面号	防御标准	原设计标准	堤顶高程 /m			加高加固方案
				现状	复核	加高加固后	
崇明岛	DXDM-080	100 年一遇 +11 级风	50 年一遇 +11 级风	7.71	9.07	8.30	拆除原 1∶2.4 楼板单坡，替换为 1∶3 栅栏板护坡，同时加设挡墙
	DXDM-087	100 年一遇 +11 级风	50 年一遇 +11 级风	7.74	10.05	9.00	拆除原 1∶2.1 螺母块体单坡，替换为 1∶3 翼型块体护坡，同时加设挡墙
	DXDM-110		50 年一遇 +10 级风	8.88	10.03	8.80	在原 1∶3 浆砌石单坡上加设翼型块体，堤顶高程不变
	DXDM-128		20 年一遇	7.44	9.62	8.60	原护坡为 1∶3 土坡，设置 1∶3 栅栏板复式护坡，同时加设挡墙

7.2.3 基于风险评价的建设时序确定

海堤建设时序统筹考虑海堤工程现状、保护对象重要性、实施难易程度，具体原则如下:

（1）突出重点。根据岸段保护对象重要性，结合区域社会发展和重要国民经济设施安全运行情况，突出重点，先期实施保护对象重要、级别高的岸段。

（2）轻重缓急。根据河势与滩势演变趋势，结合历史潮灾、沿海潮位与风速等自然条件，先期实施灾害风险大、防御标准低的岸段。

（3）先易后难。根据岸段结构和属性特点，结合保护对象复杂性和工程实施难易程度，先期实施难度小的岸段。

1. 建设时序确定方法

建设时序采用综合评价法确定。按照既有海堤工程等级标准、损坏程度、海堤风险、难易程度、防护效益等五项指标进行赋值，赋分规则如下:

（1）等级标准。总分 10 分。根据海堤现状标准及规划标准进行赋分，相差 1 级 5 分，相差 2 级 8 分，相差 3 级及以上 10 分，级别相同，设计标准提高赋分 3 分。

（2）损坏程度。总分 20 分。根据海堤调查破损情况进行赋分，损坏 10% 以内赋 0~7 分，损坏 10%~20% 赋 8~15 分，20% 以上赋 20 分。

（3）海堤风险。总分 30 分。根据堤顶高程、护面结构强度、稳定性等复核计算结果确定海堤综合等级，再根据综合等级进行赋分，其中: 综合等级为 A，赋 0 分;

综合等级 B（各项等级评价中 A 较多时），赋 10 分；综合等级 B（各项等级评价中 B 较多时），赋 20 分；综合等级 C，赋 30 分。

（4）难易程度。总分 20 分。根据海堤现状调查确定实施的难易程度进行赋分，其中：容易，16~20 分；中等，8~15 分；难，0~7 分。

（5）防护效益。总分 20 分。根据海堤保护对象重要性进行赋值。其中：保护农田、水产设施等，赋 0~5 分；一般工矿企业，赋 5~10 分；重要企业，赋 10~15 分；机场、城镇等，赋 20 分。

2. 海堤风险综合等级确定

（1）结构复核计算。分区域选择典型断面（图 7.4），采用最新海堤防御标准及最新基础资料（潮位、风速、滩地地形等），对堤顶高程、防浪墙稳定、护面结构块体强度和稳定、沉降等进行复核计算，结果见表 7.2。

图 7.4 复核断面位置示意图

表 7.2 现状海堤风险等级划分成果表

区（县）	序号	海堤名称	位置（里程桩号）	堤线长度 /km	海堤风险等级
金山区	1	车客渡海堤	0+453~0+574	0.12	B
奉贤区	1	东港塘	27+978~30+083	2.11	B
	2	三团港圈围大堤	0804.0+000~0804.1+880.8	1.88	B
	3	团结塘	34+583.4~35+820.5	1.24	B
	4	中港两侧港支堤	35+820.5~37+000	1.18	C
	5	竹港西撑塘	4+293.5~4+633	0.34	B
	6	竹港西撑塘、东撑塘	4+633~6+265.9	1.63	C
	7	盐场港大堤	0802.0+030.5~0802.0+211	0.18	B
	8	奉新六号塘	10+126~12+490	2.36	B
	9	水利塘	13+800~15+671.5	1.87	B
	10	金汇塘	23+157.3~27+182	4.02	B
	11	南门港西撑塘	27+182~27+648	0.47	B
	12	南门港东撑塘	27+648~27+978	0.33	B

续表

区(县)	序号	海堤名称	位置(里程桩号)	堤线长度/km	海堤风险等级
浦东	1	—	0305.4+104~0305.4+550	0.45	B
	2	—	44+109~44+503	0.39	B
宝山区	1	老石洞水闸下游两侧	98.14+725~98.15+162	0.44	B
	2	港支堤	5+276~5+579.7	0.31	B
	3	港支堤	11+851~12+041	0.19	B
	4	港支堤	23+000~23+325.6	0.33	B
	5	港支堤	28+785~29+221	0.44	B
崇明县崇明岛	1	崇明东滩工业园区	0311.0+000~0311.4+616	4.6	B
	2	崇头段海堤	崇 226+245.8~229+431	3.19	B
	3	新华钢铁公司	崇 56+698~57+750	1.05	B
	4	—	崇 8+228~9+030	0.80	B
	5	—	崇 27+086~27+813.3	0.73	B
	6	—	崇 52+570~54+144.2	1.57	B
	7	—	崇 66+150~66+850	0.70	B
	8	—	崇 91+828~93+148	1.32	B
	9	—	崇 28+757~29+638	0.88	B
	10	—	崇 28+623.4~28+757	0.13	B
	11	—	崇 123+729.4~125+000	1.27	B
崇明县长兴岛	1	—	长 0+260~1+106	0.85	B
	2	—	长 44+023.4~44+387.4	0.36	B
	3	—	长 47+247.4~48+014.6	0.77	B
	4	—	长 49+201.2~50+121.5	0.92	B
	5	—	长 59+014.8~59+165	0.15	B
	6	—	长 59+178~59+807	0.63	B
	7	—	长 59+920~60+215	0.30	B
	8	—	长 60+234~60+501.5	0.27	B

续表

区(县)	序号	海堤名称	位置(里程桩号)	堤线长度/km	海堤风险等级
崇明县长兴岛	9	长兴岛潘石水闸~中央沙段海堤	长 5+369.3~10+025 长 10+146~13+372.5	7.88	C
	10	长兴岛永丰圩海堤	长 38+106~39+459.1	1.35	C
崇明县横沙岛	1	—	横 0301.0+000~0301.2+139.6	2.14	B
	2	—	横 7+329~11+43.3	3.71	B
	3	—	横 1301.0+000~1301.0+371.2	0.37	B
	4	—	横 11+240.8~15+614.3	4.37	B

复核结果表明：①对原设计标准已达新标准的断面，如临港大堤、机场大堤等，堤顶高程、护面块体的强度、稳定等均满足要求；②对原设计标准低于新确定的防御标准岸段，堤顶高程及护面块体的稳定、强度等均不能满足要求的，必须采取措施进行加高加固。

（2）海堤风险等级划分。根据海堤堤顶高程、防浪墙稳定、护面块体稳定、护底块体稳定、海堤沉降等计算结果，对各专项分别赋予 A、B、C 三个等级，再综合各专项风险等级进行海堤综合风险等级划分：①各专项风险等级均为 A 级的，海堤风险等级定为 A 级；②各专项风险等级均达到 A 级和 B 级的，海堤风险等级定为 B 级；③各专项风险等级中有一项以上（含一项）是 C 级的，海堤风险等级定为 C 级。

根据复核结果，现状海堤风险等级评分见表 7.3。

3. 上海海堤建设时序

围绕大陆海堤未达到 200 年一遇标准的岸段、长兴岛未达到 200 年一遇标准的岸段以及崇明岛未达到 100 年一遇标准的岸段实施主海堤达标工程建设，逐步开展薄弱地段海堤达标改造，堤前滩地冲刷严重岸段的保滩工程建设，并有序推进内青坎整治工程，显著提升全市防汛抗灾能力。根据上海市海堤投资建设实施体制和 2011—2014 年实施情况，拟定 2015—2020 年主海堤（公用）岸段建设时序（表 7.4），同时引导和推进主海堤专用岸段的实施。保滩工程根据滩涂动态监测结果，对冲刷严重的区域，每年安排约 1 亿元的建设资金进行保滩建设，积极推进内青坎工程及防汛物资储备基地建设，在 2020 年已完成全部建设内容。

表 7.3 综合评分表

区县	序号	海堤名称	位置（里程桩号）	现状标准	规划标准	等级标准	损坏程度	海堤风险	难易程度	防护效益	综合评分	备注
金山区	1	车客渡海堤	0+453~0+574	100 年一遇潮 +11 级风	200 年一遇潮 +12 级风	8	12	10	10	15	55.00	
奉贤区	1	东港塘	27+978~30+083	100 年一遇潮 +11 级风	200 年一遇潮 +12 级风	8	20	20	20	20	88.00	
	2	三团港圈围大堤	0804.0+000~0804.1+880.8	100 年一遇潮 +11 级风		8	20	20	20	20	88.00	
	3	团结塘	34+583.4~35+820.5	100 年一遇潮 +11 级风		8	20	20	20	20	88.00	
	4	中港两侧港支堤	35+820.5~37+000	20 年一遇潮		10	20	30	16	15	91.00	
	5	竹港西撑塘	4+293.5~4+633	100 年一遇潮 +11 级风	200 年一遇潮 +12 级风	8	15	20	16	15	74.00	
	6	竹港西、东撑塘	4+633~6+265.9	20 年一遇潮	200 年一遇潮 +12 级风	10	15	30	13	10	78.00	
	7	盐场港大堤	0802.0+030.5~0802.0+211	100 年一遇潮 +11 级风	200 年一遇潮 +12 级风	8	15	20	16	16	75.00	
	8	奉新六号塘	10+126~12+490	100 年一遇潮 +11 级风	200 年一遇潮 +12 级风	8	15	20	16	15	74.00	
	9	水利塘	13+800~15+671.5	100 年一遇潮 +11 级风	200 年一遇潮 +12 级风	8	15	20	16	15	74.00	
	10	金汇塘	23+157.3~27+182	100 年一遇潮 +11 级风	200 年一遇潮 +12 级风	8	6	10	10	13	47.00	
	11	南门港西撑塘	27+182~27+648	50 年一遇潮	200 年一遇潮 +12 级风	10	6	20	6	7	49.00	
	12	南门港东撑塘	27+648~27+978	20 年一遇潮	200 年一遇潮 +12 级风	10	6	20	6	7	49.00	

续表

区县	序号	海堤名称	位置（里程桩号）	现状标准	规划标准	等级标准	损坏程度	海堤风险	难易程度	防护效益	综合评分	备注
浦东	1	—	0305.4+104~0305.4.550	100 年一遇潮 +12 级风	200 年一遇潮 +12 级风	8	6	10	12	15	51.00	
	2	—	44+109~44+503	100 年一遇潮 +12 级风	200 年一遇潮 +12 级风	8	6	10	12	15	51.00	
宝山区	1	老石洞水闸下游	98.14+725~98.15+162	100 年一遇潮 +11 级风	200 年一遇潮 +12 级风	8	10	10	13	15	56.00	
	2	港支堤	5+276~5+579.7	100 年一遇潮 +11 级风	200 年一遇潮 +12 级风	8	10	10	13	15	56.00	
	3	港支堤	11+851~12+041	100 年一遇潮 +11 级风	200 年一遇潮 +12 级风	8	10	10	13	15	56.00	
	4	港支堤	23+000~23+325.6	100 年一遇潮 +11 级风	200 年一遇潮 +12 级风	8	10	10	13	15	56.00	
	5	港支堤	28+785~29+221	100 年一遇潮 +11 级风	200 年一遇潮 +12 级风	8	10	10	13	15	56.00	
崇明县崇明岛	1	崇明东滩工业园区	0311.0+000~0311.4+616	100 年一遇潮 +11 级风	100 一遇潮 +11 级风	3	20	20	20	20	83.00	专用转公用
	2	崇头段海堤	崇 226+245.8~229+431	100 年一遇潮 +11 级风	100 一遇潮 +11 级风	3	15	20	17	15	70.00	
	3	新华钢铁公司	崇 56+698~57+750	100 年一遇潮 +11 级风	100 一遇潮 +11 级风	3	15	20	17	20	75.00	
	4	—	崇 8+228~9+030	50 年一遇潮 +10 级风	100 一遇潮 +11 级风	8	13	20	15	10	66.00	
	5	—	崇 27+086~27+813.3	50 年一遇潮 +10 级风	100 一遇潮 +11 级风	8	13	20	15	10	66.00	
	6	—	崇 52+570~54+144.2	50 年一遇潮 +10 级风	100 一遇潮 +11 级风	8	13	20	15	10	66.00	

续表

区县	序号	海堤名称	位置（里程桩号）	现状标准	规划标准	等级标准	损坏程度	海堤风险	难易程度	防护效益	综合评分	备注
崇明县崇明岛	7	—	崇 66+150~66+850	50 年一遇潮 +10 级风	100 一遇潮 +11 级风	8	13	20	15	10	66.00	
	8	—	崇 91+828~93+148	50 年一遇潮 +10 级风	100 一遇潮 +11 级风	8	13	20	15	10	66.00	
	9	—	崇 28+757~29+638	50 年一遇潮 +10 级风	100 一遇潮 +11 级风	8	13	20	15	10	66.00	
	10	—	崇 28+623.4~28+757	50 年一遇潮 +10 级风	100 一遇潮 +11 级风	8	13	20	15	10	66.00	
	11	—	崇 123+729.4~125+000	50 年一遇潮 +10 级风	100 一遇潮 +11 级风	8	13	20	15	10	66.00	
崇明县长兴岛	1	长兴岛潘石水闸~中央沙段海堤	长 5+369.3~10+025；长 10+146~13+372.5	50 年一遇潮~100 年一遇潮	200 年一遇潮 +12 级风	10	18	30	17	18	93.00	
	2	长兴岛永丰圩海堤	长 38+106~39+459.1	100 年一遇潮	200 年一遇潮 +12 级风	10	18	30	17	18	93.00	
	3	—	长 0+260~1+106	100 年一遇潮	200 年一遇潮 +12 级风	10	9	10	12	13	54.00	
	4	—	长 44+023.4~44+387.4	100 年一遇潮	200 年一遇潮 +12 级风	10	9	10	12	13	54.00	
	5	—	长 47+247.4~48+014.6	100 年一遇潮	200 年一遇潮 +12 级风	10	9	10	12	13	54.00	

续表

区县	序号	海堤名称	位置（里程桩号）	现状标准	规划标准	等级标准	损坏程度	海堤风险	难易程度	防护效益	综合评分	备注
崇明县长兴岛	6	—	长 49+201.2~50+121.5	100 年一遇潮	200 年一遇潮 +12 级风	10	9	10	12	13	54.00	
	7	—	长 59+014.8~59+165	100 年一遇潮	200 年一遇潮 +12 级风	10	9	10	12	13	54.00	
	8	—	长 59+178~59+807	100 年一遇潮	200 年一遇潮 +12 级风	10	9	10	12	13	54.00	
	9	—	长 59+920~60+215	100 年一遇潮	200 年一遇潮 +12 级风	10	9	10	12	13	54.00	
	10	—	长 60+234~60+501.5	100 潮年一遇	200 年一遇潮 +12 级风	10	9	10	12	13	54.00	
崇明县横沙岛	1	—	0301.0+000~0301.2+139.6	100 年一遇潮 +11 级风	100 一遇潮 +11 级风	5	5	10	8	10	38.00	风速由下限值提高为上限值
	2	—	7+329~11+43.3	100 年一遇潮 +11 级风	100 一遇潮 +11 级风	5	5	10	10	10	40.00	
	3	—	1301.0+000~1301.0+371.2	100 年一遇潮 +11 级风	100 一遇潮 +11 级风	5	5	10	8	10	38.00	
	4	—	11+240.8~15+614.3	100 年一遇潮 +11 级风	100 一遇潮 +11 级风	5	5	10	8	10	38.00	

表 7.4　主海堤（公用）达标分年度实施计划

年度	区县	序号	位置（里程桩号）	长度/m	现状标准	规划标准	备注
2015	奉贤区	1	27+978~30+083	2105	100 年一遇潮 +11 级风	200 年一遇潮 +12 级风	
		2	0804.0+000~0804.1+880.8	1880.8	100 年一遇潮 +11 级风		
		3	34+583.4~35+820.5	1237.1	100 年一遇潮 +11 级风		
		4	35+820.5~37+000	1179.5	20 年一遇潮		
	崇明县崇明岛	1	0311.0+000~0311.4+616	4616	100 年一遇潮 +11 级风	100 年一遇潮 +11 级风	原为专用岸段，现转为公用岸段，现状实际未达到规划标准
	崇明县长兴岛	1	长 5+369.3~10+025；长 10+146~13+372.5	7882.2	50 年一遇潮 ~100 年一遇潮	200 年一遇潮 +12 级风	
		2	长 38+106~39+459.1	1353.1	100 年一遇潮		
	小计			20253.7			
2016	奉贤区	1	4+293.5~4+633	339.5	100 年一遇潮 +11 级风	200 年一遇潮 +12 级风	
		2	4+633~6+265.9	1632.9	20 年一遇潮	200 年一遇潮 +12 级风	
		3	0802.0+030.5~0802.0+211	180.5	100 年一遇潮 +11 级风	200 年一遇潮 +12 级风	
		4	10+126~12+490	2364	100 年一遇潮 +11 级风	200 年一遇潮 +12 级风	
		5	13+800~15+671.5	1871.5	100 年一遇潮 +11 级风	200 年一遇潮 +12 级风	
	崇明县崇明岛	1	崇 226+245.8~229+431	3185.2	100 年一遇潮 +11 级风	100 年一遇潮 +11 级风	原为专用岸段，现转为公用岸段，现状实际未达到规划标准
		2	崇 56+698~57+750	1052	100 年一遇潮 +11 级风	100 年一遇潮 +11 级风	
	小计			10625.6			

续表

年度	区县	序号	位置（里程桩号）	长度 /m	现状标准	规划标准	备注
2017	崇明县崇明岛	1	崇 8+228~9+030	802	50 年一遇潮 +10 级风	100 年一遇潮 +11 级风	
		2	崇 27+086~27+813.3	727.3	50 年一遇潮 +10 级风	100 年一遇潮 +11 级风	
		3	崇 52+570~52+656	86	50 年一遇潮 +10 级风	100 年一遇潮 +11 级风	
		4	崇 52+971~54+144.2	1173.2	50 年一遇潮 +10 级风	100 年一遇潮 +11 级风	
		5	崇 66+150~66+850	700	50 年一遇潮 +10 级风	100 年一遇潮 +11 级风	
		6	崇 91+828~93+148	1320	50 年一遇潮 +10 级风	100 年一遇潮 +11 级风	
		7	崇 28+623.4~28+757	133.6	50 年一遇潮 +10 级风	100 年一遇潮 +11 级风	
		8	崇 123+729.4~125+000	1270.6	50 年一遇潮 +10 级风	100 年一遇潮 +11 级风	
	小计			6212.7			
2018	宝山区	1	98.14+725~98.15+162	437	100 年一遇潮 +11 级风	200 年一遇潮 +12 级风	
		2	5+276~5+579.7	303.7	100 年一遇潮 +11 级风	200 年一遇潮 +12 级风	
		3	11+851~12+041	190	100 年一遇潮 +11 级风	200 年一遇潮 +12 级风	
		4	23+000~23+325.6	325.6	100 年一遇潮 +11 级风	200 年一遇潮 +12 级风	
		5	28+785~29+221	436	100 年一遇潮 +11 级风	200 年一遇潮 +12 级风	
	金山区	1	0+453~0+574	121	100 年一遇潮 +11 级风	200 年一遇潮 +12 级风	
	崇明县长兴岛	1	长 0+260~1+106	846	100 年一遇潮	200 年一遇潮 +12 级风	
		2	长 44+023.4~44+387.4	364	100 年一遇潮	200 年一遇潮 +12 级风	
		3	长 47+247.4~48+014.6	767.2	100 年一遇潮	200 年一遇潮 +12 级风	
		4	长 49+201.2~50+121.5	920.3	100 年一遇潮	200 年一遇潮 +12 级风	

续表

年度	区县	序号	位置（里程桩号）	长度 /m	现状标准	规划标准	备注
2018	崇明县长兴岛	5	长 59+014.8~59+165	150.2	100 年一遇潮	200 年一遇潮 +12 级风	
		6	长 59+178~59+807	629	100 年一遇潮	200 年一遇潮 +12 级风	
		7	长 59+920~60+215	295	100 年一遇潮	200 年一遇潮 +12 级风	
		8	长 60+234~60+501.5	267.5	100 年一遇潮	200 年一遇潮 +12 级风	
	小计			6052.5			
2019	奉贤区	1	23+157.3~27+182	4024.7	100 年一遇潮 +11 级风	200 年一遇潮 +12 级风	
		2	27+182~27+648	466	50 年一遇潮	200 年一遇潮 +12 级风	
		3	27+648~27+978	330	20 年一遇潮	200 年一遇潮 +12 级风	
	浦东新区	1	0305.4+104~0305.4+550	446	100 年一遇潮 +12 级风	200 年一遇潮 +12 级风	
		2	44+109~44+503	394	100 年一遇潮 +12 级风	200 年一遇潮 +12 级风	
	小计			5660.7			
2020	崇明县横沙岛	1	横 0301.0+000~0301.2+139.6	1396.6	100 年一遇潮 +11 级风	100 年一遇潮 +11 级风	风速由下限值提高为上限值
		2	横 7+329~11+43.3	3714.3	100 年一遇潮 +11 级风	100 年一遇潮 +11 级风	
		3	横 1301.0+000~1301.0+371.2	371.2	100 年一遇潮 +11 级风	100 年一遇潮 +11 级风	
		4	横 11+240.8~15+614.3	4373.5	100 年一遇潮 +11 级风	100 年一遇潮 +11 级风	
	小计			9855.6			
合计				58660.80			

7.3 海堤风险应对非工程性措施

海堤管理信息系统、监测与预警系统及风暴潮信息系统等非工程措施是海堤应对风暴潮风险的有效手段。研究区域已经在这方面作了很多研究和建设工作，包括滩涂地形测量、水文站网建设、气象预警系统建设、风暴潮预警系统建设、市级和区县两级海堤信息管理系统等等。其中，气象预警、风暴潮预警等系统均可由上海市防汛信息中心掌控，实时预报预警风暴潮信息。下面就海堤信息化管理措施作简要说明。

7.3.1 海堤管理信息化建设

1. 海堤信息化现状

海堤管理部门立足于海堤专业管理需求，结合区（县）海堤管理部门的特点，做了大量工作，在基础专业数据收集和整编，信息化基础设施的建设，构建专业应用平台等方面取得了阶段成果。

（1）滩涂地形测量工作。滩涂地形测量工作从1982年开展至今已有近三十年，是海堤工程和滩涂资源管理的一项基础性工作。近几年进一步扩大了测量范围，逐步将崇明东滩、横沙东滩、南汇东滩、九段沙等 -5.00m 等深线以上的滩涂区域纳入测图范围，滩涂地形测量总面积近 6000km^2，涵盖了本市长江口和杭州湾的所有滩涂区域，使滩涂地形测量范围更加完整。由于滩涂位于特殊地理区域，现今还没有专门滩涂地形测绘规范，在多年滩涂地形测量实践的基础上，结合滩涂地形特点和新测量技术，制定了《上海市滩涂地形测量技术规定》。并根据技术规定的内容，研发了滩涂地形测绘成图模块，统一了数字化成图的符号、字体、图层等内容，实现各个测区数据的无缝接图，进一步规范了滩涂地形测量工作。整个外业测量和内业成图工作中，委托测绘产品质量检验机构进行全过程的监理，进一步提高滩涂地形成果的精度。

(2) 海堤工程调查工作。海堤工程调查工作是对所有海堤管理对象进行的全面调查，是海堤工程管理的一项基础性工作。经过 1983 年、1998 年、2003 年和 2008 年共四次海堤工程调查工作的实践，逐步确定了以五年为周期的海堤里程桩修测补测和海堤工程调查工作制度。确定了海堤里程桩修测补测工作原则、调查方法和调查内容，调查成果汇总编制成《上海市海堤调查资料》，直观反映海堤工程布局和走向的变化。

(3) 建设了市级和区县两级海堤信息管理系统。市级海堤管理部门研发了《上海市滩涂冲淤分析与信息管理系统》，将海堤和滩涂管理相关的空间数据和属性数据进行整合，基本建成了上海市边滩水域地形的基础数据库，实现了海堤和滩涂信息的管理与分析，可对历年滩涂地形特征要素查询和多年滩涂演变分析。区（县）海堤管理部门建成了各自海堤信息管理系统，以地理信息系统为平台，集成了海堤管理涉及的所有信息，包括基础地理数据、海堤信息数据、滩涂信息数据、水利工程数据、防汛信息数据等，实现了对信息数据的存储、管理、维护、检索、查询、分析计算和监控，在海堤日常管理中发挥了重要作用。

⑷ 建立了海堤巡查养护数据上报网站。结合海堤日常巡查养护工作，开通了海堤巡查养护数据上报网站，区（县）海堤管理部门在同一个平台上，将巡查养护信息以统一表单形式在网上录入、传输、统计、上报，实现了区县海堤管理部门与市级海堤管理部门之间巡查数据的实时交互，规范海堤日常巡查养护工作，为防汛安全提供决策支持。

⑸ 开展了海堤专业网格化管理系统试点建设。积极思考和探索海堤日常管理的新手段和新模式，运用城市网格化管理的先进理念，结合海堤管理的特点，利用原有信息化建设的成果，以奉贤区海堤管理部门为试点建成了海堤网格化管理信息系统，在海堤保护范围内划分单元网格，确定海堤管理的部位和事件，建立海堤巡查养护管理流程，完善海堤管理运行机制，使海堤管理中的巡查、养护、执法、监督四个环节有机衔接，提升了海堤管理的能力和水平。

尽管海堤信息化建设已经开展了部分工作，日常管理水平也有所提高，但信息化建设发展还不平衡，通信和网络平台还不完善，信息化管理和技术人员比较缺乏。

2. 海堤信息化规划

依据《上海市水务局信息化规划》和海堤日常管理要求，海堤信息化规划应贴近管理实际，充分利用现有资源，以信息数据采集为基础，以专业信息网络平台为支撑，推进基础设施的优化升级，规范标准地进行海堤网格化管理系统建设，提升海堤管理部门信息化管理水平，更好地为本市水务事业服务。

(1) 滩涂地形测量工作。继续开展每年滩涂地形测量工作，为防汛防台、海堤建设、滩涂资源开发利用和长江口综合整治等相关工作提供基础资料。每年滩涂地形测量总面积稳定在 6000km^2 以上，范围涵盖上海市长江口和杭州湾的所有滩涂区域，保持滩涂地形测量范围完整。在滩涂地形测量实践的基础上，结合滩涂地形新特点和测量的新技术，以五年为周期修订《上海市滩涂地形测量技术规定》，进一步规范滩涂地形测量工作。整个外业测量和内业成图工作中，继续委托测绘产品质量检验机构进行全过程的监理，进一步提高滩涂地形成果的精度。利用滩涂地形测量成果，每年编制本市滩涂资源报告，反映本市滩涂资源现状，充分发挥滩涂地形成果的重要价值。

(2) 海堤工程调查工作。按照五年为周期的海堤里程桩修测补测和海堤工程调查工作制度，全面调查主海堤、主要备塘、次要备塘、保滩工程、绿化工程、穿堤工程等空间位置和属性信息，及时反映海堤工程布局和走向的变化，并将所有调查成果汇总编制成《上海市海堤调查资料》。

(3) 海堤专业网格化管理系统建设。以奉贤海堤管理部门试点建设的海堤专业网格化管理系统为模板，开展其他区（县）海堤专业网格化管理系统建设。

(4) 海堤前沿风速站和波浪站建设。结合海堤工程规划、设计、建设和管理的要求，以及防台减灾、滩涂资源保护和利用等不同需要，建设风速站和波浪站，采集重点海堤前沿风速、波浪、波浪爬高等信息，以验证海堤工程设计中风速和波浪要素计算的合理性，为采用概率形式表达海堤防御标准积累原始资料。

(5) 海堤工程沉降和隐患检测。由于海堤大多建在滩涂软土地基上，经过十余年的运行，并经历多次风暴潮的影响，海堤沉降、局部结构性缺陷等安全隐患逐渐暴露。需要加强对典型海堤的原型观测，建立海堤沉降观测点，定期监测海堤工程沉降量，通过长期的监测，建立起海堤沉降范围、沉降量的数据库，进行数理统计分析，研究海堤沉降变形的规律，也为海堤采取维护措施提供了可靠依据。

7.3.2 海堤防汛应急管理措施

海堤工程是抵御自然灾害的第一道重要屏障，是确保防汛防台安全的重要设施，直接关系到城市安全和人民生命财产安全。为提高本市防洪抗灾的应急抢险能力，必须在建设防汛抢险物资储备基地的基础上，增加储备抢险物资和器械，完善防汛抢险应急预案，建立专业化与社会化相结合的应急抢险救援队伍，应对突发事件及超标准风险，减少灾害损失。

各级人民政府应根据《中华人民共和国防洪法》《中华人民共和国防汛条例》《上海市防汛条例》等国家相关法律、规章、规范性文件、地方性法规和规章的要求，依据海堤工程安全状况和区域的实际情况，按照以防为主、防避结合的原则，建立健全分类管理、分级负责、条块结合、属地管理为主的海堤防汛管理体制和应急预案，形成海堤防台风预案体系。海堤防汛应急预案应按照相关规划内容和保护对象的重要程度，明确海堤工程的防守等级和弃守标准，落实抢险责任，加强防汛检查、落实汛期巡查和抢险组织、人员和技术方案，做好抢险知识培训，储备抢险物资和器械，修建维护好抢险道路，并组织编制海堤保护区人民安全转移方案。

另外，抢险救灾物资储备是防汛应急的物质基础。根据 2011 年中央 1 号文件“建立专业化与社会化相结合的应急抢险救援队伍，着力推进县乡两级防汛抗旱服务组织建设，健全应急抢险物资储备体系，完善应急预案。力争到 2020 年，基本建成防洪抗旱减灾体系，重点城市和防洪保护区防洪能力明显提高”的总体要求，以及上海长江口杭州湾海堤特点和防汛救灾要求，规划在三甲港、芦潮港、金山、宝山、崇明、长兴、横沙等 8 处建设市级防汛物资储备基地（表 7.5）。

表 7.5　　防汛物资储备基地规划情况表

基地名称	地址	占地面积 / 亩	仓库数量 / 个	堆场数量 / 个
三甲港基地	三甲港水闸北侧	100	10	6
芦潮港基地	芦潮港水闸东侧	50	0	12
金山基地	龙泉港水闸西侧	100	6	8
宝山基地	练祁河水闸南侧	30	1	6
崇明西部基地	万安港水闸东侧	50	4	5
崇明东部基地	奚家港水闸西侧	20	1	3
长兴基地	凤凰水闸西侧	11	2	3
横沙基地	红星水闸南侧	22	1	2
总计			25	45

7.3.3 超强风暴潮防灾减灾措施

随着全球气候变化，极端气候发生的可能性越来越大，研究区域发生超标准风暴潮的可能性也在增加。一旦发生强台风或超强台风，研究区域海堤将面临较大风险，主要表现在海堤堤顶越浪，坡面在越浪冲刷，进而形成溃口破坏，所以有必要制定应急管理预案，有针对性地采取应对措施防灾减灾，把风险控制在合理的范围之内。

(1) 强化预测，确保第一时间掌握风暴潮信息。与气象部门、海洋部门通力合作，建立风暴潮预警预测机制，并逐步建立自己的风暴潮模拟系统，为海堤风险应急管理提供决策支持。

(2) 加强监测，保证海堤始终处于完好状态。在海堤信息化建设和管理基础上，落实监测制度，及时掌握海堤堤身质量、沉降位移和前沿滩势等变化。同时，加强人工巡查和勘探，及时发现堤身隐患，并及时维修加固，使海堤处于完好状态。

(3) 完善预案，保证海堤出险时及时合理处理。科学有效的应急预案管理是最大限度发挥防潮减灾功能的前提。应急预案包括指挥决策系统、专家顾问组、专业队伍、人员组成、应急处理措施、转移安置方案及保障措施等。

(4) 加强防护，提高海堤抵御风险能力。结合中长期保滩和维修工作，逐步加强加大堤前消浪结构和内坡抗越浪冲击能力，逐步提高海堤防潮能力和抗越浪能力，实现越浪而堤不垮的安全目标。

(5) 利用岸线，发挥码头等消浪保护作用。结合防汛保护要求，合理规划布置码头等岸线利用设施，一方面要利用码头等进行消浪保护，另一方面则应减小航道泊位浚深对海堤的不利影响。

(6) 利用道路，设置区域性包围和分隔。结合市政道路布局、地形地貌条件和土地利用情况，从区域规划着手，有意识分隔和包围，从而实现极端灾害情况下溃堤水流被限制或阻滞在有限范围之内，控制灾损。

7.4 海堤运行管理应急预案实例研究

由于内河水质污染，上海是典型的水质型缺水的城市。严重的饮用水水源短缺已经限制了上海城市的发展。长江口拥有大量的水量，占上海整个过境水量的98.8%，水体的自净能力非常强，水质相对稳定，适合于饮用水水源水质要求，因此具有巨大的开发潜力。20 世纪 90 年代，一些专家建议利用海堤在长江口南支长兴岛东北部青草沙位置圈围，形成“避咸蓄淡”水库，解决上海市远期供水问题。经过相关部门十多年的研究， 2002 年 12 月上海市政府决定建设青草沙水库（图 7.5），提高居民的生活水平，提高城市资源的合理布局与有效利用，增强城市抵御风险的能力，促进城市可持续发展，并将其纳入了《上海市城市供水规划》。

青草沙水库，一方面位于长江口南支，长兴岛东北侧，经常遭受长江上游来水来沙、咸潮入侵、风暴潮等自然灾害影响，许多因素均会影响水库的安全运行；另一方面，作为上海远期的重要水源，将服务 10 个区全部人口和 5 个区部分人口，受益人口超过 1000 万人。因此，一旦遭遇突发事件，将造成重大的经济损失和社会影响，青草沙水库安全运行非常重要。

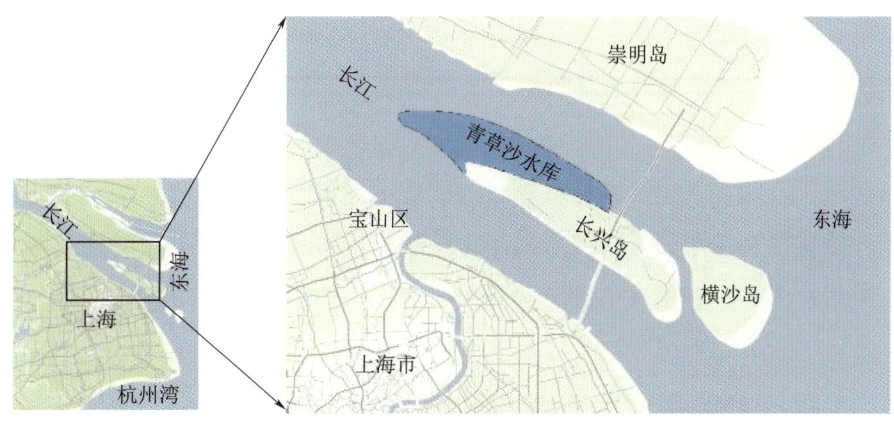

图 7.5　青草沙水库位置示意图

对于内陆山区性水库，许多学者研究了水库溃坝的突发事件，以及加固、除险和应急管理等措施，包括除险加固、防洪调度、监测预警、风险管理和应急管理等，而对位于潮汐河口由海堤圈围形成的水库，风险因素及后果等与一般的山区水库有较大差异。因此，水务主管部门及水库建设单位提出针对水库特有的条件，分析水库运行的主要风险源和可能发生的突发事件，提出在现有工程设施条件下水库安全运行应急管理方案，以供相关部门提供决策依据。

7.4.1 工程概况及运行模式

1. 水库

水库位于长江口内，三面临江，一侧面向长兴岛，是典型的以海堤保护的潮汐河口水库工程。水库总面积 66.26km^2，总库容 5.27 亿 m^3，设计日供水规模为 719 万 m^3。水库主要由堤坝、上游取水泵闸、下游水闸和输水水闸组成。其中，堤坝总长 48.82km，取水泵站设计流量为 200m^3/s，上游水闸净宽 20m，下游水闸净宽 20m，输水闸总净宽 24m。水库的主要作用是蓄淡避咸，改善上海市供水布局。工程于 2007 年 6 月开工，2010 年 12 月开始供水。水库鸟瞰图如图 7.6 所示。

2. 堤坝

水库堤坝总长约 48.82km，其中新建堤坝 21.99km，中央沙和长兴岛陆域侧堤坝 26.83km。水库堤坝按照保护供水水源工程的 1 级堤防考虑，设计防洪（潮）标准为 100 年一遇，校核防洪（潮）标准为 300 年一遇。长江口侧堤坝按允许部分越浪设计；长兴岛原海塘加高加固段按不允许越浪设计。堤坝平均高 5 ~ 10m，局部最高为 18m，堤顶宽 9.5m，内外边坡 1：3。堤身为充填袋装砂，护坡采用浆砌石，堤前设抛石护脚或软体排护底。堤身采用封闭式垂直防渗墙进行渗流控制。水库大堤现场照如图 7.7 所示。长江口侧新建堤坝典型断面如图 7.8 所示。

3. 运行管理

水库调度运行主要是使水库充分发挥蓄淡避咸功能，确保水库取淡水的可靠性和供水的安全性。水库采用上游泵闸相结合取水，下游水闸排水运行。通常情况下，水库保持常水位，与长江口平均最高水位接近。咸潮期，水库蓄水通过中、短期预报相结合方式。咸潮入侵影响程度划分为强咸潮入侵年、中等咸潮入侵年和弱咸潮入侵年。根据枯季中期预报结果判断当年枯季咸潮入侵强度，决定咸潮期水库蓄水水位。然后，根据短期预报情况决定是否要在未来一周内蓄满库。

7.4.2 工程检测监测预警系统

水库设有堤坝安全监测系统、水情水质监测系统及自动化控制系统等。

图 7.6　水库鸟瞰图

图 7.7　水库大堤现场照

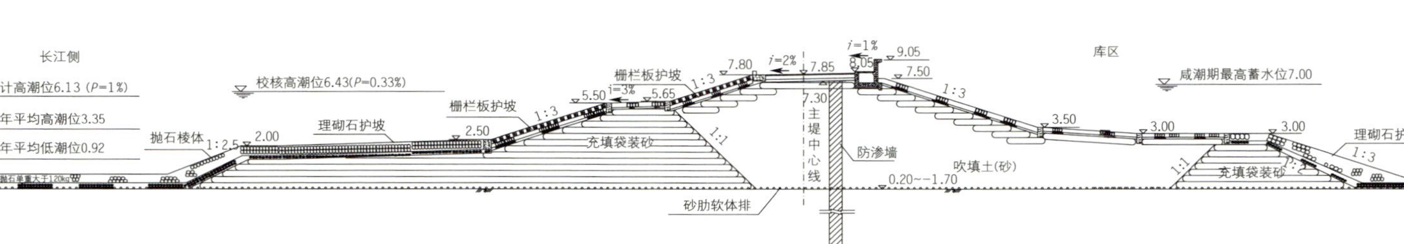

图 7.8　长江口侧新建堤坝典型断面（单位：m）

1. **堤坝安全监测系统**

为监测水库堤坝安全，水库设置了安全自动监测系统。平均每500m布置一个观测断面，布设监测仪器，主要包括96个沉降及位移观测点，288 根测压管，10个分层沉降管，15个土体位移计。系统可以实现自动监测堤坝内外变形及渗流情况。另外，水库管理单位还规定了巡视检查制度，包括巡视检查范围、人员数量与素质要求、巡查频次等。

2. **水情水质监测系统**

为监测水库内外水质及水文情况，水库设置了水文、气象及水质监测系统，都可实现实时自动监测。水库设置了4个水文测亭，分别位于上游水库内外和下游水库内外。库内测亭仅观测水位，库外测亭观测水位、泥沙（浊度）、水质。气象观测包括风速风向、降雨、蒸发、气温。水质监测包括水库内外水质监测断面，分别位于水库库首和库尾的长江内和水库内，水库长度范围上、中、下区域各一个。水质监测分常规水质监测和自动水质监测。常规监测12次/年，自动监测1次/2h，必要时可调节增加监测频率。

3. **自动化控制系统**

水库运行管理实现自动化控制，通过1000m大环形以太网将水库建筑物、机电设备、水文水质等各种信息输入信息管理系统数据库，供信息管理中心进行信息分析、整理、归纳，并进行判断，优化水库调度运行。自动控制主要监控对象包括：水泵机组及辅机设备、水闸及液压系统、清污机、供配电系统设备等。主要在线检测仪表包括：泵组及辅机设备的温度检测、转速和振动检测、水位和流量、压力检测等；水闸的闸门开度检测、闸门前后水位检测等，清污机前后水位检测，变配电系统综合电量检测等。水库信息管理系统设置在输水泵闸及水库管理区。

7.4.3 风险事件及风险因素分析

水库地处长江口南北港分流口附近，工程区域航运繁忙、上下游水沙条件变化复杂，且经常遭遇台风风暴潮等影响，因此水库可能突发事件主要有突发堤坝安全事件、突发水质污染事件等。堤坝安全事件主要风险因素包括堤坝溃决、河势变化和人为破坏等。水污染事件主要风险因素包括长江口水质恶化、盐水入侵和突发水污染事件等。

1. **堤坝安全风险因素识别与分析**

（1）堤坝溃决。水库大堤长约49km，当水库遭遇风暴潮、寒潮、地震等自然灾害因素，或因堤坝质量问题而导致的滑坡、裂缝、渗流破坏，有可能导致溃坝或重大险情，特别是咸潮期水库高水位蓄水情况。

但是，上述风险事件发生的概率很小。汛期，水库库内运行高水位为 4.00m，远低于设计高潮位 6.09m（1%），因此在此期间发生风暴潮，堤坝基本不可能出现漫顶而导致溃坝的情况。非汛期，虽然水库高水位 6.20 ~ 7.00m 运行，此间遭遇寒潮，由于风浪较风暴潮期间的要小，所以库内风浪越过防浪墙可能性很小。环库大堤采用封闭式垂直防渗墙，可以有效防止水库渗流破坏，同时加强对海堤渗流巡查和青坎范围保护，因此发生因渗流破坏而导致的溃坝可能性也很小。当遭遇地震烈度超过设防烈度时，有可能发生震陷灾害。

（2）河势改变。河势变化对水库大堤的安全风险主要为两种形式：一种是进水口泥沙淤积，导致引水泵站难以工作；另一种是岸滩冲刷，深槽逼岸，影响大堤稳定。

由于取水口位于长江口北港的新桥通道内，所以新桥通道的稳定性直接影响取水口的安全运行。工程实施后，中央沙头部和新桥通道下部均得到了有效控制，新南沙头部下移趋势也将受到有效限制，因此新桥通道将趋于稳定。根据动床物理模型试验研究成果，工程实施后取水口附近未发现有明显的淤积现象，取水口设置可行。

另外，深槽逼岸对水库安全威胁巨大，主要部位位于水库头部和库尾东堤与北堤连接段。为应对深槽逼岸对水库堤头的影响，已将头部保滩工程列入实施计划之中。为应对库尾东堤与北堤连接段大堤安全威胁，增设了一条桩石坝，将绕流导离大堤，保证了该堤段大堤安全。

（3）人为破坏。人为因素破坏最主要是的船舶抛锚，对保滩护岸结构造成破坏，进而影响到大堤的安全。为此，设计中设置了较为明显的标志，警示船舶抛锚等，从而减轻人为因素等对工程安全影响。另外，工程运行时还需加强巡视，发现问题及时采用补排等必要应对措施。

2. 水污染风险因素识别与分析

（1）长江来水水质恶化。虽然陆域污染源分布在长江口南岸，但与取水口距离较远，且水库位于长江口江心区域，有长江中泓主流作为一个天然屏障阻隔，南岸污染源很难向江心扩散，降低了对水源地水质的影响。水环境影响预测分析结果表明，水源地水质主要是受上游来水水质影响，沿岸企业排污基本上不会影响水源地水质。根据水质模拟敏感性分析，当长江来水水质恶化 20% 后，水源地取水口附近水质将受到一定程度影响，但除氨氮、总磷达到Ⅲ类水标准外，DO、BOD_5 等指标仍能满足Ⅱ类水标准，不会对城市供水造成破坏性影响。

（2）咸潮入侵加剧。咸潮入侵是长江口水源地开发的最大制约因素。多年观测及研究成果表明，影响水源地盐度变化的有三个咸潮入侵源，即北支咸潮倒灌、南港和北港咸潮入侵，其中北支咸潮倒灌是水源地咸潮入侵的主要来源。目前，长江沿江引水工程的引水量越来越大，对长江口咸潮入侵影响较大。未来几十年，大通水文站以下沿江抽取水存在潜在增长量，可能进一步加剧长江口的咸潮入侵。水库设计已经考虑了盐水入侵影响。在设计典型年条件下，供水保证率可以达到97%，保证了应对咸潮入侵对淡水供应的风险。同时，结合短期预报，在有咸潮入侵到来前期，利用抽水泵站抢引一部分淡水，可充分发挥蓄淡避咸作用，缓解咸潮入侵对城市供水的影响。

（3）突发水污染事件。由于北港航道距水库取水口最近距离仅为300m，若取水口附近发生船舶泄漏事故（特别是危险化学品泄漏事故），有可能在短时间内迅速影响水源地内的生态环境和供水系统。此类突发性污染事件对水源地的风险源类型可分为固定源、流域源及移动源三类（表7.6）。根据分析，水污染突发性事件主要是指航运船舶等“移动源”突发性污染风险事件。

表7.6　　水源地突发性污染事件分类

类别	具体风险源	污染特征	事故类别
固定源	沿岸工业污染源	事故性排放造成水体污染，大多为化学性污染；污染扩散特征为由点及面，从局部扩散	突发性事故
	市政污水排放口		
	危险品仓库		
	危险品装卸码头		
流域源	潮汛（咸潮入侵）	咸潮入侵引起取水口水体盐度增高	事故发生前可有效预报
	地震和台风	对水库建筑物造成损害，影响水库供水	
	生物污染	富营养化爆发和禽流感影响库区水质	
移动源	航运船舶	油品及化学品泄漏造成水源地水质污染	突发性事故

7.4.4　风险事件后果及重要性排序

1. 堤坝安全风险事件后果分析

水库堤坝危险性事件主要是堤坝溃决。根据堤坝溃决位置和对供水安全影响，堤坝溃决性危险性事件可分为两种：一是堤坝溃决于长江口侧，一是堤坝溃决于长兴岛侧。一旦堤坝溃决于长江口侧，则溃坝洪水直接泄入长江，对供水保证率有影响，而无淹没影响。一旦堤坝溃决于长兴岛侧，水库水将冲入长兴岛陆域，将造成大面积淹没。鉴于安全重要性，以长兴岛海堤加高加固段作溃坝洪水淹没范围及严重程度分析。

根据水量平衡方程估算，当溃堤口宽分别为50m、100m、200m、300m，从0.1h

至 10h 过程，通过溃口的流量过程如图 7.9 所示。通过第 6.4 节溃堤洪水模型计算，结果表明，随着溃堤口宽增加及时间推移，从水库内流出的水量逐步增加。溃口水深和流速结果（图 7.10）表明，当溃坝口较小时，允许有一定的反应时间来对溃坝口进行封堵，而当溃坝口较宽时，则需要应急部门有更快的反应时间，对溃坝口进行有效封堵，否则将造成非常重大的损失。

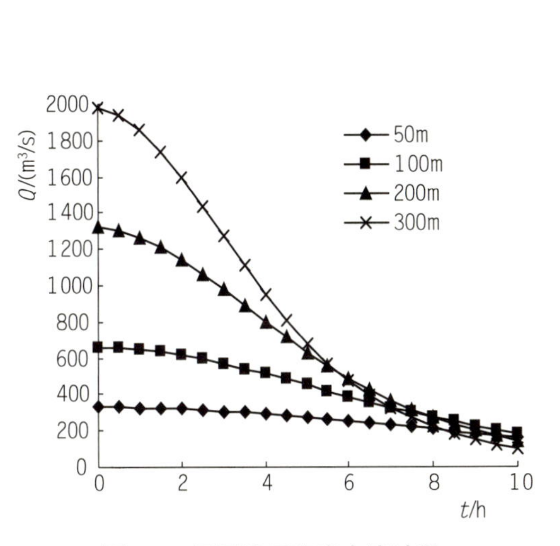

图 7.9　不同溃口宽度水流过程

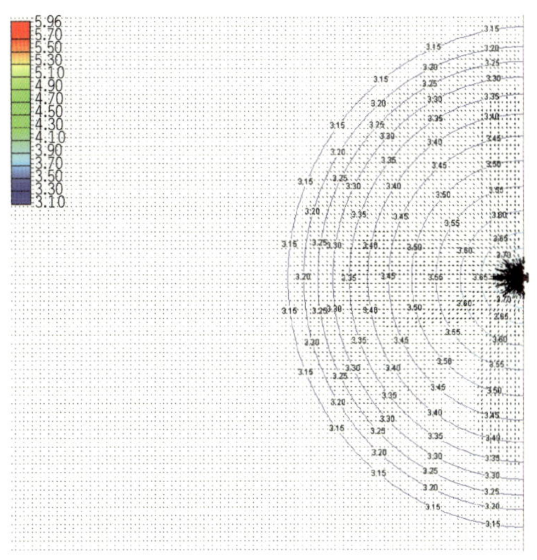

图 7.10　200m 溃口宽度 4h 瞬时水深及范围

2. 水质污染风险事件后果分析

水源地水污染突发性事件主要是由于航运船舶等“移动源”突发污染风险事件。由于北港航道距水库取水口最近距离仅为 300m，一旦在取水口附近发生船舶泄漏事故（特别是危险化学品泄漏事故），有可能在短时间内迅速影响水源地内的生态环境和供水系统，由此将对上海供水造成重大影响。

3. 可能突发风险事件重要性排序

根据可能突发事件及后果分析，可能发生的突发事件首先应是水库溃坝突发事件，其次是水污染突发事件，以此作为应急处置的主要目标。

7.4.5　风险事件应急管理方案

1. 应急组织体系

水库应急组织体系主要由应急指挥机构、专家组、抢险队伍和影响区域政府和相关单位组成。在发生风险事件时，应急指挥机构应统一服从市防汛指挥部领导。为保证突发事件应急处置的顺利进行，成立由水利、气象、卫生、环保、通信、救灾、公共安全、交通等有关部门技术人员组成的专家组，专门为应急处置提供技术支撑。抢险队伍按照专业队伍与群众队伍相结合原则，实行军（警）民联防、分级组建抢险队伍。影响区域地方人民政府与有关单位，组织群众参与应急预案演习，负责组织人员撤离等。

2. **应急预案运行**

（1）风险分级。风险事件根据事件严重性、伤亡人数、社会经济影响等分为特别重大（Ⅰ级）、重大（Ⅱ级）、较大（Ⅲ级）和一般（Ⅳ级）等4级。预警预报系统和应急处置根据风险事件分级采取不同措施。

（2）预测预警。针对可能的突发事件，建立预测与预警系统，包括预警级别划分、预警信息发布、预警信息的调整和解除等。预警级别划分按四级依次用红色、橙色、黄色和蓝色表示，见表7.7。预警信息包括预警级别、出险水库的地点、出险时间、可能影响范围、警示事项、应采取的措施和发布机关等。预警信息的发布、调整和解除可通过广播、电视、通信网络等公共媒体、组织人员逐户通知以及当地制定的其他手段等方式进行。Ⅰ、Ⅱ级预警信息由市政府发布、调整和解除；Ⅲ级预警信息由县政府发布、调整和解除；Ⅳ级预警信息由乡政府发布、调整和解除。

表7.7　　预警级别划分标准

事件严重性	特别重大	重大	较大	一般
事件级别	Ⅰ	Ⅱ	Ⅲ	Ⅳ
预警级别	Ⅰ	Ⅱ	Ⅲ	Ⅳ
预警标识	红色	橙色	黄色	蓝色

（3）预案启动。预案启动分直接启动和会商启动。当水库堤坝遭遇地震或地质灾害、战争、恐怖事件、人为破坏等致大坝出现重大险情、大坝溃决或即将溃决，以及库区水质污染，严重威胁供水安全或严重破坏生态环境时，发出红色警报，可直接启动预案。水库管理单位将突发事件信息立即报告应急指挥机构指挥长，指挥长接到报告后在规定时间内发出启动预案命令。当水库大坝出现严重险情或监测资料明显异常，有可能造成大坝溃决，或者预报可能有超标准咸潮入侵、取水口及上游水质污染，影响供水安全及生态环境等时，发出橙色或以下警报，应在会商后决定是否启动预案。当会商决定启动预案时，应急指挥机构指挥长应在规定的时间内发出启动预案命令。

（4）预案结束。应急处置工作结束条件为：①水库大坝险情得到有效控制；②水库大坝溃坝后应急救援、救灾工作完成。Ⅰ、Ⅱ级水库大坝突发事件应急响应的终止，由市防汛指挥部决定和发布。险情解除后，应帮助指导灾民修缮房屋等，维护社会稳定。信息发布应当及时、准确、客观、全面。

7.4.6 风险事件应急处置方案

1. **应急调度方案**

如果发生一般性突发事件，水库管理单位将立即上报地方政府及市水务局，并执行应急调度方案，按照控制入库流量、加大出库流量进行调度。若发生严重突发事件，如溃坝、出现严重水污染等危及生命安全事件，则由市政府启动应急调度方案。突发水库安全事故时，打开所有排水设施，尽快降低库内水位，必要时采取特定区段开口泄水措施，以快速降低库水位，尽快封堵溃口。发生突发性污染事件时，可快速关闭水闸，截断水库与长江水体的交换，利用水库中预留的应急库容，同时用取水泵闸抢引未受污染的长江原水，补充水库的蓄水量，保证水库供水安全。

2. **大坝安全抢险方案**

大坝安全应急抢险工作按"临灾应急"和"灾害应急"两种状态开展。

当出现水库临灾险情后，立即进入临灾应急期，采取紧急防灾避险行动。应急办公室应加强值班，及时掌握雨情、水情、工情，并及时向市防汛指挥部、市水务局、地方防汛指挥部等有关单位报告险情发展动态等信息。应急抢险组必须马上进驻现场，及时消除险情。水库管理单位应加强对堤坝等重要工程设施的巡视检查，做好记录，及时报告。工程技术人员要作进一步的调查研究，制订除险方案，做好除险技术指导，分析灾害形势，评估可能发生的灾情。险情得到有效控制或解除时，由应急指挥部视情宣布结束临灾应急期。

一旦突发水库失事，即进入灾害应急期，所有人员进入警备状态。抢险队伍迅速进入紧急抢险，防止灾情进一步扩大。各级各部门，包括公安、交通、建设、卫生等部门相互配合。一旦发生溃坝，打开所有泄洪设施，降低库水位，必要时采取特定区段开口泄水措施，有效降低库内水位，并尽快封堵长兴岛海堤溃口。地方政府和水库管理单位要组织人员对受淹区进行巡查监测，及时掌握并报告洪水的发展现状、态势及洪水水深等。同时，地方政府应及时掌握人员伤亡及灾害损失情况、进一步分析灾情发展趋势，及时向市防汛指挥部及有关领导反馈信息。

3. **突发污染事故应急方案**

突发性污染事故后，应安排专职值班人员负责 24h 不间断地警戒，随时掌握北港航道的船舶航行动态，并及时获取环保、水务、海事主管机构的应急援助信息。在水库取水口设置拦污栅，配置撇油器、吸油毡和接油盘、围油栏等溢油清理设备，对油污染和其他污染物进行及时处理，避免油污染和其他污染物对取水口水质产生影响。发生突发性污染事件时，可快速关闭水闸，截断水库与长江水体的交换，利用水库中预留的应急库容，同时用取水泵闸抢引未受污染的长江原水，补充水库的蓄水量，保证水库供水安全。若遇到水质恶化、水华爆发或单一种水生植物疯长而造成水质恶化和水体生态系统破坏的情况，应采取有效措施应急处理，但要注意防止造成水体新的污染。可以采取的方法主要有：化学药剂法、混凝沉淀、物理吸附法、气浮法、生物法、人工曝气等。

4. 人员转移与安置方案

突发水库险情时，由地方政府牵头，紧急通知各有关管理区和各村（居），并及时组织水库周边人员、财产的转移，保证人民生命财产的安全。应急避险遵循“先人员、后物资，先应急、后安置，先近地、后远处”原则。重点先组织人员紧急疏散，然后再考虑物资转移，避险人员只携带必要的救生工具及随身物品外，轻装撤离。人员撤离时，老、幼、病、弱及孕妇等弱势个体应予优先。非常情况下，下游居民就近向地势较高的安全区紧急疏散，洪水威胁区末端居民或地势较高的住户可向高楼楼顶转移。待形势相对稳定后，再考虑避险人员安置及必要的生活保障。应急转移人员的居住、生活、卫生、医疗、交通、通信、教育等由民政、卫生、电信、教育等部门负责安置。

5. 应急保障及其他

应急处置过程中应有通信、物资、队伍、供电、交通、治安、资金、技术、生活及医疗卫生保障，具体由各相关部门分职管理。各级人民政府和有关部门要广泛宣传应急预案和预防、避险、自救、减灾等常识，增强公众的责任感和自救能力，提高全社会的防范和应急处置能力。

7.5 本章小结

（1）海堤风险应对措施会因决策者对风险态度、决策目标、掌握信息、决策准则、决策方法的不同而不同。在海堤规划、设计、建设和管理过程中，政府投资部门、行业主管部门、规划设计人员、运行管理人员等不同参与者，对海堤防御风暴潮风险有着不同的要求。因此，海堤风险应对策略制定应从风险减轻、风险预防、风险转移、风险回避、风险接受和后备措施等不同角度，制定总体防御策略。

（2）海堤风险策略制定需从系统工程角度，建立灾前防灾减灾体系、灾中应急管理体系及灾后损失评估和赔偿体系。灾前防灾减灾体系主要包括一定标准的海堤工程建设、海堤管理信息系统建设、风暴潮信息系统建设、风暴潮数值预报与预警等。灾中应急管理体系主要包括风暴潮灾害应对措施规划、风暴潮灾害应急指挥平台、应急抢险专业队伍组建、配备专业的应急抢险救灾设备、风暴潮防灾教育和演练等。灾后损失评估及赔偿体系主要包括风暴潮灾害等级划分、风暴潮灾害风险区划图制定、风暴潮灾害防治政策、灾害损失调查原则、灾害损失评估指标体系、灾害赔偿标准等。

（3）研究区域已经建设具有一定防御风暴潮能力的海堤，但因海堤前沿风情水情工情变化、沿江沿海经济社会发展等原因，海堤安全风险和整体防御能力不足。因此，需按照拟定的适宜防御标准，规划总体海堤布局，加高、加固既有海堤，形成城乡一体、标准适宜、布局优化、安全可靠、绿色生态的海堤综合防御体系。海堤加高、加固措施可采取增设消浪块体、增设或加宽消浪平台、增设防浪墙、增设消浪顺坝及多方案的组合等。

（4）海堤管理信息系统、监测与预警系统及风暴潮信息系统等非工程措施是海堤应对风暴潮风险的有效手段。研究区域已经开展了滩地地形监测、水文站网建设、气象预警系统建设、风暴潮预警系统建设、海堤信息管理系统等方面建设和研究。海堤信息化管理方面重点应以信息数据采集为基础，以专业信息网络平台为支撑，推进基础设施的优化升级，规范标准地进行海堤网格化管理系统建设，提升海堤管理部门信息化管理水平。

（5）海堤工程是抵御自然灾害的第一道重要屏障，是确保防汛防台安全的重要设施，直接关系到城市安全和人民生命财产安全。为提高防灾减灾应急抢险能力，在建设防汛抢险物资储备基地的基础上，增加储备抢险物资和器械，完善防汛抢险应急预案，建立专业化与社会化相结合的应急抢险救援队伍，应对突发事件及超标准风险，同时可研究建立保险机制，将灾害损失减小到最低程度。

参考文献

【 1 】 国家自然科学基金委员会工程与材料科学部. 水利科学与海洋工程学科发展战略研究报告（2011—2015）[M]. 北京:科学出版社，2011.

【 2 】 刘宁,孙东亚,黄世昌，等. 风暴潮灾害防治及海堤工程建设[J]. 中国水利,2008（5）:9－13.

【 3 】 徐其华,霍美芬,宋德蕃，等. 上海水利志[M]. 上海:上海社会科学院出版社, 1997.

【 4 】 Le Ken Tang. An analysis of the recent severe storm surge disaster events in China [J]. *Natural Hazards*, 2000, 21(2):215－223.

【 5 】 中国国家海洋局,2000年中国海洋灾害公报, 2001.4. http://www.soa.gov.cn/zwgk/hygb/zghyzhgb/2000nzghyzhgb/.

【 6 】 汪家伦. 古代海堤工程[M]. 北京:中国水利电力出版社,1988.

【 7 】 严恺. 中国海岸工程[M]. 南京:河海大学出版社,1992.

【 8 】 陈吉余. 海堤——中国海岸变迁和海堤工程[M]. 北京:人民出版社，2000.

【 9 】 陈吉余. 中国围海工程[M]. 北京:中国水利水电出版社，2000.

【10】 施熙灿,徐霞. "城市防洪标准选择" 综述[J]. 自然灾害学报,1995(S1)：218－227.

【11】 杨晴. 关于防洪标准的几点认识[J]. 水利水电技术, 2000,31(7)：35－37.

【12】 Sebastiaan N Jonkman, Matthijs Kok Johannes, et al. Flood Risk Assessment in the Netherlands: A Case Study for Dike Ring South Holland [J]. *Risk Analysis*, 2008, 28(5):1357－1374.

【13】 徐长江. 中英美三国设计洪水方法比较研究[J]. 人民长江, 2005 (1)：24－26 .

【14】 Gaulta J, O' Haganb A M, Cumminsa V, et al. Erosion management in Inch beach, South West Ireland [J]. *Ocean & Coastal Management*, 2011, 54(12): 930－942.

【15】 Pascal B, Christian F, Denis L, et al. Integrating anthropogenic factors, geomorphological indicators and local knowledge in the analysis of coastal flooding and erosion hazards [J]. *Ocean & Coastal Management*, 2011, 54(8): 621－632.

【16】 Feng L H. Strong signal of the super-huge flood and superposition effect of physical factors: A case study along Yangtze River of China in 1954 [J]. *Disaster Advances*, 2011, 4(3):59－63.

【17】 Berga L., *Dam Safety: Proceedings of the International Symposium on New Trends and Guidlines on Dam Safety*[M]. Rotterdam: A. A. Balkema Publishers.

【18】 Losada M A, Duarte O, Llorca J. Long-term performance of nonwoven geotextile filters in five coastal and bank protection projects [J]. *Geotextiles and Geomembrances*, 1997, 15(4–6): 207－221.

【19】 中华人民共和国水利部. 海堤工程设计规范: SL 435-2008[S]. 北京:中国水利水电出版社，2008.

【20】 中华人民共和国技术监督局, 中华人民共和国建设部. 堤防工程设计规范: GB 50286—2013[S]. 北京:中国计划出版社,2013.

【21】 中华人民共和国交通部. 海港水文规范：JTJ 213—1998[S]. 北京：人民交通出版，1998.
【22】 孙绍骋. 灾害评估研究内容与方法探讨[J]. 地理科学进展，2001,(2):27－35.
【23】 王大学. 明清“江南海堤”的建设与环境[M]. 上海：上海人民出版社，2008.
【24】 陶存焕，周潮生. 明清钱塘江海堤[M]. 北京：中国水利水电出版社，2001.
【25】 张文彩. 中国海堤工程简史[M]. 北京：科学出版社，1990.
【26】 姚慰城. 论上海地区海堤工程设计标准[J]. 上海水利，1996,(4):4－9.
【27】 李维涛，王静，陈丽棠. 海堤工程防风暴潮标准研究[J]. 水利规划与设计，2003, (4):5－9.
【28】 卢永金，何友声，刘桦. 海堤设防标准探讨[J]. 中国工程科学，2005,7 (12):17－23.
【29】 刘志明，李维涛. 海堤工程防潮标准研究[J]. 中国水利，2008, (16):29－36.
【30】 张从联，赵吉国，江洧. 海堤设计波浪计算有关问题探讨[J]. 水利技术监督，2005,(3):37-39, 51.
【31】 黄锦林，江洧. 海堤工程设计中风速的选用[J]. 水利技术监督，2005, (3):1－3.
【32】 唐巨山，袁文喜，曾甑. 海堤堤顶高程确定中若干问题的探讨[J]. 水力发电，2008, 34(2):39－42.
【33】 风暴潮灾害防治及海堤工程技术研讨论会论文集编委会. 风暴潮灾害防治及海堤工程技术研讨论会论文集[M]. 北京：中国水利水电出版社，2008.
【34】 刘德辅，亢清珍，韦勇，等. 海洋环境因素极值组合及设计标准[J]. 水科学进展，1998,9(2)：146－150.
【35】 Liu D F, Dong S, Wang S Q, et al. System analysis of disaster prevention design criteria for the estuarine cities [J]. *China Ocean Engineering*, 2000, 14(1): 67－78.
【36】 刘德辅，王莉萍，庞亮. 多维复合极值分布理论在极端海况概率预测中的应用[J]. 科学通报，2006,51(9)：1111－1116.
【37】 Liu D F, Shi H D, Pang L. Disaster prevention design criteria for the estuarine cities: New Orleans and Shanghai-the lesson from hurricane Katrina [J]. *Acta Oceanol Sin*, 2006, 25(4):124－130.
【38】 刘德辅，庞亮，谢波涛，等. 中国台风灾害区划及设防标准研究——双层嵌套多目标联合概率模式及其应用[J]. 中国科学(E辑：技术科学), 2008,38 (5)：698－707.
【39】 Liu D F, Pang L, Xie B T. Typhoon disaster zoning and prevention criteria－A double layer nested multi-objective probability model and its application [J]. *Science in China* (*Series E: Technological Sciences*), 2008, 51(7):1038－1048.
【40】 王才君，Johan Oost. 中国和荷兰防洪标准比较[J]. 中国工程咨询，2010,10(10)：35－37.
【41】 邢建芬，陈尚. 韩国新万金围填海工程介绍[N]. 中国海洋报，2010-1-29(004).
【42】 王艳艳，吴兴征. 中国与荷兰洪水风险分析方法的比较研究[J]. 自然灾害学报，2005, 14(4): 19－24.
【43】 施雅风. 我国海岸带灾害的加剧发展及其防御方略[J]. 自然灾害学报，1994,(2)：5－17.
【44】 张鹰，丁贤荣. 中国风暴潮灾害与沿海城市防潮[J]. 海洋预报，1996(4)：48－52
【45】 王喜年. 风暴潮灾害及其预报与防御对策[J]. 海洋预报，1998 (3)：26－31.
【46】 高建华，朱晓东，朱大奎，等. 台风风暴潮对我国沿海地区的影响及其防御对策[J]. 海洋通报，1999(3)：16－21.
【47】 杨桂山. 中国沿海风暴潮灾害的历史变化及未来趋向[J]. 自然灾害学报，2000 (3)：23－30.
【48】 陆丽云，陈君，张忍顺. 江苏沿海的风暴潮灾害及其防御对策[J]. 灾害学，2002 (1)：27－32.
【49】 富曾慈. 中国海岸台风、暴雨、风暴潮灾害及防御措施[J]. 水利规划设计，2002 (2)：48－51.
【50】 乐肯堂. 我国风暴潮灾害及防灾减灾战略[J]. 海洋预报，2002(1)：9－15.
【51】 胡桂坤，张青田. 风暴潮对我国沿海地区的影响及其预防措施[J]. 海洋信息，2006 (4)：22－23.
【52】 赵庆良，许世远，王军，等. 沿海城市风暴潮灾害风险评估研究进展[J]. 地理科学进展，2007(5)：34－42.

【53】陈沈良,谷国传,吴桑云.黄河三角洲风暴潮灾害及其防御对策[J]. 地理与地理信息科学，2007 (3): 104－108,116.

【54】刘凤树. 国内外风暴潮概况及其防御对策[J]. 自然灾害学报，1992(1)：85－92.

【55】施建堂. 海平面上升与天津沿海风暴潮特征[J]. 海洋信息,1999(4):25－26.

【56】王康发生,尹占娥,殷杰. 海平面上升背景下中国沿海台风风暴潮脆弱性分析[J]. 热带海洋学报,2011,(6):31－36.

【57】Gao Zhigang, Han Shuzong, Liu Kexiuetc, et al. Numerical Simulation of the Influence of Mean Sea Level Rise on Typhoon Storm Surge in the East China Sea [J]. *Marine Science Bulletin*, 2008, 10(2):36－49.

【58】仉天宇,于福江,董剑希. 海平面上升对河北黄骅台风风暴潮漫滩影响的数值研究[J]. 海洋通报,2010(5):499－503.

【59】Mcinnes K L, Walsh K J E, Hubbert G D, et al. Impact of Sea-level Rise and Storm Surges on a Coastal Community [J]. *Natural Hazards*, 2003, 30(2): 187-207. Doi:10.1023/A:1026118417752.

【60】Lisa R. Kleinosky, Brent Yarnal, Ann Fisher, et al. Vulnerability of Hampton Roads, Virginia to Storm- Surge Floodingand Sea- level Rise [J]. *Natural Hazards*, 2006, 40(1):43－70.

【61】Ju W K, Moona S R, Parka S J, et al. Analyzing sea level rise and tide characteristics change driven by coastal construction at Mokpo Coastal Zone in Korea [J]. *Ocean Engineering*, 2009, 36(6-7):415－425.

【62】许启望,谭树东.风暴潮灾害经济损失评估方法研究[J]. 海洋通报, 1998 , 17 (1) : 1－12.

【63】段晓峰,许学工. 沿海防潮堤坝对风暴潮危害的减灾效益研究[J]. 防灾减灾工程学报，2006, 26(3)：279－283.

【64】乐肯堂.我国风暴潮灾害风险评估方法的基本问题[J]. 海洋预报, 1998 , 15 (3) : 38－44.

【65】冯利华.风暴潮等级和灾情的定量表示法[J]. 海洋科学, 2002, 26(1)：40－42.

【66】叶雯,刘美南,陈晓宏，等.基于模式识别的台风风暴潮灾情等级评估模型研究[J].海洋通报, 2004, 23(4)：65－70.

【67】叶雯,刘美南,陈晓宏，等.感知器算法在台风风暴潮灾情等级评估中的应用[J].中山大学学报(自然科学版),2004,43(2)：117－120.

【68】王延亮,张月锐，等.海堤建设工程经济社会效益评估方法研究[M].郑州:黄河水利出版社, 2005.

【69】梁海燕,邹欣庆.海口湾沿岸风暴潮风险评估[J]. 海洋学报, 2005, 27(5)：22－29.

【70】尹宝树,徐艳青,任鲁川，等.黄河三角洲沿岸海浪风暴潮耦合作用漫堤风险评估研究[J].海洋与湖沼, 2006,37(5)：457－463.

【71】Dutta D, Herath S, Musiake K. A mathematical model for flood loss estimation [J]. *Journal of Hydrology*，2003，277(1–2): 24－49.

【72】Jonkman S N, Gelder P H, Vrijling J K. An overview of quantitative risk measures for loss of life and economic damage [J]. *Journal of Hazardous Materials*, 2003, 99(1):1－30.

【73】Arends B J, Jonkman S N, Vrijling J K, et al. Evaluation of tunnel safety: towards an economic safety optimum [J]. *Reliability Engineering & System Safety*, 2005, 90(2,3):217－228.

【74】Jonkman S N, Lentz A, Vrijling J K, A general approach for the estimation of loss of life due to natural and technological disasters [J]. *Reliability Engineering & System Safety*, 2010, 95 (11):1123－1133.

【75】Heijer C den, F B., Van M Koningsveld. Assessment of dune failure along the Dutch coast using a fully probabilistic approach [J]. *Geomorphology*, 2012,(143-144):95－103.

【76】 Can Elmar Balas, Lale Balas. Risk Assessment of Some Revetments in Southwest Wales, United Kingdom [J]. *Journal of Waterway*, Port, Coastal and Ocean Engineering, ASCE, 2002, 128(5): 216－223.

【77】 Vrijling J K. Probabilistic design of water defense system in the Netherlands [J]. *Reliability Engineering and System Safety*, 2001, 74(3):337－344,

【78】 CCER, or Center of Civil Engineering Research and CodesTechnical Advisory Committee on Water Defenses [R].*Probability Design of Flood Defenses*,ISBN 9037600093 CUR Pothus 420280 A K Gouda, the Netherlands. June 1990.

【79】 Vrijling J K, Hengel W, Houben R J. Acdeptable Risk as Basis for Design [J]. *Reliability Engineering and System Safety*, 1998, 71(3):141－150.

【80】 Buijs F A, Geldr P H,Vrijling J K, et al. Application of Dutch Reliability –Based Flood Defense Design in the UK [J]. *Safety and Reliability*, 2003, 9(3):311－319.

【81】 FEMA, or The Federal Emergency Management Agency, Atlantic Ocean and Gulf of Mexico Coastal Guidelines Update [S]. Feb. 2007.

【82】 卢永金. 上海市防御台风战略对策探讨[J]. 城市道桥与防洪. 2007, (4):53－57.

【83】 王卫标,金伟良,俞婷婷. 钱塘江河口海堤风险分析和安全评估关键技术[J]. 浙江大学学报(工学版), 2007, 41(1):146－152.

【84】 解家毕, 孙东亚. 事件树法原理及其在堤坝风险分析中的应用[J].中国水利水电科学研究院学报, 2006, 4(2):133－137.

【85】 解家毕, 孙东亚, 丁留谦. 防洪工程风险评价中的几个关键技术问题[J]. 水利水电技术, 2007, 38(2):60－64.

【86】 吴兴征,丁留谦,张金接. 防洪堤的可靠性设计方法探讨[J]. 水利学报, 2003, (4):87－93.

【87】 吴兴征,丁留谦,孙东亚. 基于可靠性理论的堤防安全评估系统的开发[J]. 水利水电技术, 2003, 34(11):88－90.

【88】 李青云,张建民. 长江堤防工程安全评价的理论方法和实现策略[J]. 中国工程科学, 2005, 7(6):7－13.

【89】 介玉新,张建民,李青云. 层次分析法在长江堤防安全评价系统中的应用[J] 清华大学学报（自然科学版）,2004, 44(12):1634－1637.

【90】 胡韬,介玉新,李青云. 长江堤防工程安全性综合评价系统开发[J]. 长江科学院院报,2004, 21(3):36－40.

【91】 王俊,李舒瑶,白领群. 黄河堤防安全评价系统开发研究[J]. 人民黄河,2006,28(12):14－16.

【92】 李舒瑶,王俊. 黄河下游堤防安全评价系统分析[J]. 河南大学学报（自然科学版）,2007, 37(5):538－540.

【93】 高延红,张俊芝. 堤防工程风险评价理论及应用[M]. 北京:中国水利水电出版社, 2011.

【94】 黄崇福,张俊香,陈志芬. 自然灾害风险区划图的一个潜在发展方向[J]. 自然灾害学报,2004,13(2): 9－15.

【95】 李杰,宋建学. 城市火灾危险性分析[J]. 自然灾害学报,1995, (2): 98－103.

【96】 罗慧,张雅斌,刘璐, 等. 高影响天气事件公众关注度的风险评估[J]. 气象, 2007,33(10):15－22.

【97】 张顺谦,侯美亭,王素艳. 基于信息扩散和模糊评价方法的四川盆地气候干旱综合评价[J]. 自然资源学报, 2008,23(4):713－723.

【98】 高小旺,鲍霭斌. 用概率方法确定抗震设防标准[J]. 建筑结构学报, 1986, (2)： 55－63.

【 99 】 谢礼立,张晓志,周雍年. 论工程抗震设防标准[J]. 地震工程与工程振动, 1996,16(1)：1－18.

【100】 沈建文,刘峥,石树中. 我国现行规范谱的超越概率标准[J]. 中国地震,2007,(3)：245－250.

【101】 王超. 随机组合概率分析方法及设计水位的推算[J]. 海洋学报, 1986,8(3)：366－375.

【102】 王超. 随机组合概率分析方法及设计水位的推算Ⅱ[J]. 海洋学报, 1989,11(3)：392－400.

【103】 徐玲玲. 二元组合概率应用浅析[J]. 江苏水利科技，1995,(4):40－45.

【104】 Parameshor P, Makoto T, Matsuo N. Inundation Analysis in the Coastal Area Considering Climate Change Due to Global Warming [J]. *Water, Air, & Soil Pollution: Focus*, 2009, 9(5-6): 393－401.

【105】 Eugen R, Modelling of wave–current interactions at the mouths of the Danube [J]. *Journal of Marine Science and Technology*, 2010, 15(2):143－159.

【106】 Hu S Y, Wang Z Z, Wang Y T, et al. Encounter probability analysis of typhoon and plum rain in the Taihu Lake Basin [J]. *Science China Technological Sciences*, 2010, 53(12): 3331－3340,

【107】 董吉田,陈雪英. 大风浪过程与高水位联合概率的统计分析[J]. 海岸工程,1990,9(2)：1－7.

【108】 张桂宏. 洪水与热带气暴潮组合频率计算[J]. 广西水利水电,1999,(2):48－49.

【109】 董胜,余海静,郝小丽. 基于浪潮组合的台风暴潮强度等级划分[J]. 中国海洋大学学报,2005,35(1):152－156.

【110】 Gabriel R T, Donald T R, David D, et al. Efficient joint-probability methods for hurricane surge frequency analysis [J]. *Ocean Engineering*, 2010, 37(1):125－134,

【111】 Pruttipong A,Rachel D, Brian B, et al. Long-term regional hurricane hazard analysis for wind and storm surge [J]. *Coastal Engineering*, 2011, 58(6):499－509.

【112】 Knut O Ronold. Reliability analysis of a coastal dike [J]. *Coastal Engineering*, 1990, 14(1):43－56.

【113】 Constantine D Memos. On the theory of the joint probability of heights and periods of sea waves [J]. *Coastal Engineering*, 1994, 22(3–4):201－215.

【114】 Klemp, Joseph B, Robert B, et al. The Simulation of Three-Dimensional Convective Storm Dynamics [J]. *Journal of the Atmospheric Science*, 1978, 35(6):1070－1096.

【115】 Tang Y M, Grimshaw R, Sanderson B.A numerical study of storm surges and tides, with application to the North Queensland coast [J]. *Journal of physical oceanography*, 1996, 26(12)：2700－2711.

【116】 Battjes J A, Gerritsen H. Coastal modelling for flood defence [J]. *Philosophical Transactions of the Royal Society of London*. Series A: Mathematical, Physical and Engineering Sciences, 2002, 360(1796): 1461－1475.

【117】 Choi B H, Eum H M, Woo S B. A synchronously coupled tide–wave–surge model of the Yellow Sea[J]. *Coastal engineering*, 2003, 47(4): 381－398.

【118】 Robert G Fovell. Convective Initiation ahead of the Sea-Breeze Front [J]. *Monthly Weather Review*, 2005,133(1):264－278.

【119】 Wolf J. Coastal flooding: impacts of coupled wave–surge–tide models [J]. *Natural Hazards*, 2009, 49(2): 241－260.

【120】 Scott C H, Hans C G, Vincnt J C, et al. 针对热带飓风的风场、波浪和风暴潮的NOPP实时预报系统[J]. 人民珠江,2006, (06):4－9.

【121】 Yin Baoshu, Sha Rina, Yang Dezhou,et al, Numerical Study of Wave–Tide-SurgeCoupling process [J]. *Studia Marina Sinica*, 2006, (47):1－15.

【122】 李燕,黄振. 对“麦莎”路径及造成黄渤海域大风浪的数值模拟[J]. 气象科技,2007,(2):175-179.

【123】 林祥,尹宝树,杨德周. 波浪在波流相互作用中对底应力及流速的影响研究[A]. 中国海洋学会海

洋工程分会.第十四届中国海洋（岸）工程学术讨论会论文集（上册）[C].中国海洋学会海洋工程分会, 2009,5.

【124】 于亮.考虑波流耦合作用的渤海湾风暴潮三维数值模拟[D].天津：天津大学,2010.

【125】 张永强.莱州湾风暴潮过程增水、波浪、风暴潮流数值模拟研究[D].青岛：国家海洋局第一海洋研究所,2010.

【126】 李磊岩,朱奚冰,黄世昌，等.超标准风暴潮作用下多线联合防御数值模拟分析[J].中国农村水利水电, 2011,(2):17－22.

【127】 P J Visser1,朱勇辉.无粘性土堤的溃堤模型[J]. 长江科学院院报,2003, 20(3):35－38.

【128】 Sarma A K, Das M M, Analytical solution of a flood wave resulting from dike failure [C]. *Proceedings of the Institution of Civil Engineers-Water And Maritime Engineering*. 2003, 156(1): 41－45.

【129】 Shi Y E, Nguyen, Kim Dan. A projection method-based model for dam- and dyke-break flows using an unstructured finite-volume technique: Applications to the Malpasset dam break (France) and to the flood diversion in the Red River Basin (Vietnam) [J]. *International Journal for Numerical Methods in Fluids*, 2008. 56(8):1505－1512.

【130】 Roger S, Dewals B J, Erpicum S, et al. Experimental and numerical investigations of dike-break induced flows [J]. *Journal of Hydraulic Research*. 2009, 47(3):349－359.

【131】 Yasuda T, Hara M, Mutsuda H, Tada. Internal velocity field at incipient breaking of a solitary wave over a submerged dike [C]. *Boundary Elements XV: Fluid Flow and Computational Aspects*, 1993, 179－192.

【132】 张修忠,王光谦.堤防溃决的流动分析及冲刷坑计算[J]. 泥沙研究, 2002, (1):18－24.

【133】 Ma X, Yang PG, Yang QY, et al. The characteristics of dike-break flood in different scenarios of the lower Yellow River based on numerical simulations [J]. *Journal of Geographical Sciences*. 2007, 17(1):85－100.

【134】 李云,李君.溃坝模型试验研究综述[J].水科学进展, 2009, 20 (2):304－310.

【135】 朱勇辉, 廖鸿志, 吴中如.国外土坝溃坝模拟综述[J].长江科学院院报, 2003, 20 (2):26－29.

【136】 刘德平.溃堤洪水及冲刷坑分析计算方法综述[J]. 电力勘测设计,2006, (2) ,23－26.

【137】 史宏达, 刘臻.溃坝水流数值模拟研究进展[J].水科学进展, 2006, 17 (1):129－135.

【138】 陈生水, 钟启明, 陶建基.土石坝溃决模拟及水流计算研究进展[J].水科学进展, 2008,19 (6):903－910.

【139】 You L, Li C, Min X, et al. Review of Dam-break Research of Earth-rock Dam Combining with Dam Safety Management [J]. *Procedia Engineering*, 2012, 28: 382－388.

【140】 丁大发, 汪习文, 韩侠, 等.黄河下游溃堤洪水灾害与减灾对策研究[J].人民黄河, 2003, 25(3): 22－23.

【141】 杨佩国, 杨勤业, 吴绍洪, 等.基于数值模拟的黄河下游不同情景溃堤洪水特性[J].地理研究, 2007, 26(2): 328－336.

【142】 Liang L, Ni JR, Borthwick AGL, et al. Simulation of dike-break processes in the Yellow River [J]. *Science in China Series E-Technological Sciences*. 2002, 45(6): 606-619.

【143】 Chang W Y, Lee L, Lien H C, et al. Simulations of Dam-Break Flows Using Free Surface Capturing Method [J]. *Journal of Mechanics*. 2008, 24,(4): 391－403.

【144】 Aliparast M. Two-dimensional finite volume method for dam-break flow simulation[J]. *International Journal of Sediment Research*, 2009, 24(1): 99－107.

【145】 李雷,王仁钟,盛金保，等.大坝风险评价与风险管理[M].北京:中国水利水电出版社,2006.
【146】 陈伟珂,黄艳敏.工程风险与工程保险[M]. 天津:天津大学出版社,2005.
【147】 沈建明.项目风险管理[M].北京:机械工业出版社,2003.
【148】 毕星,翟丽.项目管理[M].上海:复旦大学出版社，2001.
【149】 王家远,刘春乐.建设项目风险管理[M].北京:中国水利水电出版社，2004.
【150】 Yen B C, Ang A. H-S. Risk analysis in design of hydraulic projects [A]. *Proceeding of 1st International Symposium on Stochastic Hydraulics* [C]. (Ed) Chiu C. L., University of Pittsburg, 1971, 694－709.
【151】 注册咨询工程师考试教材编委会.工程项目组织与管理[M].北京:中国计划出版社，2003.
【152】 火恩杰，刘昌森.上海地区自然灾害史料汇编(公元751—1949年)[M].北京:地震出版社，2002.
【153】 孙家仁，许振成，刘煜，等.气候变化对环境空气质量影响的研究进展[J].气候与环境研究，2011, 16(6):805－814.
【154】 赵思雄，孙建华.近年来灾害天气机理和预测研究的进展[J].大气科学，2013, 37(2): 297－312.
【155】 胡泽浦.2005年“麦莎”和“卡努”台风影响上海的特点分析及对策建议[J].城市道桥与防洪，2007, (4):9－14，11.
【156】 国家海洋局东海预报中心.长江口杭州湾开敞水域岸段设计波浪要素推算研究[R]. 2009.
【157】 上海市水务局,河海大学.上海风浪实测资料统计分析及风浪谱分析研究[R]. 2000.
【158】 季永兴,卢永金,莫敖全.长江口外沙内泓河段保滩护岸对策研究[J].水土保持通报，2001(1): 15－18.
【159】 季永兴,刘水芹,莫敖全.长江口保滩护岸工程与水土资源可持续发展[J].水土保持学报，2002(1):128－131.
【160】 Williams C A, Head G, Horn R, et al, *Principles of risk management and insurance* [M]. American Institute for Property and Liability Underwriters, 1981.
【161】 牛运光.土石坝安全与加固[M].北京:中国水利水电出版社,1998.
【162】 汝乃华，牛运光.大坝事故与安全[M].北京:中国水利水电出版社,2001.
【163】 董哲仁. 堤防除险加固实用技术[M].北京:中国水利水电出版社,1998.
【164】 TAW. *Guide for the Design of Sea-and Lake dikes* [S]. Technical Advisory Committee on Water Defences (TAW), Road and Hydraulic Engineering Division, Delft, the Netherlands, 1999.
【165】 高桥浩一郎.颱風域内に於ける気壓はひ風速の分怖壓[J].気象集誌，1939, 17(11): 417－421.
【166】 Fujita T.Pressure distribution within a typhoon [J]. *Geophysical Magazine*, 1952(23): 437－451.
【167】 Chen Chaohui, Yan ke, Li Lin, et al. Improvement of Fujita Formula and Its Application in Typhoon Forecasting [J]. *Meteorological Science and Technology*, 2011(1): 1－8.
【168】 杨洋，朱志夏，周科.西北太平洋台风浪数值模拟[J].海洋科学，2010, 34(2): 62－67.
【169】 Funakoshi Y, Feyen J, Aikman F, et al. Development of Extratropical Surge and Tide Operational Forecast System (ESTOFS)[M]. *Estuarine and Coastal Modeling.* ASCE Publications, 2012: 201－212.
【170】 Haase A, Wang J, Taylor A, et al. Coupling of Tides and Storm Surge for Operational Modeling on the Florida Coast [M]. *Estuarine and Coastal Modeling.* ASCE Publications, 2012: 230－238.
【171】 Jelesnianski C P, Chen J, Shaffer W A. SLOSH: *Sea, Lake, and Overland Surges from Hurricanes* [R]. NOAA Technical Report NWS 48, National Weather Service, Silver Spring, MD, 1992.
【172】 Atkinson G D, Holliday C R. Tropical cyclone minimum sea level pressure/maximum sustained wind

relationship for the western North Pacific [J]. *Monthly Weather Review*, 1977, 105(4): 421－427.

【173】日本港湾协会. 日本港口设施技术标准[S]. 北京:人民交通出版社, 1979.

【174】上海市测绘院. 上海市地图集(1997版)[M]. 上海:上海科学技术出版社出,1997.

【175】钮学新. 台风的内力[J]. 大气科学, 1983, 7(1): 42－49.

【176】邵常坎. 对上海市区防洪标准问题的探讨[J]. 上海水利,1984(1):10－13.

【177】程光明. 中外防洪标准与防洪措施[J]. 水利技术监督,1998(5):10－12.

【178】姚慰城. 关于拟定本市远景防洪标准问题[J]. 上海水利, 2000(1):10－15.

【179】邱瑞田,徐宪彪,文康, 等. 关于确定城市防洪标准的几点认识[J]. 中国水利,2006(13) : 43－44,47.

【180】陈卫宾,曹廷立,武见. 国内外防洪标准及确定方法研究[J]. 人民黄河,2011(7):24－26.

【181】金菊良,刘永芳,丁晶, 等. 城市防洪工程经济风险分析的蒙特卡罗法[J]. 长江科学院院报(工程科学版), 2003, (1):40－43.

【182】刘娟,靖娟,毛陆文. 经济防洪标准分析方法及应用[J]. 人民黄河,2011(7):19－21.

【183】李爱玲,李小燕,李维涛, 等.经济指标在确定沿海地区防洪标准中的意义、作用和方法研究[J]. 水利规划与设计, 2011(4):21－22.

【184】Selina B, Marcel J F, Jim W H编. 叶阳, 邓伟, 付强, 等译. 欧洲洪水风险管理——政策创新与实践创新[M]. 郑州:黄河水利出版社, 2011.

【185】施熙灿,刘宇琼,林贤忠, 等. 用模糊综合评价法优选城市防洪标准[J]. 水利水电科技进展, 1999(3):8－13, 15.

【186】Simonovic S, Social criteria for evaluation of flood control measures: Winnipeg case study [J]. *Urban water*, 1999, 1(2): 167－175.

【187】Levy J K, Hartmann J, Li K W, et al. Multi-Criteria Decision Support Systems for Flood Hazard Mitigation and Emergency Response in Urban Watersheds [J]. *Journal of the American Water Resources Association*, 2007, 43(2): 346－358.

【188】Carlos A B C, Paula A S, Francisco N C. Multicriteria evaluation of flood control measures: The case of Ribeirado Livramento [J]. *Water Resources Management*, 2004, 18(3): 263－283.

【189】李爱玲,李小燕,李维涛, 等. 沿海地区防洪标准指标体系研究[J]. 水利规划与设计,2011(6): 34－36.

【190】Zanuttigh B. Coastal flood protection: What perspective in a changing climate? The THESEUS approach [J]. *Environmental Science & Policy*, 2011, 14(7): 845－863.

【191】江兵.组合概率在风险分析中的应用[J]. 决策与决策支持系统, 1994,4(4):102－107.

【192】费永法. 多元随机变量的条件概率计算方法及其在水文中的应用[J]. 水利学报, 1995(8): 60－66.

【193】黄国如,芮孝芳. 感潮河段设计洪水位计算的频率组合法[J]. 水电能源科学, 2003, 21(2): 72－74.

【194】李松仕. 洪潮组合计算方法研究[J]. 水利科技, 2006, (2):3－4.

【195】李世举,周建伟,白领群. 感潮河段潮洪组合设计水位计算方法研究[J].人民黄河, 2006, 28(10): 33－34, 45.

【196】吕月华,王继志. 潮汐及其与天气的关系[J]. 海洋科技资料,1975(5):13－21.

【197】刘俊. 关注台风[M]. 北京:军事科学出版社, 2007.

【198】Yang C R, Tsai C T, Development of a GIS-based flood information system for floodplain modeling and damage calculation [J]. *Journal of the American Water Resources Association*, 2000, 36(3): 567－577.

【199】 Bates P D, Dawson R J, Hall J W, et al. Simplified two-dimensional numerical modelling of coastal flooding and example applications[J]. Coastal Engineering, 2005, 52(9): 793－810.

【200】 Qi H, Altinakar M S, A GIS-based decision support system for integrated flood management under uncertainty with two dimensional numerical simulations [J]. *Environmental Modelling & Software*, 2011, 26(6): 817－821.

【201】 Van J M, Younis J, Roo A P, A GIS-based distributed model for river basin scale water balance and flood simulation [J]. *International Journal of Geographical Information Science*, 2010, 24(2): 189－212.

【202】 Shi W, Wang M. Observations of a Hurricane Katrina-induced phytoplankton bloom in the Gulf of Mexico [J]. *Geophysical Research Letters*, 2007, 34(11).

【203】 周砚耕. 海南岛 7314 号台风灾害[J]. 灾害学, 1992(1):61－62.

【204】 于玉斌, 陈联寿, 杨昌贤. 超强台风“桑美”（2006）近海急剧增强特征及机理分析[J]. 大气科学,2008,32(2):405－416.

【205】 朱军政, 徐有成. 浙江沿海超强台风风暴潮灾害的影响及其对策[J]. 海洋学研究, 2009, 6(2): 104－110.

【206】 卢永金,陈美发,季永兴, 等.平面二维水动力数学模型在上海水利工程中的应用[J]. 水动力学研究与进展(A辑), 1997, 13(S1):61－65.

【207】 季永兴,卢永金,姚华生.浦东国际机场围海大堤龙口水力数学模型研究[J]. 水利水电科技进展,2000,(6):36－38,69.

【208】 Lu Y J, Du X T, Research on the hydraulic characteristics of gap closing with large framed cages, [J]. *Journal of Hydrodynamics*, 2010, 22(S1):1022－1026.

【209】 浙江省水利河口研究院. 钱塘江北岸海塘应对超标准风暴潮研究[R]. 2008.

【210】 Hallegatte S.An adaptive regional input–output model and its application to the assessment of the economic cost of Katrina [J]. *Risk Analysis*, 2008, 28(3):779－799.

【211】 Hallegatte S, Ranger N, Mestre O, et al. Assessing climate change impacts, sea level rise and storm surge risk in port cities: a case study on Copenhagen [J]. *Climatic Change*, 2011, 104(1): 113－137.

【212】 程卫帅, 陈进, 刘丹. 洪灾风险评估方法研究综述[J]. 长江科学院院报, 2010, 27(9): 17－24.

【213】 王丽萍,傅湘.洪灾风险及经济分析[M].武汉：武汉水利电力大学出版社，1999.

【214】 黄金池. 中国风暴潮灾害研究综述[J]. 水利发展研究, 2002, 2(12)：63－65

【215】 Chen Jiyu, Li Daoji, Yao Yanming, et al, Marine hazards in coastal areas and human action against them—A case study of the Changjiang River estuaries and Qiantang River [J]. *Chinese Journal of Oceanology and Limnology*, 1999, 17(2):143－153.

【216】 Sebastiaan N J, Matthijs K,Johannes K V. Flood risk assessment in the Netherlands: a case study for dike ring South Holland [J]. *Risk Analysis*, 2008,28(5): 1357－1373.

【217】 Rao A D, Chittibabu P, Murty T S, et al. Vulnerability from storm surges and cyclone wind fieldson the coast of Andhra Pradesh, India [J]. *Natural Hazards*, 2007, 41(3):515－529.

【218】 Anselme B, Durand P, Thomas Y F, et al, Storm extreme levels and coastal flood hazards: A parametric approach on the French coast of Languedoc (district of Leucate) [J]. *Comptes Rendus Geoscience*, 2011,343(10):677－690.

【219】 Benavente J, Rio D L, Gracia F J, et al. Coastal flooding hazard related to storms and coastalevolution in Valdelagrana spit (Cadiz Bay Natural Park, SW Spain) [J]. *Continental Shelf Research*, 2006, 26(9): 1061－1076.

【220】 Castillo M E, Baldwin E M, Casarin R S, et al, Characterization of Risks in Coastal Zones: A Review [J]. *CLEAN – Soil, Air, Water*, 2012, 40(9): 894 – 905.
【221】 杨宝国. 中国沿海的风暴潮灾及其防御对策[J]. 自然灾害学报,1996,(4):84 – 90.
【222】 朱敏杰,陈坚,王元领,等. 厦门台风与风暴潮灾害对策研究[J]. 中国防汛抗旱,2009(1): 46 – 48.
【223】 陆丽云,陈君,张忍顺. 江苏沿海的风暴潮灾害及其防御对策[J]. 灾害学,2002(1):27 – 32.
【224】 瞿光中,蔡志林. 浙江乐清湾台风风暴潮灾害及防御对策[J]. 灾害学,1999(3):65 – 69.
【225】 王一红,尚嗣荣. 渤海湾风暴潮灾害及对策[J]. 灾害学,1999(3):71 – 75.
【226】 黄锦林,杨光华,曾进群,等. 广东沿海风暴潮灾害应急管理初探[J]. 灾害学, 2010, (4): 139 – 142.
【227】 Pilarczyk K W. Flood protection and management in The Netherlands[M]. Extreme Hydrological Events: New Concepts for Security. Springer Netherlands, 2007: 385 – 407.
【228】 Cheung K F, Phadke A C, Wei Y, et al, Modeling of storm-induced coastal flooding for emergency management [J]. *Ocean Engineering*, 2003, 30(11):1353 – 1386.
【229】 William J Petak, Arthur A Atkisson. 自然灾害风险评价与减灾政策[M]. 向立云,程晓陶，译. 北京: 地震出版社, 1993.
【230】 Hughes S A, Nadal N C. Laboratory study of combined wave overtopping and storm surge overflow of a levee [J]. *Coastal Engineering*, 2009, 56(3):244 – 259.
【231】 Lin Li, Yi Pan, Farshad Amini. Full scale study of combined wave and surge overtopping of a levee with RCC strengthening system [J]. *Ocean Engineering*, 2012, 54：70 – 86.
【232】 Xin Rao, Lin Li, Farshad Amini,et al. Numerical study of combined wave and surge overtopping over RCC strengthened levee systems using the smoothed particle hydrodynamics method [J]. *Ocean Engineering*, 2012, 54,101 – 109.
【233】 Wang J Y, Da L J, Kun S, et al. Temporal variations of surface water quality in urban, suburban and rural areas during rapid urbanization in Shanghai, China [J]. *Environmental Pollution*,2008, 152(2):387 – 393.
【234】 Chen J Y.Development of the Yangtze and Yellow River estuaries during the Holocene [J]. *Quaternary Science Reviews*, 1991, 10(6):523 – 526.
【235】 Yu L, ZHu S P. Numerical simulation of discharged waste heat and contaminants into the South Estuary of the Yangtze River [J]. *Mathematical and Computer Modelling*, 1993, 18(12):107 – 123.
【236】 黄觉新,徐建益. 上海市第二水源规划选点研究[J]. 水利规划与设计,1996(1):15 – 20.
【237】 Chen Z Y, Li J F, Shen H T, et al. Yangtze River of China: historical analysis of discharge variability and sediment flux [J]. *Geomorphology*, 2001, 41(2–3):77 – 91.
【238】 Shen Z G. Sediment transport in the Yangtze River Estuary [J]. *International Journal of Sediment Research*, 2001, 16(2):189 – 193.
【239】 Feng J G, Wang X S, Cheng B. Experimental study on the flow pattern modifying in the fore bay of large urban side inflow pumping stations [J]. *Procedia Engineering*, 2012，28:214 – 219.
【240】 茅 志 昌 , 沈 焕 庭 ,JamesT Liu, et al, Types of saltwater intrusion of the Changjiang Estuary [J]. Science in China (Series B), 2001, (S1):150 – 157.
【241】 顾玉亮,吴守培,乐勤. 北支盐水入侵对长江口水源地影响研究[J]. 人民长江, 2003, 34(4): 1 – 3,16,48.
【242】 Zhao R, Z Yang F, Sun T, et al., Freshwater inflow requirements for the protection of the critical habitat and the drinking water sources in the Yangtze River Estuary, China [J]. *Communications in Nonlinear Science and Numerical Simulation*, 2009, 14(5): 2507 – 2518.

【243】 张金善,孔俊,章卫胜,等. 长江河口动力与风暴潮相互作用研究[J]. 水利水运工程学报, 2008(4):1－7.

【244】 Sarka B, Keith B. Flood frequency estimation by continuous simulation of subcatchment rainfalls and discharges with the aim of improving dam safety assessment in a large basin in the Czech Republic [J]. *Journal of Hydrology*, 2004, 292(1－4):153－172.

【245】 周武,李端有,王天化. 水库大坝安全应急管理与应急指挥调度技术初探[J]. 长江科学院院报, 2009,26(S1) :135－139.

【246】 Jeon J, Lee J, Shin D. et al. Development of dam safety management system [J]. *Advances in Engineering Software*, 2009, 40(8): 554－563.

【247】 Francisco J, Colomer M, Antonio G I. Environmental risk index: A tool to assess the safety of dams for leachate [J]. *Journal of Hazardous Materials*, 2009, 162(1):1－9.

【248】 Huang H, Chen B. Dam seepage monitoring model based on dynamic effect weight of reservoir water level [J]. *Energy Procedia*, 2012, 16(Part A):159－165.

【249】 方卫华. 国内外水库安全管理与大坝安全监测现状与展望[J]. 水利水文自动化, 2008(4):5－10 .

【250】 Abbasi T, Chari K B, Abbasi S A. Development and application of a water resources project information system [J]. Research Journal of Chemistry and Environment, 2010, 14(3):83－93.

【251】 李端有,王志旺. 水库大坝安全管理及发展动向分析[J]. 中国水利, 2007(6) :7－9.

【252】 Luo Y, Chen L, Xu M, et al. Review of dam-break research of earth-rock dam combining with dam safety management [J]. *Procedia Engineering*, 2012, 28:382－388.

【253】 乐勤,关许为,刘小梅, 等,青草沙水库取水口选址与取水方式研究[J]. 给水排水, 2009, 35(2): 46－49, 50.

【254】 Deng Y X, Zheng B H, Fu G, et al. Study on the total water pollutant load allocation in the Changjiang (Yangtze River) Estuary and adjacent seawater area [J]. *Estuarine, Coastal and Shelf Science*, 86(3):331－336.

【255】 张宏伟,吴健,车越, 等. 长江口青草沙水源地开发的生态环境影响[J]. 华东师范大学学报(自然科学版),2009 (3) :38－47.

【256】 施欣,陈维皓,赵文朋, 等. 基于溢油模拟的船舶溢油污染风险评估[J]. 系统仿真学报,2007(13):3094－3100.

【257】 徐祖信,华祖林. 长江口南支三维水动力及污染物输送数值模拟[J]. 同济大学学报(自然科学版),2003 (2) :239－243.

致谢

本书获上海市科学技术委员会重点科技攻关专项《现有海堤评估技术与消浪防护新结构开发》（09231203400）；上海市水务局科研计划项目《上海市海塘防御能力评估研究》（沪水科 2009-02）；上海市水务局科研计划项目《上海市滩涂促淤圈围造地工程设计规程》（沪水科 2010-06）；上海市水务局项目《上海市海塘规划（2011—2020）》；上海市科学技术委员会科研计划项目《上海围海工程技术研究中心》(13DZ2251500)；上海市黄浦区自主创新领军人才计划（2018）及华东建筑设计集团有限公司领军人才出版专著基金等项目资助。

在此，作者深表感谢！